福祉を拓く
―自立性と関係性の形成―

NPO 法人かごしま福祉開発研究所 編

南方新社

はしがき

わが国は過疎高齢化と人口減少が進み，縮小社会にシフトしている．鹿児島県の地域もその例外ではない．この現実を打破するためには，これまでのような行政による画一的な手法や行財政の制約のもとでは，地域や社会の多様なニーズが満たされなくなってきているため，市民・事業者・行政が地域の諸課題の解決に協働して主体的に総合的観点から関わることが肝要になる．地域社会といえば，人々の生活の営みが繰り返されている場であるが，そこは単なる地理的な空間を意味するものではなく，雇用と所得を護る政策を基本に，年金の支え手を増やし，少子化対策に取り組み，生活者一人ひとりに居場所と出番のある支え合いと活気あふれる社会でなければならない．それには生活する人々が絆をつくり，地域の福祉力を高めていく必要がある．本書のタイトルを『福祉を拓く─自立性と関係性の形成─』としたのはそのためである．

本書には12本の論稿が収められている．それぞれのテーマは異なっているが，自立性と関係性を形成し，地域の福祉を拓くというコンセプトになっている点は共通している．

第1章「離島高齢者の生活状況，社会参加，福祉意識および地域課題─請島・与路島調査における経年比較を通して─」では，「離島の離島」と言われる加計呂麻諸島の小離島である請島と与路島の高齢者の置かれた現状を2004年と2012年に実施した調査をもとに経年比較を行い，離島高齢者の置かれた生活状況を明らかにしている．

第2章「高齢者の安心・安全ネットワークシステムに関する研究─鹿児島県A市医療機関従事者におけるICT見守りシステムに関する意向と課題─」では，在宅医療とICT見守りシステムの構築に向けて，A市にある医療機関の従事者に対し，システム利用で変わる患者の生活，システムが適切に利用されるための患者の要件，システム利用による病院側に生じる課題等について述べている．

第3章「島嶼地域における民生委員・児童委員の活動に関する一考察─アンケート調査をもとに─」では，奄美大島の奄美市，瀬戸内町および大和村にお

ける民生委員・児童委員の活動の現状と課題を明らかにしている．

　第4章「子ども・子育て支援新制度と待機児童問題」では，待機児童問題の解消は大事であるが，そのことが機械的に上から下への当てはめになっていってはならず，保育の質を考えるのであれば，子どもの健やかな育ち，0歳から力強く人生を送ることを支える保育実践こそ，実現されなければならないと述べている．

　第5章「鹿児島県における学校事情と福祉的支援」では，県内の学校事情を概括し，学校に対する福祉的支援，すなわちスクールソーシャルワークの意義と役割について述べている．

　第6章「子育て支援と相談援助のあり方」では，子育て支援にまつわる施策の現状と課題に触れながら，自らの体験を踏まえ，子育てへのまなざしと意味について検討している．

　第7章「鹿児島県内の保育現場の管理者からみた家族の現状」では，保育所や幼稚園，認定こども園を経営する管理者に対するインタビューの結果から，保育の実践現場や家族の現状を整理し，その課題にも言及している．

　第8章「鹿児島における地域包括ケアの実践に関する一考察」では，地域包括ケアを実践する重要な要素は在宅サービスであるにもかかわらず，現状は居宅サービスにおける入所系のサービスに比重を置いた施策がみられ，介護保険制度の創設理念である住み慣れた地域という方向とはかけ離れていると指摘している．

　第9章「公的介護保険制度と地方都市の福祉サービス──J. Le Grandの「準市場論」を踏まえて──」では，事業者間の適切な競争と提供されるサービスの質に関して，鹿児島県の地方都市である鹿屋市，霧島市，薩摩川内市の3地域でインタビュー調査を実施し，ルグラン（Le Grand）の所説に拠りながら分析している．

　第10章「地域包括ケアシステムと日本版CCRC構想の可能性」では，介護保険制度改革の動向を踏まえ，地域包括ケアシステムの現状と課題について検討し，最近提唱された日本版CCRC（Continuing Care Retirement Community）構想が地域包括ケアシステムを補完する可能性について言及している．

第11章「福祉を拓くリカバリーの思想」では，リカバリーを主体性と自己実現を求め続けることであると捉え，全ての人々が人生において常にリカバリーし続けられることが，わが国の福祉を拓き続けることにつながると述べている．

　第12章「市民とつくる協働のまち事業—音楽療法で脳活性と仲間づくり—」では，鹿児島市の「市民とつくる協働のまち事業」として実施されたNPO法人かごしま福祉開発研究所の取り組みを紹介している．

　本書は当NPO法人の会員が執筆したものである．会員たちは地域の福祉を拓く取り組みに当事者として参画し，生の課題を受け止め，地域の諸課題の解決の可能性を調査・分析してきた．その視点は，これまでの仕組みの改善というよりは，新たな仕組み，すなわち福祉を基本にした地域づくりへの志向である．もちろん，これまでの調査研究のすべての成果が本書で紹介できているわけではない．本書に不十分な点があることは承知しているが，しかし，ここで提示した福祉を拓く知見が持続的な地域づくりの取り組みに活かせることができれば幸いである．

　最後になったが，出版状況が困難な折，本書の刊行を快くおひき受けいただいた南方新社の向原祥隆社長に深く感謝申し上げたい．

2016年12月23日
NPO法人かごしま福祉開発研究所理事長
田畑　洋一

目　次

はしがき　　　　　　　　　　　　　　　　　　　　　　　　　　　田畑洋一　　3

第1章　離島高齢者の生活状況，社会参加，福祉意識および地域課題
　　　　　　――請島・与路島調査における経年比較を通して――　　小窪輝吉　　11

第2章　高齢者の安心・安全ネットワークシステムに関する研究
　　　　　　――鹿児島県A市医療機関従事者における
　　　　　　　ICT見守りシステムに関する意向と課題――　　　　岩崎房子　　29

第3章　島嶼地域における民生委員・児童委員の活動に関する一考察
　　　　　　――アンケート調査をもとに――　　　　　　　　　　大山朝子　　51

第4章　子ども・子育て支援新制度と待機児童問題　　　　　　　　前原　寛　　73

第5章　鹿児島県における学校事情と福祉的支援　　　　　　　　　岩井浩英　　89

第6章　子育て支援と相談援助のあり方　　　　　　　　　　　　　佐藤直明　　101

第7章　鹿児島県内の保育現場の管理者からみた家族の現状　　　　笠野恵子　　131

第8章　鹿児島における地域包括ケアの実践に関する一考察　　　　田中安平　　145

第9章　公的介護保険制度と地方都市の福祉サービス
　　　　　　――J. Le Grandの「準市場論」を踏まえて――　　　石踊紳一郎　163

第10章　地域包括ケアシステムと日本版CCRC構想の可能性　　　　新田博之　　185

第11章　福祉を拓くリカバリーの思想　　　　　　　　　　　　　中條大輔　　203

第12章　市民とつくる協働のまち事業
　　　　　　――音楽療法で脳活性と仲間づくり――　　　　　　　園田和江　　221

福祉を拓く
―自立性と関係性の形成―

第 1 章

離島高齢者の生活状況，社会参加，福祉意識および地域課題
―請島・与路島調査における経年比較を通して―

小窪　輝吉
Kokubo Teruyoshi

1 本稿の目的

　本稿の目的は，奄美大島の南部に位置する瀬戸内町の小離島である請島と与路島に居住する高齢者の生活と福祉に関する調査結果の経年変化を把握することにより，離島高齢者の置かれた生活状況を明らかにすることである．使用したのは 2004（平成 16）年と 2012（平成 24）年に実施した高齢者調査のデータである．

　調査対象地である請島と与路島は，奄美大島瀬戸内町の役場所在地である古仁屋の前に横たわる加計呂麻島の南にあり，請島には請阿室と池地の 2 集落，与路島には与路の 1 集落がある．両島は古仁屋からは見えない．「加計呂麻島の南に忘れられたように横たわっている島々である（山下，1975：26）」とも形容されている．

　両島に関して「奄美群島の概況（鹿児島県ホームページ，2016）」では次のように紹介している．まず，2004 年調査時に近い年に公刊された「平成 17 年度奄美群島の概況（2005）」では，請島について，「加計呂麻島の南方に位置し，周囲 24.8 km，面積 13.34 km^2，人口 200 人の小島で，鎮西村の一部であったが，昭和 31 年 9 月町村合併により瀬戸内町となった．交通は，古仁屋から海路 25 km で，町営定期船が 1 日 1 往復しているが，加計呂麻島経由の中渡しも利用されている．産業としては，肉用牛と養豚の畜産業が主体である．またソテツの実・苗を特産品として出荷している．(p.12)」と記述している．与路島については，

「加計呂麻島の南方に続く請島の西方4kmに位置し，周囲18.4km，面積9.35km²，人口165人の小島で，請島と同じく昭和31年9月町村合併により瀬戸内町となった．交通は，古仁屋から海路35kmで，町営定期船が請島経由で1日1往復している．加計呂麻島経由の中渡しも利用できる．産業としては，肉用牛の生産が盛んで，またソテツの実・苗を特産品として出荷している．（p.12）」と記述している．

　そして，2012年調査時期の「平成24年度奄美群島の概況（2012）」では，請島の人口が135人，与路島の人口が101人に減少している．また，両島とも産業の記述が「ソテツの実・苗」ではなく「ソテツの実」になっている．さらに，最新版の「平成27年度奄美群島の概況（2015）」では，請島の人口が106人，与路島の人口が81人に減少している．ただ，産業に関しては，請島に「電照菊」の名前が新たにあがっている．昭和31年の町村合併前夜である昭和30年の請島の人口は1174人，与路島の人口は996人を数えたが（瀬戸内町ホームページ，2016），その後，このように急激な過疎と高齢化の進行を止められずにいる．

　請島と与路島の3集落において座談会形式の聞き取り調査を実施した小窪ら（2004）は，3集落の生活問題と福祉ニーズを次のようにのべている．「3集落に共通する問題は，交通の不便さと消費生活の不便さ，それと医療・福祉サービス不足，それらから帰結する老後，とくに一人暮らしになったときの不安である．離島という地理的ハンディを背負い，さらに台風とハブという亜熱帯特有のハンディを甘受せざるをえない状況に置かれ，急激な過疎化と高齢化に見舞われている請島・与路島の人々の様子が写し出されている．集落の存続が危うくなっている中では『今はまだいいが5年後が問題』という呟きが強く印象に残る．火急の対策が必要である．具体的な福祉ニーズとしては介護サービスと給食サービス，それと入所施設が挙っていた．生きがいに通じる趣味や娯楽の問題も指摘された．医療の課題も看護婦の常駐だけでは解決までは行っていない．その他の生活上の問題も多く，すぐに解決可能なものは見つかりそうにない．（p.38-9）」

　「離島の離島」と言われる加計呂麻島諸島の中で請島と与路島は小離島のため日常生活の不便さに加え保健福祉サービスの不足という問題を抱えている．その他，過疎高齢化による地域基盤の弱体化や亜熱帯特有の台風の問題やハブ

の問題もある．一方，集落の住民がお互いに助け合って生活するという文化資源が残る地域でもある（小窪，2006）．

　本研究では2004年と2012年に実施した高齢者調査の結果を比較することで，8年の間に小離島である請島と与路島の高齢者の生活状況と意識および地域課題にどのような変化が見られたかを明らかにする．

2 方法

　調査対象者は，奄美大島瀬戸内町の請島と与路島に居住する65歳以上の高齢者であった．請島には請阿室集落と池地集落の2集落，与路島には与路集落の1集落があり，それらを調査対象地として2004年と2012年にアンケート調査を実施した．2回の調査で共通した質問内容は，調査対象者の健康状態，家族状況，家計状況，社会参加，近隣関係，医療・福祉サービスの要望，自分の介護希望，将来の不安とその内容，地域の課題などであった．

2004年調査

　3集落に居住する高齢者191人のうち134人から回答を得た（回収率70.2%）．調査方法は，個別訪問面接調査で，鹿児島国際大学の教員および大学院学生が調査を担当した．調査時期は2004年8～9月であった．

2012年調査

　3集落に居住する高齢者を対象に民生委員による協力を得て留め置き調査を実施した．各集落に調査対象者の人数を割り当てて実施し，93人から回答を得た．本調査では母数を把握できなかったので回収率は不明である．調査時期は2012年10～11月であった．調査票に，調査は無記名であり回答の有無は自由意志であること，データは統計的に処理するので個人が特定されないことを明記した．また，鹿児島国際大学教育研究倫理審査委員会の承認を得て調査を実施した．なお，集計分析ではIBM SPSS Statistics 19を用いた．

3 結果

1）回答者の性と年齢
（1）回答者の性

回答者の性と調査年の関係を表1に示す．全体では，回答者227人のうち，男性が38.3%（87人），女性が61.7%（140人）であり，女性の方が多かった．

調査年ごとに見ると，2004年調査の回答者は134人で，そのうち男性は38.1%で女性は61.9%であった．2012年の回答者は93人で，そのうち男性は38.7%で女性は61.3%であった．両調査年とも男女比は4:6であり，女性の方が多かった．

表には示さないが，島ごとに見ても請島，与路島とも同じ傾向であった．

表1 回答者の性と調査年のクロス表

	男性	女性	合計
2004年調査	38.1%(51)	61.9%(83)	100%(134)
2012年調査	38.7%(36)	61.3%(57)	100%(93)
合計	38.3%(87)	61.7%(140)	100%(227)

（2）回答者の年齢

回答者の年齢と調査年の関係を表2に示す．全体では，前期高齢者が41.4%（94人），後期高齢者が58.6%（133人）であり，後期高齢者の人数が前期高齢者よりも多かった．

年齢と調査年の関連性を見るために，カイ二乗検定を実施した．結果，年齢と調査年の関連性は見られず（p=0.216），年齢構成は両調査とも同じであった．

ただし，表には示さないが，与路島に関しては，年齢と調査年の間に関連性がみられ（χ^2=6.87, df=1, p=0.012），2004年と比べて2012年には後期高齢者の割合が増えていた（2004年：52.5%，2012年：78.0%）．また，年齢に関して，調査年×島×性の分散分析を実施した結果，調査年と島の交互作用が有意であり（$F(1,219)$=5.25, p=0.023），与路島においては2004年と比べて2012年の方が，平均年齢が高くなっていた（2004年：75.4歳，2012年：79.2歳）．

表2　回答者の年齢と調査年のクロス表

	前期高齢者	後期高齢者	合計
2004年調査	44.8%(60)	55.2%(74)	100%(134)
2012年調査	36.6%(34)	63.4%(59)	100%(93)
合計	41.4%(94)	58.6%(133)	100%(227)

2）生活状況

(1) 健康状態と自立の程度

①健康状態

　健康状態について，「健康である（以下，「健康」と記す）」「あまり健康とはいえないが，病気ではない（以下，「やや健康」と記す）」「病気がちで，寝込むことがある（以下，「病気がち」と記す）」「病気で，一日中寝込んでいる」の4件法で答えてもらった．

　調査年と健康状態の関係を表3に示す．全体では，「健康」と答えたのが35.7%（79人），「やや健康」が53.4%（118人），「病気がち」が10.9%（24人），「病気で，一日中寝込んでいる」が0人であった．「健康」と「やや健康」を合わせると89.1%になり，ほとんどの方が健康的であった．なお，調査年と健康状態の関連性は見られなかった．このことは小離島に住むことができるのはいわゆる健康な方に限られるということを示している．

表3　健康状態と調査年のクロス表

	健康	やや健康	病気がち	合計
2004年調査	38.6%(51)	50.0%(66)	11.4%(15)	100%(132)
2012年調査	31.5%(28)	58.4%(52)	10.1%(9)	100%(89)
合計	35.7%(79)	53.4%(118)	10.9%(24)	100%(221)

②日常生活の自立度

　日常生活の自立度について，「まったく不自由なく過ごせる（以下，「自立」と記す）」「少し不自由だがなんとか自分でできる（以下，「やや自立」と記す）」「不自由で，一部他の人の世話や介護を受けている（以下，「一部要支援」と記す）」「不自由で，全面的に他の人の世話や介護を受けている」の4件法で答えてもらった．

　日常生活の自立度と調査年の関係を表4に示す．全体では，223人のうち，「自立」が57.0%（127人）で最も多く，「やや自立」が37.7%（84人）で，「一部要支援」が5.4%（12人）であった．「不自由で，全面的に他の人の世話や介護

を受けている」は0人であった．「自立」と「やや自立」を合わせると94.7%になり，ほとんどの方が自立していた．

自立度と調査年の関連性が有意であり（$\chi^2=9.78$, df=2, p=0.008），2004年調査では「自立」が64.7%であったが，2012年調査ではそれが45.6%に減少していた．

表には示さないが，島別に自立度と調査年の関連性を見たところ，この関係は請島において有意であったが（$\chi^2=7.18$, df=2, p=0.028），与路島では有意でなかった（p=0.146）．

このことは，8年間の間に自立度の低下がみられ，その傾向が請島で顕著であることを示している．また，健康状態と同じように，小離島で生活できるのはある程度自立できる人に限られることを示している．

表4 日常生活の自立度と調査年のクロス表

	自立	やや自立	一部要支援	合計
2004年調査	64.7%(86)	29.3%(39)	6.0%(8)	100%(133)
2012年調査	45.6%(41)	50.0%(49)	4.4%(4)	100%(90)
合計	57.0%(127)	37.7%(84)	5.4%(12)	100%(223)

(2) 世帯状況，子供との交流，家計

①世帯状況

世帯状況について，「一人暮らし（以下，「一人暮らし世帯」と記す）」「夫婦のみ（以下，「夫婦世帯」と記す）」「子供と同居」「子供と孫と同居」「その他の親族と同居」「その他」の6件法で答えてもらった．集計にあたり，「子供と同居」から「その他」までを合わせて「二世代その他世帯」とした．

世帯状況と調査年の関係を表5に示す．全体では，225人のうち，「一人暮らし世帯」は35.1%（79人），「夫婦世帯」は48.9%（110人），「二世代その他世帯」は16.0%（36人）であり，「夫婦世帯」が半数を占めた．なお，調査年によって世帯状況に違いは見られなかった．

表5 世帯状況と調査年のクロス表

	一人暮らし世帯	夫婦世帯	二世代その他世帯	合計
2004年調査	33.6%(45)	50.0%(67)	16.4%(22)	100%(134)
2012年調査	37.4%(34)	47.3%(43)	15.4%(14)	100%(91)
合計	35.1%(79)	48.9%(110)	16.0%(36)	100%(225)

②子供との交流頻度

　一番近くに住んでいる別居の子どもとの交流頻度について，「ほとんど毎日」「週に数回」「月に数回」「年に数回」「ほとんど会わない」の5件法で答えてもらった．

　子どもとの交流頻度と調査年の関係を表6に示す．全体では，最も多いのが「年に数回」の37.9%（66人），2番目に多いのが「月に数回」の26.4%（46人），3番目が「ほとんど会わない」の20.1%（35人）であり，以下「ほとんど毎日」の8.0%（14人），「週に数回」の7.5%（13人）が続いた．全体的に交流頻度が低い傾向にあった．

　子どもとの交流頻度と調査年の関連性が有意であり（$\chi^2=13.63$，df=4，p=0.009），2004年調査では「年に数回」が46.7%であったが，2012年調査ではそれが23.9%に減少し，その分「月に数回」「週に数回」「ほとんど毎日」が増加していた．このことは，2004年調査より2012年調査のほうが子どもとの交流頻度が高くなっていることを示している．

表6　子どもとの交流頻度と調査年のクロス表

	毎日	週に数回	月に数回	年に数回	ほとんど会わない	合計
2004年調査	4.7%(5)	4.7%(5)	23.4%(25)	46.7%(50)	20.6%(22)	100%(107)
2012年調査	13.4%(9)	11.9%(8)	31.3%(21)	23.9%(16)	19.4%(13)	100%(67)
合計	8.0%(14)	7.5%(13)	26.4%(46)	37.9%(66)	20.1%(35)	100%(174)

③家計の状態

　家計の状態について，「困っている」「少し困っている」「あまり困っていない」「困っていない」の4件法で答えてもらった．

　家計の状態と調査年の関係を表7に示す．全体では，219人のうち，「困っていない」が42.9%（94人），「あまり困っていない」が26.9%（59人），「少し困っている」が16.9%（37人），「困っている」が13.2%（29人）であった．「困っていない」と「あまり困っていない」を合わせると69.8%になり，大部分が家計の状態の自己評価は良好であった．

　家計の状態と調査年の関連性を見るためにカイ二乗検定を実施したが，有意でなかった（p=0.170）．このことは，調査年によって家計の状態に違いがないことを示している．

表7 家計の状態と調査年のクロス表

	困っている	少し困っている	あまり困っていない	困っていない	合計
2004年調査	10.7%(14)	17.6%(23)	23.7%(31)	48.1%(63)	100%(131)
2012年調査	17.0%(15)	15.9%(14)	31.8%(28)	35.2%(31)	100%(88)
合計	13.2%(29)	16.9%(37)	26.9%(59)	42.9%(94)	100%(219)

(3) 食生活と食事サービスの希望

食事に関して，1日の食事回数，食事で気になる点，それと食事サービスの希望を聞いた．

①1日の食事回数

1日何回食事をするか，食事回数を答えてもらった．

全体では，回答者224人のうち，最も多いのは「3回」の89.3%（200人）であった．他は「4回」が7.1%（16人），「2回」が2.7%（6人），「1回」が0.9%（2人）であった．食事回数に関して，調査年×島×性の分散分析を実施した結果，すべて有意差は見られなかった．ほとんどの方が1日3回の規則的な食事をしていた．

②食事で気になる点

食事で気になる点について，表8に示す項目の中から複数回答で答えてもらった．全体で最も多いのは「特に気になることはない」の49.1%（106人）であり，2番目に多いのは「栄養のバランスが取れていない」の24.1%（52人），3番目に多いのは「食べる量が少ない」の22.2%（48人）であった．この傾向は2004年調査と2012年調査でほぼ同じであった．なお，「栄養のバランスが取れていない」と「食べる量が少ない」を含めて気になる点の項目選択が2012年調査のほうが多くなっていた．

③食事サービスの希望

食事サービスの希望について，表9に示す項目の中から複数回答で答えてもらった．

全体で最も多い食事サービスの希望は「食事を配達してくれる配食サービス」の46.4%（98人）であり，2番目に多いのは「特に必要ない」の40.3%（85人），3番目に多いのは「地域での昼食会など仲間との会食会」の20.4%（43人）であった．

表8 食事で気になること（複数回答）

	2004年調査	2012年調査	合計
1. 食事が不規則である	6.1%(8)	15.5%(13)	9.7%(21)
2. 食べ過ぎることが多い	6.8%(9)	17.9%(15)	11.1%(24)
3. 食べる量が少ない	②17.4%(23)	③29.8%(25)	③22.2%(48)
4. 食べるよりビールや酒類を飲むことが多い	4.5%(6)	0.0%(0)	2.8%(6)
5. 栄養のバランスが取れていない	②17.4%(23)	②34.5%(29)	②24.1%(52)
6. 塩辛いものが多い	8.3%(11)	6.0%(5)	7.4%(16)
7. できあいのお惣菜が多い	1.5%(2)	1.2%(1)	1.4%(3)
8. インスタント食品が多い	1.5%(2)	4.8%(4)	2.8%(6)
9. 冷凍食品が多い	0.8%(1)	6.0%(5)	2.8%(6)
10. 菓子パン、菓子類が多い	4.5%(6)	14.3%(12)	8.3%(18)
11. 外食や店屋物が多い	0.0%(0)	0.0%(0)	0.0%(0)
12. その他	6.1%(8)	2.4%(2)	4.6%(10)
13. 特に気になることはない	①50.8%(67)	①46.4%(39)	①49.1%(106)
回答者数	132	84	216

　2004年調査は全体と同じ順位であった．2012年調査では，3番目に「食料品の宅配サービス」の24.4%，4番目に「食料品の買い物の手助け」の20.5%，5番目に「地域の昼食会など仲間との会食会」と「食事つくりの会」の16.7%があげられた．2012年では，食料品の宅配や買い物支援など食料調達への希望が多くなっていた．

表9 食事に関するサービスの要望（複数回答）

	2004年調査	2012年調査	合計
1. 食事を配達してくれる配食サービス	①46.6%(62)	①46.2%(36)	①46.4%(98)
2. 地域での昼食会など仲間との会食会	③22.6%(30)	16.7%(13)	③20.4%(43)
3. 食料品の宅配サービス	15%(20)	③24.4%(19)	18.5%(39)
4. 食料品の買い物の手助け	3.8%(5)	20.5%(16)	10.0%(21)
5. 食料品の少量ずつの販売	3.8%(5)	12.8%(10)	7.1%(15)
6. 便利な料理集の発行	2.3%(3)	10.3%(8)	5.2%(11)
7. 料理教室の開催	2.3%(3)	11.5%(9)	5.7%(12)
8. 食事つくりの会	6.0%(8)	16.7%(13)	10.0%(21)
9. その他	3.0%(4)	1.3%(1)	2.4%(5)
10. 特に必要ない	②42.9%(57)	②35.9%(28)	②40.3%(85)
回答者数	133	78	211

(4) 社会参加

　社会参加に関して，集落行事への参加度と近所付き合いの程度を質問した．
①集落行事への参加度
　集落行事にどれくらい参加しているかを，「よく参加している」「ある程度参加している」「あまり参加していない」「ほとんど参加していない」の4件法で答えてもらった．

集落行事への参加度と調査年の関係を表10に示す．全体では225人のうち，最も多いのは「よく参加している」の69.3%（156人）であった．その他は「ある程度参加している」が13.8%（31人），「あまり参加していない」と「ほとんど参加していない」がともに8.4%（19人）であった．「よく参加している」と「ある程度参加している」を合わせると83.1%になりほとんどの方が集落行事に参加していると答えていた．

集落行事への参加度と調査年の関連性を見るためにカイ二乗検定を実施した結果，関連性の傾向が見られた（χ^2=7.33, df=3, p=0.062).「よく参加している」のは，2004年は73.1%であったが，それが2012年では63.7%に減少していた．全体的に参加度は高いが，2012年になると少し減少傾向が見られることを示している．

表10 集落行事への参加度と調査年のクロス表

	よく参加している	ある程度参加している	あまり参加していない	ほとんど参加していない	合計
2004年調査	73.1%(98)	10.4%(14)	6.0%(8)	10.4%(14)	100%(134)
2012年調査	63.7%(58)	18.7%(17)	12.1%(11)	5.5%(5)	100%(91)
合計	69.3%(156)	13.8%(31)	8.4%(19)	8.4%(19)	100%(225)

②近所付き合い

近所付き合いの程度を調べるために，「あなたは，週に何回ぐらい，近所の人たちと話をしますか．単なる挨拶は除いてください．」と質問し，「ほとんど毎日」「週に4～5回」「週に2～3回」「週に1回」「ほとんどない」の5件法で答えてもらった．

集計にあたり，「週に4～5回」と「週に2～3回」を合計して「週に数回話をする」，「週に1回」と「ほとんどない」を合計して「あまり話をしない」とした．

近所付き合いの程度と調査年の関係を表11に示す．全体では，225人のうち，「ほとんど毎日話をする」が70.7%（159人），「週に数回話をする」が19.6%（44人），「あまり話をしない」が9.8%（22人）であった．7割の方がほとんど毎日話をするくらい密接な近所付き合いをしていた．

近所付き合いの程度と調査年との関連性を見るためにカイ二乗検定を実施したが，有意でなかった（p=0.229）．このことは，調査年によって近所付き合いの程度に違いがないことを示している．

表11　近所付き合いの程度と調査年のクロス表

	ほとんど毎日話をする	週に数回話をする	あまり話をしない	合計
2004年調査	67.7%(90)	23.3%(31)	9.0%(12)	100%(133)
2012年調査	75.0%(69)	14.1%(13)	10.9%(10)	100%(92)
合計	70.7%(159)	19.6%(44)	9.8%(22)	100%(225)

3）福祉意識

（1）医療と福祉への不満内容

①医療サービスへの不満

　医療サービスへの不満について，表12に示す項目の中から複数回答で答えてもらった．全体で最も多いのは「医師が常駐していない」の39.9%（87人）であり，2番目に多いのは「施設が近くにない」の36.2%（79人），3番目に多いのは「特にない」の27.5%（60人）であった．2004年調査では，最も多いのは「特にない」の36.4%，2番目が「医師が常駐していない」の35.6%，3番目が「施設が近くにない」の23.5%であった．2012年調査では，最も多いのは「施設が近くにない」の55.8%，2番目が「医師が常駐していない」の46.5%，3番目が「費用が高い」の29.1%であった．2012年調査では，医療に対する不満が高くなり，特に病院が島内にないことや医師の不在を半数の方が不満点として挙げていた．

表12　医療サービスへの不満点（複数回答）

	2004年調査	2012年調査	合計
1．費用が高い	12.1%(16)	③29.1%(25)	18.8%(41)
2．医師が常駐していない	②35.6%(47)	②46.5%(40)	①39.9%(87)
3．施設が近くにない	③23.5%(31)	①55.8%(48)	②36.2%(79)
4．施設や設備が古い	2.3%(3)	4.7%(4)	3.2%(7)
5．十分な治療が受けられない	10.6%(14)	23.3%(20)	15.6%(34)
6．診察のときに待たされる	9.1%(12)	14%(12)	11.0%(24)
7．医師や看護婦などの職員の対応が良くない	6.8%(9)	5.8%(5)	6.4%(14)
8．プライバシーが守られていない	6.8%(9)	2.3%(2)	5.0%(11)
9．その他	12.1%(16)	2.3%(2)	8.3%(18)
10．特にない	①36.4%(48)	14.0%(12)	③27.5%(60)
回答者数	132	86	218

②在宅福祉サービスへの不満

　在宅福祉サービスへの不満について，在宅サービスを利用していない方も含めて表13に示す項目の中から複数回答で答えてもらった．全体で最も多いのは「施設が近くにない」の40.6%（76人）であり，2番目に多いのは「通所

サービスの移動が苦痛である」の33.2%（62人），3番目に多いのは「特にない」の28.3%（53人）であった．2004年調査では，最も多いのは「特にない」の40.3%，2番目が「施設が近くにない」の30.2%，3番目が「通所サービスの移動が苦痛である」の22.5%であった．2012年調査では，最も多いのは「施設が近くにない」の63.8%，2番目が「通所サービスの移動が苦痛である」の56.9%，3番目が「費用が高い」の39.7%であった．2004年調査と比べて2012年調査では「特にない」が1.7%と少なくなっていて，不満の割合が高くなっていた．特に，「施設が近くにない」「通所サービスの移動が苦痛」「費用が高い」「サービスが台風などで中止になりやすい」などへの不満が増えていた．

表13 在宅福祉サービスへの不満点（複数回答）

	2004年調査	2012年調査	合計
1. 費用が高い	12.4%(16)	③39.7%(23)	20.9%(39)
2. 職員などの対応が良くない	1.6%(2)	0.0%(0)	1.1%(2)
3. 施設が近くにない	②30.2%(39)	①63.8%(37)	①40.6%(76)
4. 施設や設備が古い	0.8%(1)	0.0%(0)	0.5%(1)
5. 通所サービスの移動時間が長い	8.5%(11)	12.1%(7)	9.6%(18)
6. 通所サービスの移動が苦痛である	③22.5%(29)	②56.9%(33)	②33.2%(62)
7. サービスが台風などで中止になりやすい	21.7%(28)	37.9%(22)	26.7%(22)
8. サービスの回数，日数などが少ない	9.3%(12)	5.2%(3)	8.0%(15)
9. サービスの質が低い	0.8%(1)	1.7%(1)	1.1%(2)
10. サービスの種類が少ない	3.9%(5)	1.7%(1)	3.2%(6)
11. プライバシーが守られていない	0.8%(1)	1.7%(1)	1.1%(2)
12. その他	8.5%(11)	8.6%(5)	8.6%(16)
13. 特にない	①40.3%(52)	1.7%(1)	③28.3%(53)
回答者数	129	58	187

(2) 自分の老後の介護希望

　自分の老後の介護希望について，「仮に，あなたが老後に寝たきりや認知症になり，介護が必要となった場合に，どこで介護を受けたいと思いますか．」と質問し，「可能な限り自宅で介護を受けたい（以下，「在宅介護希望」と記す）」「介護保険施設に入所したい」「介護付きの有料老人ホーム等で介護を受けたい」「一概に言えない」「わからない」の5件法で答えてもらった．集計にあたり，「介護保険施設に入所したい」と「介護付きの有料老人ホーム等で介護を受けたい」を合わせて「福祉施設希望」とし，「一概に言えない」と「わからない」を合わせて「希望未定」とした．

　自分の老後の希望と調査年の関係を表14に示す．全体では，207人のうち，

「在宅希望」が40.6%（84人），「福祉施設希望」が36.7%（76人），「希望未定」が22.7%（47人）であった．「在宅希望」と「福祉施設希望」がともに4割前後となっていた．また，自分の老後の介護希望と調査年の関連を見るためにカイ二乗検定を行ったが有意でなかった（p=0.430）．このことは調査年によって老後の介護希望に違いがないことを示している．

　なお，表には示さないが，島ごとに老後の介護希望と調査年の関連を見ると，請島では，「在宅介護」が2004年調査では50.0%と多かったのに対し2012年では37.5%に減少し，一方「施設希望」が2004年調査では22.9%と少なかったのに対し2012年では45.8%と増加していた．また，与路島では，「希望未定」が2004年調査では14.0%と少なかったのに対し2012年調査では37.5%と増加し，「福祉施設希望」が49.1%と多かったのに対し2012年調査では31.3%と減少していた．2004年と2012年を比べると，請島においては福祉施設希望が増え，与路島では希望未定が増えていた．

表14　自分の老後の介護希望と調査年のクロス表

	在宅希望	福祉施設希	希望未定	合計
2004年調査	44.1%(56)	34.6%(44)	21.3%(27)	100%(127)
2012年調査	35.0%(28)	40.0%(32)	25.0%(20)	100%(80)
合計	40.6%(84)	36.7%(76)	22.7%(47)	100%(207)

4）不安と不安内容

①不安の程度

　日常生活全般について不安を感じるかを，「とても不安を感じる」「多少不安を感じる」「不安を感じない」の3件法で答えてもらった．

　不安の程度と調査年の関係を表15に示す．全体では，最も多いのは「多少不安を感じる」の42.5%（94人），2番目が「とても不安を感じる」の30.8%（68人），3番目が「不安を感じない」の26.7%（59人）であった．「とても不安を感じる」と「多少不安を感じる」を合わせると73.3%となり，多くの方が何らかの不安を感じていた．

　不安の程度と調査年の関連性が有意であり（χ^2=6.25, df=2, p=0.044），「とても不安を感じる」が2004年調査では24.8%であったが，2012年調査ではそれが39.8%に増加していた．一方，「不安を感じない」は2004年調査では

30.8%であったが，2012年調査ではそれが20.5%に減少していた．このことは，2004年調査より2012年調査のほうが不安を感じる人が増えていることを示している．

島別に不安の程度と調査年の関連性を見たところ，与路島において有意であったが（χ^2=8.61, df=2, p=0.013），請島では有意でなかった（p=0.128）．このことは，8年間の間に不安の程度の増加がみられ，その傾向が与路島で顕著であることを示している．

表15 不安の程度と調査年のクロス表

	とても不安を感じる	多少不安を感じる	不安を感じない	合計
2004年調査	24.8%(33)	44.4%(59)	30.8%(41)	100%(133)
2012年調査	39.8%(35)	39.8%(35)	20.5%(18)	100%(88)
合計	30.8%(68)	42.5%(94)	26.7%(59)	100%(221)

②不安の内容

不安の内容について，表16に示す項目の中から複数回答で答えてもらった．全体で最も多いのは「自分や配偶者の健康や病気のこと」の69.7%（122人）であり，2番目に多いのは「自分や配偶者が寝たきりや身体が不自由になり介護が必要な状態になること」の60.6%（106人），3番目に多いのは「頼れる人がいなくなり一人きりの暮らしになること」の32.6%（57人），4番目が「子どもや孫などの将来」の25.7%（45人），5番目が「生活のための収入のこと」の24.6%（43人）であった．

健康不安や自立度の低下不安は2004年調査のほうが2012年調査よりも高かったが，一人暮らしになることへの不安，収入の不安，子や孫の将来の不安については，2012年調査の方が2004年調査よりも高かった．

表16 不安を感じている点（複数回答）

	2004年調査	2012年調査	合計
1. 自分や配偶者の健康や病気のこと	①73.7%(70)	①65.0%(52)	①69.7%(122)
2. 自分や配偶者が寝たきりや身体が不自由になり介護が必要な状態になること	②64.2%(61)	②56.3%(45)	②60.6%(106)
3. 頼れる人がいなくなり一人きりの暮らしになること	③28.4%(27)	④37.5%(30)	③32.6%(57)
4. 生活のための収入のこと	④17.9%(17)	⑤32.5%(26)	⑤24.6%(43)
5. 人（近隣，親戚，友人，仲間など）とのつきあいのこと	3.2%(3)	12.5%(10)	7.4%(13)
6. 子どもや孫などの将来	⑤12.6%(12)	③41.3%(33)	④25.7%(45)
7. 親や兄弟などの世話	2.1%(2)	7.5%(6)	4.6%(8)
8. 社会の仕組み（法律，社会保障，金融制度）が大きく変わってしまうこと	8.4%(8)	15.0%(12)	11.4%(20)
9. 言葉，生活様式，人びとの考え方などが大きく変わってしまうこと	3.2%(3)	17.5%(14)	9.7%(17)
10. だまされたり，犯罪に巻き込まれて財産を失ってしまうこと	4.2%(4)	6.3%(5)	5.1%(9)
11. その他	12.6%(12)	0%(0)	6.9%(12)
回答者数	95	80	175

5）地域の課題

　地域の課題について，表17に示す項目の中から複数回答で答えてもらった．全体で最も多いのは「台風などの自然災害に弱い」の59.2％（125人）であり，2番目に多いのは「ハブがいるので困る」と「人口が減って集落や地域の維持が困難になっている」の51.7％（109人），4番目に多いのは「急病のときの医療体制が不十分である」の51.2％（108人），5番目に多いのは「一人暮らし高齢者など老後生活に不安がある」の48.8％（103人）であった．

　2004年調査と2012年調査では順位に若干の違いはあるものの上位5番目までに入る項目は同じであったが，2012年調査のほうが2004年調査よりも上位5番目までの地域の課題の選択割合が高く，すべて5割を超えていた．2012年の方が地域課題の深刻度が増していることを示していると考えられる．

表17　地域で感じている問題（複数回答）

	2004年調査	2012年調査	合計
1. 日常の買い物に不便である	24.8%(33)	47.4%(37)	33.2%(70)
2. 医院や病院への通院で，足の確保が困難である	30.1%(40)	34.6%(27)	31.8%(67)
3. 急病のときの医療体制が不十分である	②48.9%(65)	④55.1%(43)	④51.2%(108)
4. 福祉のサービスが不十分である	24.1%(32)	19.2%(15)	22.3%(47)
5. バスや定期船など交通機関が充実していない	15%(20)	25.6%(20)	19.0%(40)
6. 近隣道路が整備されていない	12.8%(17)	3.8%(3)	9.5%(20)
7. 集会施設，商店など公共的建物が高齢者には使いにくい	3.8%(5)	3.8%(3)	3.8%(8)
8. 台風など自然災害に弱い	①53.4%(71)	①69.2%(54)	①59.2%(125)
9. ハブがいるので困る	⑤44.4%(59)	②64.1%(50)	②51.7%(109)
10. 一人暮らし高齢者など老後生活に不安がある	④46.6%(62)	⑤52.6%(41)	⑤48.8%(103)
11. 趣味や習い事などの学習機会が少ない	22.6%(30)	25.6%(20)	23.7%(50)
12. 老後の時間をもてあましている	10.5%(14)	5.1%(4)	8.5%(18)
13. 子育てに不便である	21.1%(28)	5.1%(4)	15.2%(32)
14. 交際にお金がかかる	43.6%(58)	44.9%(35)	44.1%(93)
15. 人口が減って集落や地域の維持が困難になっている	③48.1%(64)	③57.7%(45)	②51.7%(109)
16. その他	6%(8)	1.3%(1)	4.3%(9)
17. 何も問題を感じていない	15%(20)	5.1%(4)	11.4%(24)
回答者数	133	78	211

4　まとめにかえて

　本稿は，奄美大島瀬戸内町の請島と与路島で2004年と2012年に実施した高齢者調査を比較して8年間の経年比較を行った．主な結果は次の通りであった．回答者は，2004年調査が134人（男性51人，女性83人），2012年調査が93人（男性36人，女性57人）であった．男女比は両調査とも4：6であった．年齢は，2004年調査が前期高齢者60人，後期高齢者が74人，2012年調査が

前期高齢者34人，後期高齢者が59人であり，年齢構成は両調査とも同じであった．ただし，与路島においては2012年調査において後期高齢者の割合が増えていた．

健康状態はほとんどの方が良好で調査年で違いはなかった．日常生活ではほとんどの方が自立していた．自立度については2012年度のほうが低下していて，この傾向は請島において顕著であった．小離島では健康で自立した人しか生活できない現状があることを反映していると思われるが，請島では自立度に関して低下傾向がうかがえた．

世帯状況は夫婦世帯が半数を占め，調査年による違いはなかった．子供との交流頻度は全体的に低かったが，2012年度の方が交流頻度は高くなっていた．家計の状態についての評価は困っていないと答える方が多く，これには調査年による違いはなかった．

食生活では，1日3回の食事をとる方がほとんどであった．食事で気になる点では栄養のバランスと食べる量の少なさがあげられていて，これらは2012年調査の方が多くなっていた．食サービスの希望では，配食サービスと食事会の希望が多かった．2012年になると食料品の買い物支援など食糧調達への希望が多くなっていた．生鮮食品の店がないので食料の調達が難しく，食事が単調になるせいか栄養面での心配が強くなっていた．

集落行事への参加は高いが，2012年になると少し減少傾向が見られた．近所付き合いは密接であった．もともと社会参加は高い地域であるが，自立度の低下などが加わって低下してきつつあると考えられる．

医療サービスへの不満は，2012年になると不満が多くなっていて，特に病院が島にないことや医師の不在に対する指摘が多くなっていた．福祉サービスについても，島内に福祉施設がないことや通所サービスの利用が苦痛であるという不満があった．医療サービスと福祉サービスの拠点がないことからくる不満があげられていた．

自分の老後の介護希望については，在宅介護希望と福祉施設希望が同じ程度に多かった．全体としては調査年による違いはなかったが，島別では違いがみられ，2012年になると請島では福祉施設希望が増え，与路島では「わからない」などの希望未定が増えていた．

日常生活に対する不安の程度では，不安を感じている方が多かった．その傾向は 2012 年の方が強くなっていて，島別にみると，その傾向が与路島で顕著であった．与路島は後期高齢者の方が増えていること，役場のある古仁屋から最も離れたところにあるため生活の不便さが大きいことなどから生活の不安が大きくなっていると考えられる．不安の内容は，一人暮らしになることへの不安，収入の不安，子や孫の将来の不安などが増えていた．

　最後に，地域の課題では，台風などの自然災害，ハブの存在，人口減，医療体制，老後生活などがあがっていて，これらは 2012 年の方が増加していた．地域課題が年々深刻になってきている様子がうかがえた．

　本研究は，「離島の離島」と言われる加計呂麻諸島の小離島である請島と与路島の高齢者の置かれた現状を 2004 年と 2012 年に実施した調査をもとに経年比較を行った．全体的に，少子高齢化が進行してそのマイナス面が改善されないまま残っている，あるいは増幅している様が見受けられた．隣り合う島であるが与路島の方が交通の不便性が大きいこともあり深刻度が高い傾向がみられた．請島や与路島のような小離島は，介護保険があるのに介護サービスを十分に受けることが難しい状況にあった．さらに地域包括ケアシステムが目標とする「重度な要介護状態となっても住み慣れた地域で自分らしい暮らしを人生の最後まで続けることができる」環境から遠のいていっている状況でもある．島を訪れたときに出会った方々の元気な笑顔を思い浮かべながら調査結果を見比べると，離島だから仕方がないとあきらめたり，例外であるとして扱ってはいけないと強く思う．

付記　本研究の集計分析において JSPS 科研費 26285142 の助成を受けた．

文献

鹿児島県ホームページ（2016）「奄美群島の概況（平成 17 年度から平成 27 年度）」
　　https://www.pref.kagoshima.jp/aq01/chiiki/oshima/chiiki/zeniki/gaikyou/amamigaikyou.html（2016/12/15）

小窪輝吉（2006）「離島の離島における高齢者の自立生活と地域の役割に関する研究―奄美大島瀬戸内町の加計呂麻島，請島，与路島の高齢者調査を通して―」平

成 15 年度～平成 17 年度科学研究費補助金 基盤研究（B）研究成果報告書（課題番号 15330130）（平成 15 年度と平成 16 年度の研究代表者は田畑洋一，平成 17 年度研究代表者は小窪輝吉）

小窪輝吉・田畑洋一・田中安平・越田明子（2004）「瀬戸内町請島と与路島の高齢者の生活と福祉ニーズについて―座談会形式の聞き取り調査からのまとめ―」鹿児島国際大学福祉社会学部論集 第 22 巻第 4 号 27-39.

小窪輝吉・田中安平・田畑洋一・大山朝子・山下利恵子（2005）「離島の離島における高齢者の生活と福祉ニーズ― 2004 年大島郡瀬戸内町高齢者実態調査から―」鹿児島国際大学地域総合研究所第 33 巻第 1 号 p.97-127.

瀬戸内町ホームページ（2016）「人口・世帯の推移」
https://www.town.setouchi.lg.jp/joho/cho/chosei/gaiyo/profile.html（2016/12/15）

山下欣一（1975）「与路島・請島のノロとユタ」南日本文化 第 8 号 鹿児島短期大学南日本文化研究所 15-28.

第2章

高齢者の安心・安全ネットワークシステムに関する研究
―鹿児島県A市医療機関従事者における
ICT見守りシステムに関する意向と課題―

岩崎　房子
Iwasaki Fusako

1 緒言

　わが国は，高齢者人口の増大や人口減少等により，世帯基礎単位の細分化が加速している．世帯構成をみると，全世帯に占める65歳以上の高齢者のいる世帯の割合は44.7％を占め，そのうち「単独世帯」と「夫婦のみ世帯」で半数を上回っている．この現象は，この30年の間に急激に加速し，「単独世帯」は，1980（昭和55）年の91万世帯から，2013（平成25）年には573万世帯と6.3倍に増加，同様に「夫婦のみ世帯」「親と未婚の子のみの世帯」は，ともに約5倍の増加がみられている．一方，「三世代世帯」をみると，1980（昭和55）年には全体の半数を占めていたが，2013（平成25）年には31％の減少がみられており，世帯基礎単位の高齢化・細分化に拍車がかかっている（内閣府：2015）．

　このような状況にあって，国民の意識は「日常生活を送る上で介護が必要になった場合に，どこで介護を受けたいか」の問いに対し，60歳以上では男女ともに「自宅で介護してほしい」が最も多く（男性：42.2％，女性：30.2％），また，「治る見込みがない病気になった場合，どこで最期を迎えたいか」の問いに対しては，「自宅」が54.6％と最も多くなっている（内閣府：2015）．

　これらの実情を見据えると，可能な限り住み慣れた自宅や地域で暮らし続けながら，必要に応じて医療や介護等のサービスを使い，最期を迎えられるようなシステムの構築が必要となる．国は，団塊の世代の人々が後期高齢者となる

2025（平成 37）年を目途に，地域の包括的な支援・サービス提供体制（地域包括ケアシステム）の構築を推進しているが，システムを実現するためには地域が自主性や主体性に基づき，「地域力」を十分に発揮していくことが不可欠となる．太田（2011：28）は，「「地域包括ケアシステム」で問われているのは，地域社会での「生活」，また「日常生活」である．家族介護者，フォーマルサービス，インフォーマルサービスの組み合わせで支援し，実現する「日常生活」の営みである．」と述べている．地域に暮らす一人ひとりの暮らし方の選択を前提に，多様な関係主体がネットワーク化を図ることが求められているのである．

　ともあれ，超高齢・人口減少社会に直面したわが国には，医療や介護の問題はもとより，近年社会問題化してきた孤立死の問題，緊急時や災害時の対応に関する課題など，避けては通れない重要な課題が山積している．孤立死についてみると，廣渡（2010：1）は，「死後 4 日以上経過して遺体が見つかった 65 歳以上の高齢者を「孤立死」とし，その数は全国で，年間 1 万 5603 人であった．1 日に 42 人にのぼる．死後 2 日以上まで広げると，2 万 6821 人となり，あわせて 1 日 73 人，1 時間に 3 人が孤立死している計算になる．」と報告している．また，一般世帯に占める高齢者単身世帯の割合が全国一位の鹿児島県においては，2011（平成 23）年に誰にも看取られずに孤立死した一人暮らしの高齢者が 574 人であったことが検視を基にした県警のまとめでわかっている（読売新聞：2012.2.10）．このようなことからも，高齢者の孤立を防ぐセーフティネットの構築が求められている．

　また，災害についてみると，2011（平成 23）年の東日本大震災では，津波に関する情報が的確に住民に伝わらなかった，被災地の人々のニーズが支援者に十分に伝わらなかったなどの指摘がなされ，災害時に関する地域の課題が顕在化した．このような状況のなか，東日本大震災では，被災が広域で津波被害が大きかったため津波被災エリア以外の通信インフラの全面的な復旧に約 1 カ月を要したものの，様々な形で情報通信技術（以下，ICT：Information and Communication Technology）が活躍したといわれている．たとえば，NTT 東日本等は，福島県南相馬市等に対し，ブロードバンド回線とテレビ電話端末を利用したヘルスケア，メンタルケアの遠隔健康相談を無償提供し，首都圏の

医師・保健師が，避難所の被災者に対してテレビ電話を通してヘルスケア・メンタルケアの健康相談を行った．このことは，被災者が生活の場から移動せずに，医師等に直接相談してもらうことで被災者に「安心」を提供し，長期化する仮設住宅での「孤独死」「災害関連死」等の未然防止に役立ったとともに，遠隔医療相談により現地医療機関の負担軽減にもつながった（総務省ICT利活用ワーキンググループ資料）．また，2016（平成28）年の熊本地震では，地震直後も通信サービスを利用できるエリアが比較的多く，サービスが利用できなかったエリアについても通信インフラは約2週間後にはほぼ復旧している．また，NTTドコモ，KDDI，ソフトバンクの3社により，Wi-Fiサービスの無料開放が初めて発動されたほか，公共施設等で提供されているWi-Fiについての無料開放も実施された．加えて，各避難所等において，携帯3社が臨時の無料Wi-Fiスポットや充電サービスを提供しているなど，通信インフラ環境の復旧が進み，熊本地震では，ICTがより有効に活用された．このように，災害時支援におけるICTの活躍は，今や震災からの復旧にとどまらず，被災地の未来に向けた復興への取り組みや被災地以外の地域住民，とくに子どもや高齢者の見守り支援や障がいのある人などの社会的弱者の医療・介護を視野に入れた生活支援や緊急時対応など，地域密着型のICTの活用へと広がりをみせてきている．

　一方，人々の地域での安心な暮らしに不可欠な要素である医療の動向についてみると，国は2015（平成27）年6月，高齢化で増大し続ける医療費抑制を図るために，2025（平成37）年時点の病院ベッド（病床）数を現在よりも16万〜20万床削減を目標とし115万〜119万床とすることを示した．実現の目途や受け皿になる介護サービスの整備には課題が残るが，医療ニーズの低い30万〜34万人を自宅や介護施設での治療に移行することになる．全国の病床数は現在135万床で，徐々に減りつつあるものの，現状のままでは高齢者の増加に応じ，2025（平成37）年には必要な病床数が152万床に増える見込みになるとして，軽度の患者には自宅などで療養してもらう仕組みに変えるものである．病床機能別では，慢性期病床を24万〜29万床の2割減とし，集中的な治療の必要がない患者は自宅や介護施設へ移行する．重症患者を集中治療する高度急性期病床も13万床，通常の救急医療を担う急性期病床も40万床と，そ

れぞれ3割ほど減らす．その一方で，リハビリを行う回復期病床は38万床へ3倍に増やし，早期の自宅等への退院を促進するものである．2025（平成37）年の地域別病床数をみると，6都府県で2013（平成25）年より増える．最も増えるのは大阪府（1万100床増）で，神奈川県（9400床増），東京都（5500床増）が続き，埼玉県，千葉県，沖縄県も増加する．高度成長期に都市部に移動した団塊の世代が75歳の後期高齢者となるためである．これは，医療の需要が大幅に増加するのに対し，供給が追いつかない状況を映している．一方，病床数が2013（平成25）年より減るのは41道府県に上る．なかでも鹿児島県が最も減り幅が大きく（1万700床減），熊本県，北海道が続く．いずれも病床が人口に対して多すぎる結果であるとされている．各都道府県は目標に基づき，2016（平成28）年半ばにかけて地域の保健医療計画を策定するとした．しかし，多くの病院が民間経営であり，目標どおりに病床数を削減することは非常に難しい．このような実情を背景に厚生労働省は，病院に対して診療報酬や補助金で誘導し，病床の削減を促す方針であるが，仮に病床数を削減できても，自宅や地域の介護施設でどこまで患者を受け入れられるか，課題は残る（日本経済新聞：2015.6.15）．

　このような昨今の動向を踏まえて，藤田（2013）は，総務省地域通信基盤整備事業（2010～2011年）により，ケーブルテレビ（CATV；Community Antenna Television）とインターネット光回線（IT；Internet-Optical communication line）網が約97%の世帯に敷設されている鹿児島県の地方小都市であるA市のICT資源に着目し，独居高齢者等が可能な限り住みなれた地域で安心・安全に日常生活を送ることができるよう，ICTを活用した高齢者の安心・安全ネットワークシステム（以下，ICT見守りシステム）の実証実験を試みた．そして，将来的には遠隔地の親族家族，福祉・介護施設，医療機関等が，独居高齢者等の定時もしくは常時の見守りを行うネットワークシステムの構築を視野に入れた地域包括ケアシステムの導入を目指している．ICTの開発・導入にあたっては，どんなに素晴らしいシステムが開発されたとしても，それを利用する人々の意向を知り，システムに反映させていくことが重要である．そこで，ICT見守りシステムの実証実験に先駆けて，在宅医療とICT見守りシステムの構築に向けて，A市にある医療機関の従事者に対し，

システム利用で変わる患者の生活，システムが適切に利用されるための患者の要件，システム利用による病院側に生じる課題等について把握するために，質問紙調査を実施した．これらの調査結果から得られた量的データの分析を行うとともに，システム導入に対する自由回答で得られた質的データの分析を行い，システム構築への課題を明らかにすることを目的とした．

2 調査対象と方法

　対象者は，鹿児島県 A 市内にある医療機関に勤務する職員 50 人であった．調査方法は，質問紙調査（留置き法）で，看護部長の協力により配布および回収を行ってもらった．調査対象者の選定については看護部長に一任し，医療職をはじめ，福祉職，事務職にも回答に協力していただくようお願いしたうえで，50 票の調査票を看護部長宛に送付した．調査の実施においては，調査を断られた場合は調査しないという条件の下で行ってもらった．調査期間は，2014(平成 26) 年 1 月 20 日～2 月 15 日で，45 票の回答が得られた（回収率 90％）．

　調査項目は，対象の属性に関する項目として，職種，現在の職場における経験年数，現在の職場に勤務する前の職場，現在勤務している資格でのこれまでの経験年数．ICT 見守りシステムに関する項目として，システム利用で変わる患者の生活について，システムが適切に利用されるための患者の要件について，システム利用による病院側に生じる課題について，病院側の課題を解決するために考慮する点，システムが構築されると病院の業務はどのように変化するか，システムを患者のために導入すべきと思うか，選択枝 5 ～ 8 の中から 1 つ，または複数回答で回答を求めた．また，最後に ICT 見守りシステムについての自由回答を設けた．図 1.2 は，ICT 見守りシステムの説明（イメージ図）としてアンケートに添付した．

　質問紙調査結果の集計および分析は，IBM SPSS Statistics19 を用いた．なお，以下の集計においては，質問項目への無回答（欠損）が含まれるため，回答者数は質問項目ごとに異なる．自由回答の分析には，ベレルソンの内容分析手法を参考に，①回答データ一覧を作成し，②1 つの記述内容ごとに記録単位に分割する．③記録単位を内容の共通性に従ってサブカテゴリ，カテゴリへと集約

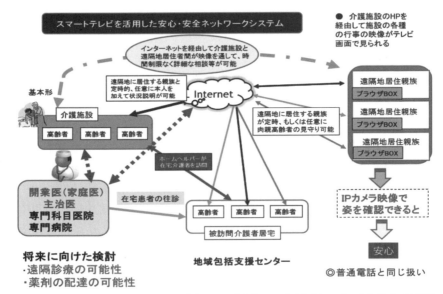

図 1 安心・安全ネットワークシステム説明イメージ図（システム利用前アンケート）作成：藤田晋輔氏（研究プロジェクト代表）

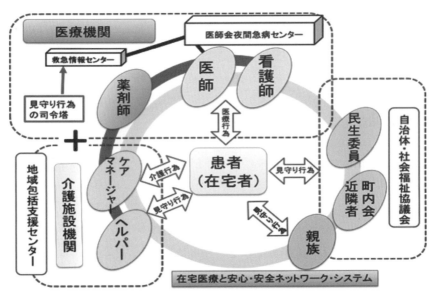

図 2 安心・安全ネットワークシステム説明イメージ図（システム利用前アンケート）作成：藤田晋輔氏（研究プロジェクト代表）

し，④カテゴリごとの記録単位数を算出した．

質問紙調査実施にあたっては，調査票に調査の主旨とともに，回答は自由意志であり，拒否しても不利益を被ることがないこと，調査は無記名で，個人が特定できないよう統計処理を行うことを説明した文書を添付した．また，これらの質問紙調査は，鹿児島国際大学教育研究倫理審査委員会の承認を得たうえで実施した．

3 結果

1) 対象者の属性

A市内の医療機関に勤務する44人からの回答を得た．回答者の職種の内訳は，看護職が27人（61.4%）と最も多く，次いで，福祉職が10人（22.7%），事務職が7人（15.9%）であった．なお，福祉職には介護福祉士，医療ソーシャルワーカー（MSW），ケアマネジャーを含めた．

次に，対象者の現在の職場での経験年数の結果を表1に示す．

全体では，「0～5年未満」が34.1%と最も高く，次いで，「10年～15年未満」が18.2%，「15年～20年未満」と「20年～25年未満」がそれぞれ13.6%の順であった．職種別でみると，事務職および福祉職は15年未満の割合がそれぞれ約9割と高く，看護職については5年未満の割合が29.6%を占め，5年ごとに区分した各年数においてほぼ均一に存在した．

表1 現在の職場での経験年数

職種	0～5年未満	5～10年未満	10年～15年未満	15年～20年未満	20年～25年未満	25年以上	合計
事務職	2(28.6%)	2(28.6%)	2(28.6%)	0(0.0%)	1(14.3%)	0(0.0%)	7(100%)
看護職	8(29.6%)	1(3.7%)	4(14.8%)	5(18.5%)	5(18.5%)	4(14.8%)	27(100%)
福祉職	5(50.0%)	2(20.0%)	2(20.0%)	1(10.0%)	0(0.0%)	0(0.0%)	10(100%)
合計	15(34.1%)	5(11.4%)	8(18.2%)	6(13.6%)	6(13.6%)	4(9.1%)	44(100%)

また，以前勤務していた職場について複数回答を求めた結果を表2に示す．

全体では，「病院・医院」が68.2%と最も高く，次いで，「その他」が18.2%，「老人保健施設」が11.4%の順であった．職種別でみると，事務職では，「福祉関連以外の一般企業」と「その他」を合わせると71.4%と多く，看護職では96.4%が「病院・医院」，福祉職では，老人保健施設をはじめとする福祉施設が66.7%を占め，三職種それぞれに特徴がみられた．

表2 以前勤務していた職場（複数回答）

職種	特別養護老人ホーム	老人保健施設	障害者(児)施設	児童施設	病院・医院	福祉関連以外の一般企業	その他	回答者数
事務職	1(14.3%)	0(0.0%)	0(0.0%)	0(0.0%)	1(14.3%)	2(28.6%)	3(42.9%)	7
看護職	0(0.0%)	2(7.1%)	0(0.0%)	1(3.6%)	27(96.4%)	0(0.0%)	1(3.6%)	28
福祉職	2(22.2%)	3(33.3%)	1(11.1%)	0(0.0%)	2(22.2%)	0(0.0%)	4(44.4%)	9
回答数	3(6.8%)	5(11.4%)	1(2.3%)	1(2.3%)	30(68.2%)	2(4.5%)	8(18.2%)	44

さらに，現在の所持資格での経年年数の結果を表3に示す．

全体では，「25年以上」が28.6％と最も高く，次いで，「20～25年未満」が23.8％，「0～5年未満」が16.7％の順であった．職種別でみると，事務職では，「0～5年未満」が40.0％と最も高く，看護職では，「25年以上」が42.9％と最も高く，福祉職では，「0～5未満」が44.4％と最も高かった．事務職および福祉職は所有資格での勤務年数が浅いことに対し，看護職の所有資格経験年数の長さが際立った．

表3 所持資格での経験年数

職種	0～5年未満	5～10年未満	10～15年未満	15～20年未満	20～25年未満	25年以上	合計
事務職	2(40.0%)	1(20.0%)	1(20.0%)	0(0.0%)	1(20.0%)	0(0.0%)	5(100%)
看護職	1(3.6%)	1(3.6%)	0(0.0%)	5(17.6%)	9(32.1%)	12(42.9%)	28(100%)
福祉職	4(44.4%)	2(22.2%)	2(22.2%)	1(11.1%)	0(0.0%)	0(0.0%)	9(100%)
合計	7(16.7%)	4(9.5%)	3(7.1%)	6(14.3%)	10(23.8%)	12(28.6%)	42(100%)

2) ICT見守りシステム利用に関して

(1) システム利用による患者の生活の変化

ICT見守りシステムを利用することで患者の生活はどう変化すると思うかについて複数回答を求めた結果を表4に示す．

全体では，「異常の早期発見につながり，孤独死や孤立死を防ぐことができる」が86.0％と最も高く，次いで，「定期的な連絡が来ることで孤独の解消につながり，介護予防につながる」が65.1％，「緊急対応が可能になり，安心・安全な毎日を過ごすことができるようになる」が60.5％と上位を占めた．職種別でみると，事務職では，「異常の早期発見につながり，孤独死や孤立死を防ぐことができる」が83.3％と最も高く，次いで，「利用料が生活をひっ迫する」が66.7％，「定期的な連絡が来ることで孤独の解消につながり，介護予防につながる」が50.0％の順であった．看護職では，「異常の早期発見につながり，孤独死や孤立死を防ぐことができる」が85.2％と最も高く，次いで，「緊急対応が可能になり，安心・安全な毎日を過ごすことができるようになる」と「定期的な連絡が来ることで孤独の解消につながり，介護予防につながる」がそれ

ぞれ66.7%であった．福祉職では，「異常の早期発見につながり，孤独死や孤立死を防ぐことができる」が90.0%と最も高く，次いで，「緊急対応が可能になり，安心・安全な毎日を過ごすことができるようになる」と「定期的な連絡が来ることで孤独の解消につながり，介護予防につながる」がそれぞれ70.0%であった．看護職と福祉職は同様の上位回答であったが，事務職では緊急対応についての回答が減り，利用料についての回答が多かった．なお，その他の意見としては，「高齢者が使いこなせるかが心配である」「利用料が安ければよいが高いと生活がしづらくなる」「遠方におられる家族も，映像を通じて確認すること」があげられた．

表4 ICT見守りシステム利用で患者様の生活はどう変化するか（複数回答）

	事務職	看護職	福祉職	回答数
1. 緊急対応が可能になり，安心・安全な毎日を過ごすことができるようになる	1(16.7%)	18(66.7%)	7(70.0%)	③26(60.5%)
2. 異常の早期発見につながり，孤独死や孤立死を防ぐことができる	5(83.3%)	23(85.2%)	9(90.0%)	①37(86.0%)
3. 山間地域の高齢者にとって受診が簡便になり，重症化を防ぐことができる	0(0.0%)	9(33.3%)	4(40.0%)	13(30.2%)
4. 定期的な連絡が来ることで孤独の解消につながり，介護予防につながる	3(50.0%)	18(66.7%)	7(70.0%)	②28(65.1%)
5. 特に変わらない	0(0.0%)	0(0.0%)	0(0.0%)	0(0.0%)
6. 利用料が生活をひっ迫する	4(66.7%)	12(44.4%)	4(40.0%)	20(46.5%)
7. 分からない	1(16.7%)	2(7.4%)	0(0.0%)	3(7.0%)
8. その他	0(0.0%)	2(7.4%)	0(0.0%)	2(4.7%)
回答者数	6	27	10	43

（2）ICT見守りシステムが適切に利用されるために求められる患者の要件

ICT見守りシステムが適切に利用できるために，患者にどのような要件が求められると思うかについて複数回答を求めた結果を表5に示す．

全体では，「機器を操作できる知的能力が求められる」および「利用料を支払うだけの経済的能力が求められる」が，それぞれ80.0%と最も高く，次いで，「ICT見守りシステムの利用に対する家族の理解が前提である」が68.9%と上位を占めた．職種別でみると，事務職では，「利用料を支払うだけの経済的能力が求められる」が100%と最も高く，次いで，「機器を操作できる知的能力が求められる」と「ICT見守りシステムの利用に対する家族の理解が前提である」がそれぞれ71.4%の順であった．看護職では，「機器を操作できる知的能力が求められる」が85.7%と最も高く，次いで，「利用料を支払うだけの経済的能力が求められる」が78.6%，「機器を操作できる身体能力が求められる」と「ICT見守りシステムの利用に対する家族の理解が前提である」がそれぞれ71.4%であった．福祉職では，「機器を操作できる知的能力が求められる」と「利用料を支払うだけの経済的能力が求められる」がそれぞれ70.0%と最も

高く，次いで，「機器を操作できる身体的能力が求められる」と「ICT 見守りシステムの利用に対する家族の理解が前提である」がそれぞれ 60.0% であった．看護職と福祉職は同様の回答順位であったが，事務職では，機器を操作できる身体的能力についての回答が減少し，利用料を支払うだけの経済的能力についてはすべての人があげていた．なお，その他の意見として，「ネットにつなげられる環境」，「軽いトラブル，メンテナンス」があげられた．

表5 ICT見守りシステムが適切に利用されるために求められる患者様の要件（複数回答）

	事務職	看護職	福祉職	回答数
1. 機器を操作できる知的能力が求められる	5(71.4%)	24(85.7%)	7(70.0%)	①36(80.0%)
2. 機器を操作できる身体的能力が求められる	2(28.6%)	20(71.4%)	6(60.0%)	28(62.2%)
3. 応答のできる言語的能力が求められる	3(42.9%)	19(67.9%)	4(40.0%)	26(57.8%)
4. 利用料を支払うだけの経済的能力が求められる	7(100%)	22(78.6%)	7(70.0%)	①36(80.0%)
5. ICT見守りシステムの利用に対する家族の理解が前提である	5(71.4%)	20(71.4%)	6(60.0%)	③31(68.9%)
6. その他	1(14.3%)	1(3.6%)	0(0.0%)	2(4.4%)
回答者数	7	28	10	45

(3) ICT 見守りシステム利用により病院に生じる課題

ICT 見守りシステムを利用することにより，病院にとってどのような課題が生じると思うかについて複数回答を求めた結果を表6に示す．

全体では，「時間帯にかかわらず連絡が入り，業務が煩雑になるおそれがある」が 75.0% と最も高く，次いで，「異業種（複数の職種）間の連携がうまくとれるか不安・疑問である」が 70.5%，「機器のモニターをだれがどのようにするのか，課題がある」が 65.9%，「端末機器の保管場所のセキュリティ確保されなければ，それぞれの業務の守秘義務が守られないおそれがある」が 63.6%，「突発的な異常を病院サイドで常にモニタリングするには無理がある」が 61.4%，「ICT 見守りシステムをコーディネートする機関があるかどうか心配である」が 56.9% という結果が得られた．職種別でみると，事務職では，「時間帯にかかわらず連絡が入り，業務が煩雑になるおそれがある」と「端末機器の保管場所のセキュリティ確保されなければ，それぞれの業務の守秘義務が守られないおそれがある」「機器のモニターをだれがどのようにするのか，課題がある」がそれぞれ 85.7% であった．看護師では，「時間帯にかかわらず連絡が入り，業務が煩雑になるおそれがある」と「異業種（複数の職種）間の連携がうまくとれるか不安・疑問である」がそれぞれ 77.8% と最も高く，次いで，「端末機器の保管場所のセキュリティ確保されなければ，それぞれの業務の守秘義務が守られないおそれがある」が 74.1% の順であった．福祉職では，「異業種

（複数の職種）間の連携がうまくとれるか不安・疑問である」が70.0%と最も高く，次いで，「時間帯にかかわらず連絡が入り，業務が煩雑になるおそれがある」が60.0%，「突発的な異常を病院サイドで常にモニタリングするには無理がある」が50.0%の順であった．三職種ともに，業務が煩雑になるおそれについての回答が上位を占めており，特に直接的に患者と関わっている看護職と福祉職では，異業種間の連携に関する回答が上位を占めた．

表6 ICT見守りシステム利用により、病院にとってどのような課題が生じるか（複数回答）

	事務職	看護職	福祉職	回答数
1. 時間帯にかかわらず連絡が入り、業務が煩雑になるおそれがある	6(85.7%)	21(77.8%)	6(60.0%)	①33(75.0%)
2. 異業種（複数の職種）間の連携がうまくとれるか不安・疑問である	3(42.9%)	21(77.8%)	7(70.0%)	②31(70.5%)
3. 端末機器の保管場所のセキュリティ確保されなければ、それぞれの業務の守秘義務が守られないおそれがある	6(85.7%)	20(74.1%)	2(20.0%)	28(63.6%)
4. ICT見守りシステムをコーディネートする機関があるかどうか心配である	4(57.1%)	17(63.0%)	4(40.0%)	25(56.9%)
5. 機器のモニターをだれがどのようにするのか、課題がある	6(85.7%)	19(70.4%)	4(40.0%)	③29(65.9%)
6. 突発的な異常を病院サイドで常にモニタリングするには無理がある	4(57.1%)	18(66.7%)	5(50.0%)	27(61.4%)
7. 特別な問題は生じないと思う	0(0.0%)	1(3.7%)	0(0.0%)	1(2.3%)
8. その他	0(0.0%)	0(0.0%)	0(0.0%)	0(0.0%)
回答者数	7	27	10	44

(4) ICT見守りシステム利用により病院に生じる課題の解決策

前項（表6）の課題を解決するためには，どのような点を考慮すれば良いと思うかについて複数解答を求めた結果を表7に示す．

全体では，「連携の核となる事業所の選定が大切である」が82.2%と最も高く，次いで，「端末機器の使用法について，主要職員に対する勉強会の実施」が71.1%，「ICT見守りシステムを地域包括ケアシステムの中に組み込む」が55.6%，「緊急性が疑われるときは音声で状況を把握し，音声に対する反応がない場合，映像を映す」が44.4%と上位を占めた．職種別でみると，事務職では，「連携の核となる事業所の選定が大切である」が85.7%と最も高く，次いで，「端末機器の使用法について，主要職員に対する勉強会の実施」が71.4%，「ICT見守りシステムを地域包括ケアシステムの中に組み込む」が57.1%の順であった．看護職では，「連携の核となる事業所の選定が大切である」が85.7%と最も高く，次いで，「端末機器の使用法について，主要職員に対する勉強会の実施」が71.4%，「ICT見守りシステムを地域包括ケアシステムの中に組み込む」が60.7%の順であった．福祉職では，「連携の核となる事業所の選定が大切である」と「端末機器の使用法について，主要職員に対する勉強会の実施」がそれぞれ70.0%，次いで，「緊急性が疑われるときは音声で状況を把握し，音声に対する

反応がない場合，映像を映す」が50.0%の順であった．三職種ともに，連携の核となる事業所の選定と端末機器の使用法についての勉強会の実施をあげていた．

表7　前項(表6)の課題を解決するために，どのような点を考慮すればよいと思うか(複数回答)

	事務職	看護職	福祉職	回答数
1. 連携の核となる事業所の選定が大切である	6(85.7%)	24(85.7%)	7(70.0%)	①37(82.2%)
2. 端末機器の保管場所(施設・病院など)は，鍵のかかる部屋とする	2(28.6%)	11(39.3%)	2(20.0%)	15(33.3%)
3. 端末機器の使用は，職員を特定する	3(42.9%)	12(42.9%)	2(20.0%)	17(37.8%)
4. ICT見守りシステムを地域包括ケアシステムの中に組み込む	4(57.1%)	17(60.7%)	4(40.0%)	③25(55.6%)
5. 緊急性が疑われるときは音声で状況を把握し，音声に対する反応がない場合，映像を映す	1(14.3%)	14(50.0%)	5(50.0%)	20(44.4%)
6. 端末機器の使用法について，主要職員に対する勉強会の実施	5(71.4%)	20(71.4%)	7(70.0%)	②32(71.1%)
7. その他	0(0.0%)	0(0.0%)	0(0.0%)	0(0.0%)
回答者数	7	28	10	45

(5) ICT見守りシステムが構築されて変わる病院の業務

ICT見守りシステムについて，システムが構築されたら病院の業務はどのように変化すると思うかについての結果を表8に示す．

全体では，「業務量が大幅に増える」が28.6%と最も高く，次いで，「業務が煩雑になる」と「分からない」がそれぞれ26.2%であった．職種別でみると，事務職では，「業務が煩雑になる」が57.1%と最も高かった．看護職では，「業務量が大幅に増える」が30.8%と最も高く，次いで，「業務が煩雑になる」が26.9%，「分からない」が23.1%の順であった．福祉職では，「分からない」が55.6%と最も高く，次いで，「業務量が大幅に増える」が33.3%であった．事務職は，業務の煩雑さ，看護職と福祉職は業務量が大幅に増えるとの回答が多かった．なお，それぞれの選択肢を選んだ理由については表9のとおりである．

表8　ICT見守りシステムが構築されたら病院の業務はどのように変化するか

	事務職	看護職	福祉職	合計
1. 業務量が大幅に増える	1(14.3%)	8(30.8%)	3(33.3%)	①12(28.6%)
2. 業務量が少し増える	1(14.3%)	2(7.7%)	1(11.1%)	4(9.5%)
3. 業務が煩雑になる	4(57.1%)	7(26.9%)	0(0.0%)	②11(26.2%)
4. 変わらない	0(0.0%)	2(7.7%)	0(0.0%)	2(4.8%)
5. 分からない	0(0.0%)	6(23.1%)	5(55.6%)	②11(26.2%)
6. 業務量が減る	0(0.0%)	0(0.0%)	0(0.0%)	0(0.0%)
7. 病院の経営が安定する	0(0.0%)	0(0.0%)	0(0.0%)	0(0.0%)
8. その他	1(14.3%)	1(3.8%)	0(0.0%)	2(4.8%)
合計	7	26	9	42

表9 選択肢を選んだ理由

選択肢	選んだ理由
業務量が大幅に増える	システム管理業務が増えることや、システムを浸透させるための業務など コンビニ受診が増える可能性があるため 在宅の方は多くは常に何らかのトラブルが起きる事が考えられるため 管理、監視が必要 高齢者が多いため対象者が増加する その対応をする部署の充実が必要 夜間対応するスタッフの配置が必要であり、その分の人員が日勤等で減少するおそれがある
業務が少し増える	計画外の業務、予測できない業務が増すと思われる モニター確認業務が必要になるため 利用者の都合で時間帯を問わずに連絡が入るのではないか（インターネットなのでいつでも感がある） 複数職種との連携だったり、時間帯にかかわらず連絡が入る為
業務が煩雑になる	通常業務もあるため いつでも連絡が来ると業務に支障をきたす恐れがあるのでは システム管理者がいない 24H体制で突発的なできごとに対応することで煩雑になると思われる（専従職員の確保が現時点では難しい） 便利な気もするが、相手の都合にあわせたり、突発的な面で調節が大変になるような気がする 在宅からの問い合わせが多くなる 誰がどのように通信するか等、システムの構築が必要 業務内容が定着するまでは緊急訪問や不慣れから
変わらない	独居老人の早期発見につながりよいと思う
分からない	連携の核となる事業所の選定で違うと思う 実際にやってみないと分からない ネットワークシステムについてよく分からないため
その他	内容が明確でないのでどちらとも言えない 孤独死がなくなると思う

(6) ICT見守りシステムが確立されたら導入すべきか

　ICT見守りシステムが確立されたら，患者のために導入すべきだと思うかについての結果を表10に示す．

　全体では，「普通に思う」が37.2%と最も高く，次いで，「どちらでもない」が30.2%，「積極的に思う」が23.3%の順であった．職種別でみると，事務職では，「どちらでもない」が42.9%と最も高く，次いで「普通に思う」と「その他」がそれぞれ28.6%であった．看護職では，「普通に思う」が38.5%と最も高く，次いで，「積極的に思う」が30.8%，「どちらでもない」が26.9%の順であった．福祉職では，「普通に思う」が40.0%と最も高く，次いで，「どちらでもない」が30.0%，「積極的に思う」が20.0%の順であった．三職種ともに，普通に導入すべきであると回答していた．なお，「積極的に思う」と「普通に思う」と回答した割合は，全体では60.5%，事務職では28.6%，看護職では69.3%，福祉職では60.0%と，特に直接的に患者と関わっている看護職と福祉職では，導入を肯定する回答が高かった．なお，それぞれの選択肢を選んだ理由については表11のとおりである．

表10 ICT見守りシステムが確立されたら、患者様のために導入すべきだと思うか

	事務職	看護職	福祉職	合計
1. 積極的に思う	0(0.0%)	8(30.8%)	2(20.0%)	③10(23.3%)
2. 普通に思う	2(28.6%)	10(38.5%)	4(40.0%)	①16(37.2%)
3. どちらでもない	3(42.9%)	7(26.9%)	3(30.0%)	②13(30.2%)
4. 思わない	0(0.0%)	0(0.0%)	0(0.0%)	0(0.0%)
5. その他	2(28.6%)	1(3.8%)	1(10.0%)	4(9.3%)
合計	7	26	10	43

表11 選択肢を選んだ理由

選択肢	選んだ理由
積極的に思う	緊急の対応、孤独死を防ぐ等 患者様自体が困るため 老夫婦、独居者が多い 独居で生活している人が多く安心して暮らせると思う 鹿児島特にこの地域には施設も少なく病院退院後の生活がとても不安である。特に独居の高齢者が多いため 独居高齢者がとても多いため 超高齢化で独居、夫婦2人のみが大半を占めるため導入するべき 独居老人が今は増えていくことと、認知症の方が増える
普通に思う	孤独死が減ると思うので 孤独死や孤立死が防げる　遠方で見守ることができる システム＋近隣の人々とのつながりだと考える 個人情報の管理面や機器に対する使用方法等については不安が残る 高齢化により一人での通院が困難な方が多いので、遠隔診療等が普通にできれば、患者は助かるのではないかと思う 不安・心配の軽減につながる。→患者も家族も 独居の方の退院支援にむすびつく
どちらでもない	患者様、家族次第 本当に必要性があるのかをみきわめてから導入すべき 患者様の個々のケースによりことなるのでどちらがよいか一概に言えない 費用や利用者がしっかりと使えるか まだ、そのシステムを熟知できていない 異常の早期発見にはなるが、機器操作だったり利用料金などの関係があるから
その他	ネットワークが確立しても負担増につながると導入はどうかと思います システムへの理解、経済的な面ではっきりしないのでどちらとも言えない よくわからない。まず有効的に使える人は、ある程度自立していないと有効的に使えないのではないかと思う。ある程度自立していて緊急性となると限られた事例になるのでは？ 配置人員についての人件費が保障されることが前提となる

3) ICT見守りシステムに対する自由回答

ICT見守りシステムについての意見と要望を自由回答で求めた結果は表12のとおりであった．また，自由回答の記述者数は17人であった．

自由回答をベレルソンの内容分析手法を参考に，回答データ一覧を作成，1つの記述内容ごとに記録単位に分割し，17の記録単位を得た．17記録単位を内容の共通性に従って11のサブカテゴリを抽出し，8のカテゴリへと集約し，カテゴリごとの記録単位数を算出した．

抽出されたカテゴリとそれぞれの記録単位数は，『利用料』4（23.5%），『簡易な操作』3（17.6%），『個人情報』3（17.6%），『医療・福祉現場業務との協働体制』2（11.8%），『システムの周知』2（11.8%），『導入を望む』1（5.9%），『オペレーターの所在』1（5.9%），『その他』1（5.9%）で構成されていた．

表12　ICT見守りシステムに関する自由回答

カテゴリ	記録単位数(%)	サブカテゴリ	記録単位数(%)
利用料	4(23.5%)	経済的問題	4(23.5%)
簡易な操作	3(17.6%)	利用者の操作能力	3(17.6%)
個人情報	3(17.6%)	プライバシーの問題	2(11.8%)
		セキュリティ面	1(5.9%)
医療・福祉現場業務との協働体制	2(11.8%)	多職種との連携が必要	1(5.9%)
		業務が煩雑になる	1(5.9%)
システムの周知	2(11.8%)	システムのイメージ、理解がわかない	1(5.9%)
		本人・家族の理解	1(5.9%)
導入を望む	1(5.9%)	システムへの期待が大きい	1(5.9%)
オペレーターの所在	1(5.9%)	誰が監視するか	1(5.9%)
その他	1(5.9%)	難しい取り組み	1(5.9%)
合計	17(100%)		17(100%)

『利用料』のカテゴリは，全体の23.5%を占め，1つのサブカテゴリから構成され，サブカテゴリは，「経済的問題」であった．『簡易な操作』のカテゴリは，全体の17.6%を占め，1つのサブカテゴリから構成され，サブカテゴリは，「利用者の操作能力」であった．『個人情報』のカテゴリは，全体の17.6%を占め，2つのサブカテゴリから構成された．サブカテゴリには，「プライバシーの問題」「セキュリティ面」が含まれた．『医療・福祉現場業務との協働体制』のカテゴリは，全体の11.8%を占め，2つのサブカテゴリから構成された．サブカテゴリには，「多職種との連携が必要」「業務が煩雑になる」が含まれた．『システムの周知』のカテゴリは，全体の11.8%を占め，2つのサブカテゴリから構成された．サブカテゴリには，「システムのイメージ，理解がわかない」「本人・家族の理解」が含まれた．『導入を望む』のカテゴリは，全体の5.9%を占め，1つのサブカテゴリから構成され，サブカテゴリは，「システムへの期待が大きい」であった．『オペレーターの所在』のカテゴリは，全体の5.9%を占め，1つのサブカテゴリで構成され，「誰が監視するか」であった．『その他』のカテゴリは，全体の5.9%を占め，1つのサブカテゴリで構成され，「難しい取り組み」であった．

4 考察

本研究は，CATVによる双方向通信を活用することで，遠隔地居住家族や介護福祉施設，医療機関等が独居高齢者等の定時もしくは常時の見守りをおこ

ない，独居高齢者等が可能な限り住み慣れた地域で生活を継続していくためのICT見守りシステムの構築を目指した取り組みである．実証実験研究に先立ち，医療機関の従事者に対し，システム利用で変わる患者の生活，システムが適切に利用されるための患者の要件，システム利用による病院側に生じる課題等について把握するために質問紙調査を実施し，これらの調査結果から得られた量的データの分析を行うとともに，システム導入に対する自由回答で得られた質的データの分析を行い，システム構築への課題を明らかにすることを目的とした．

1）ICT見守りシステム導入の意向と患者側に求められる要件
(1) ICT見守りシステムの導入の意向
　ICT見守りシステムの導入について，6割を超える医療機関従事者が肯定的に捉えているという結果が得られた．その理由については，「異常の早期発見に繋がり，孤独死や孤立死を防ぐことができる」「定期的に連絡が来ることで孤独の解消につながり，介護予防につながる」「緊急対応が可能になり，安心安全な毎日を過ごすことができるようになる」と認識していることが量的調査の結果から得られた．また，自由回答による質的調査においても，「導入を望む」というカテゴリがあげられた．

　これらの結果から，医療機関従事者は，ICT見守りシステムの構築を患者や独居高齢者等に対する緊急・異常時の発見ツールとして，また，患者や独居高齢者等の安心・安全な日常生活向上のためのツールとして期待していると考えることができる．

(2) ICT見守りシステムが適切に利用されるために求められる患者の要件
　ICT見守りシステムが適切に利用されるために求められる患者の要件については，「機器を操作できる知的能力が求められる」「利用料を支払うだけの経済的能力が求められる」「ICT見守りシステムの利用に対する家族の理解が前提である」が上位を占めた．また，自由回答の結果からも，「簡易な操作」「利用料」「システムの周知」というカテゴリが抽出された．

　これらの結果から，ICTが適切に利用されるために患者側に求められる要件には，機器の操作能力と利用料を負担する経済力が必要であり，そのために

は家族の理解も不可欠であると認識していることがわかった．

2) ICT見守りシステム導入に伴う病院の業務の変化と課題
(1) ICT見守りシステム導入に伴う病院の業務の変化
　ICT見守りシステム導入に伴う病院の業務の変化については，「業務が大幅に増える」「業務が煩雑になる」という回答が多かった．その理由をみると，業務が大幅に増えることに対しては，「システム管理・監視業務」「システムの対応をする部署の充実」「システムの説明業務」「トラブルのたびに時間帯にかかわらず連絡が入るなどのコンビニ受診の増加」「夜間の対応のためのスタッフ配置等の問題」などがあげられた．また，業務が煩雑になることに対しては，「システムの管理者がいない」「通常業務もある」「いつでも連絡が来ると業務に支障をきたす」「24時間体制で突発的なできごとに対応することで煩雑になる」「職員の確保が現時点では難しい」「相手の都合に合わせたり調節が大変」「在宅からの問い合わせが多くなる」「業務内容が定着化するまでは緊急訪問や不慣れから煩雑になる」などの意見があげられた．
　このようにICT見守りシステム導入に伴う病院の業務の変化については，オペレーターの所在と業務委託事業所の選定に関する内容に加え，慢性的な人員不足が深刻ななかで業務に当たっている看護職・福祉職のこれ以上の業務負担増の回避という視点が不可欠であることがわかった．

(2) ICT見守りシステム導入により病院に生じる課題
　ICT見守りシステム導入により病院に生じる課題については，「時間帯にかかわらず連絡が入り業務が煩雑になるおそれ」「異業種間の連携について」「機器のモニター管理の所在」「端末機器の保管場所等セキュリティの確保」「常時のモニタリングは病院サイドで行うには無理がある」「システムのコーディネート機関に関する課題」などがあげられた．
　これらの結果から病院に生じる課題には，①システムの運営・管理上の課題として，オペレーターの所在と業務委託事業所の選定に関する課題，②個人情報の管理についての課題，③看護職・福祉職の業務負担増に対する課題（多職種との役割分担および連携，人員配置や業務分担に関する内容）があることがわかった．

(3) 病院に生じる問題の解決策

　病院に生じる問題の解決策については,「連携の核となる事業所の選定」「主要職員に対する端末機器の使用法についての勉強会の実施」「ネットワークシステムを地域包括ケアシステムに組み込む」「緊急性が疑われるときは音声で把握し,反応がないときに映像を映す」などの回答が上位を占めた.

　また,自由回答の結果からも同様に,「オペレーターの所在」「システムの周知」「個人情報」「医療・福祉現場業務との協働体制」というカテゴリが抽出された.

　病院に生じる問題の解決策としては,①システムを機能させるうえでの要となるオペレーターの所在の明確化と業務委託事業所の選定確保が重要であること.②システムの運用にあたり,個人情報の管理とプライバシーの確保に関する規定等の整備が必要性であること.③医療機関従事者や本人・家族に対するシステムの周知(勉強会等)が必要であること.④多職種間の役割分担の明確化と連携の在り方の検討が必要であること.⑤業務遂行にあたりシステム導入を踏まえた人員配置や業務分担の検討が必要であること.⑥地域包括ケアシステムに組み込んだシステムの構築が,ICT 見守りシステムに求められていることが明らかになった.

5 結語

　A市医療機関従事者を対象としたICT見守りシステムに関する意向と課題に関するアンケート調査により,6割以上の医療機関従事者においてICTを活用したネットワーク構築は,患者や独居高齢者等に対する緊急・異常時の発見ツールとして,また,患者や独居高齢者等の安心・安全な日常生活向上のためのツールとして期待しているということがわかった.また,ICT見守りシステム導入に向けて患者に求められる要件には,利用料設定,操作の簡便性,システムの周知などが必要であることが明らかになった.さらに,システム導入により病院に生じる課題およびその解決策として,①オペレーターの所在の明確化と業務委託事業所の選定確保,②個人情報の管理とプライバシーの確保,③システムの周知,④多職種間の役割分担の明確化と連携の在り方の検討,⑤

人員配置や業務分担の検討，⑥地域包括ケアシステムに組み込んだシステムの構築，以上 6 項目が抽出され，ICT 見守りシステム導入に際して考慮しなければならない重要な要件であることが明らかになった．

　A 市においては，2010（平成 22）年に高齢化率 30.3％と初めて 30％台に突入している（鹿児島県：2010）．高齢者をはじめとする見守りの必要な地域住民に対して，利用可能な料金設定，かつ，簡易な操作システムであることを前提に，安心・安全な生活を保障するためには，近隣地域，家族や医療機関とつながっているということが実感できる地域づくりは欠かせない．今後，世帯基礎単位の高齢化・細分化が加速するなかで，高齢者等が安心・安全に地域で生活するためには，生活支援・福祉サービス，介護・医療・予防等のシームレスな連携が不可欠なのである．また，要介護者の場が，医療の場から生活の場へと大きく転換していくなかで，これまでの「在宅重視」とは異なるシステムづくりが課題となり，多様な地域社会に根差した日常生活圏を基点とするケアシステムづくりが重視されている．本稿では，医療機関従事者調査結果を取り上げたが，同時に高齢者および一般成人を対象とした質問紙調査も実施している．今後は，それぞれの分析結果を総合的に検討し，地域の特性を活かした安心・安全ネットワークシステムの構築を模索していく必要がある．

　なお，今後の課題として，本研究では諸事情により有意抽出法による調査となった．無作為抽出法に基づいた調査を実施して，今回の調査と比較検討する必要がある．また，今回は A 市の中核医療機関を対象としたが，小規模個人病院や無床診療所等にも着目し，検討する必要もあるであろう．

謝辞

　調査にご回答いただいた A 市住民のみなさま，調査実施にご協力をいただいた民生委員のみなさま，ならびに関係市職員のみなさまに，紙面を借りて感謝申し上げる．

付記

　本研究は，総務省平成 24 年度戦略的情報通信研究開発推進制度（SCOPE）地域 ICT 振興型研究開発事業の助成を受けた．『スマートテレビを活用した独

居高齢者等の安心・安全ネットワークシステムのA市モデルの実証実験研究』（研究代表者：藤田晋輔（鹿児島TLO研究開発事業部取締役，鹿児島大学名誉教授），課題番号122310010）の成果の一部である．

文献

Berelson,B., 稲森三千男ほか訳（1957）『内容分析』みすず書房．
安梅勅江（2000）『エイジングのケア科学』川島書店．
岩崎房子（2014）「独居高齢者等の見守りと安心・安全のためのネットワークシステムに関する研究 -A市に居住する高齢者の社会関連性指標を中心に -」『鹿児島国際大学福祉社会学部論集』第32巻第4号 ,p97-109.
岩崎房子（2014）「高齢者の安心・安全ネットワークシステムに関する研究 -A市居住高齢者の生活とICT見守りシステムに関する意向と課題 -」『九州社会福祉年報』第6号
太田貞司（2011）「地域社会を支える「地域包括ケアシステム」太田貞司・森本佳樹（編著）『地域包括ケアシステム』光生館 ,p28.
鹿児島県ホームページ「鹿児島県の高齢化率」
 http://www.pref.kagoshima.jp/ae05/kenko-fukushi/koreisya/koreika/koureikaritu.html（2014.6.1）
厚生労働省老健局（2010）「介護保険制度に関する皆さまからのご意見募集（結果概要について）」p3.
厚生労働省老健局（2012）「介護保険の改正案について」p19.
厚生労働省老健局介護保険計画課（2014）『介護保険最新情報（平成26年2月13日）』Vol.355, 別紙1資料．
終末期医療のあり方に関する懇談会（2010）「終末期医療に関する調査」結果について（案）
第6回終末期懇談会資料1（別添）p8.
総務省ICT利活用ワーキンググループ「「災害に強い自治体」になるためのICT利活用の在り方」p3-5.
 http://www.soumu.go.jp/main_content/000208839.pdf#search（2014.5.11）
総務省統計局「3大都市圏の人口移動」
 http://www.stat.go.jp/data/idou/topics/topi26.htm（2014.5.10）
総務省統計局「日本の統計 第2章人口・世帯 2-1 人口の推移と将来人口」p8-9.
 http://www.stat.go.jp/data/nihon/index2.htm（2014.5.10）
総務省統計局「日本の統計 第2章人口・世帯 2-13 世帯別にみた65歳以上の者のい

る世帯数」p20.
　　http://www.stat.go.jp/data/nihon/index2.htm（2014.5.10）
内閣府（2013）「高齢化の現状及び高齢社会対策の実施状況 第1章高齢化の現状」『高齢社会白書 平成25年版（全体版）』
　　http://www8.cao.go.jp/kourei/whitepaper/w-2013/zenbun/index.html（2016.5.10）
内閣府（2015）「1 高齢者の家族と世帯」『平成27年版高齢社会白書（概要版）』
　　http://www8.cao.go.jp/kourei/whitepaper/w-2015/html/gaiyou/s1_2_1.html
内閣府（2015）「3 高齢者の健康・福祉」『平成27年版高齢社会白書（概要版）』
　　http://www8.cao.go.jp/kourei/whitepaper/w-2015/html/gaiyou/s1_2_3.html
日本経済新聞（2015.6.15）
　　http://www.nikkei.com/article/DGXLASFS15H75_V10C15A6EE8000/
廣渡健司（2010）「孤独死のリスクと向き合う」『H22年度老人保健健康増進等事業「セルフ・ネグレクトと孤立死に関する実態調査と地域支援のあり方に関する調査研究報告書」』p1.
藤田晋輔ほか（2013）『スマートテレビを活用した独居高齢者等の安心・安全ネットワークシステムのA市モデルの実証実験研究成果報告書』p1-6.
読売新聞（2012.2.10）「孤独死急増，初の500人超え（574人）鹿児島県内」

第3章

島嶼地域における民生委員・児童委員の活動に関する一考察
―アンケート調査をもとに―

大山　朝子
Oyama Asako

1 研究の目的

　1948（昭和23）年に制定された民生委員法と1947（昭和22）年に制定された児童福祉法を根拠とする民生委員・児童委員は，厚生労働大臣から委嘱された無報酬の地域ボランティアである．地域で生活する高齢者等の見守りや暮らしに関する相談を受ける等の活動を行っており，地域における課題が山積する中でなくてはならない存在と認識されている．

　今回取り上げる奄美大島の島嶼地域は，その地理的状況から他の島嶼地域同様に過疎高齢化に伴い地域機能が低下し，地域コミュニティーが存続の危機にある．しかし他方では，これらの島嶼地域には，相互扶助（互助）の伝統等，地域独自の文化あるいはその精神が根強く残っているともいわれている．

　そこで本研究では，従来より地域共同体の持続を前提とした人間同士の関係性と営み，とくに地域文化，結い等の伝統的互助が生活の基底にあると考えられている，奄美大島の奄美市，瀬戸内町および大和村における民生委員・児童委員の活動の現状と課題を明らかにする．さらに，従来型コミュニティーとは異なる機能団体として，活動を展開している地域支え合い活動への関わりについても検証したい．

2 方法

本研究では，奄美大島の奄美市，瀬戸内町および大和村の民生委員・児童委員に対し行ったアンケート調査のデータを対象とし，分析することとした．204人（男性61人，女性143人）を対象として，123人から回答を得られ，回収率は60.29％であった（表1）．参考までに各地区の人口概要（2015＜平成27＞年10月1日現在）を表2に示す．調査時期は2016（平成28）年3月～7月．調査方法は郵送調査であり，調査後は調査対象者各自が郵便で返送する方法を用いた．分析には統計ソフトIBM SPSS Statistics Version24.0を使用した．

表1　回収率

地区	委員数	回答者数	回収率
奄美市	136	71	52.20%
瀬戸内町	58	42	72.40%
大和村	10	10	100.00%
合計	204	123	60.29%

表2　各地区の人口概要

地区	総人口（人）	65歳以上人口（人）	高齢化率（％）
奄美市	43,156	12,305	28.5
瀬戸内町	9,042	3,189	35.5
大和村	1,530	595	38.9

3 倫理的配慮

面接の際に，調査の趣旨とともに①回答は自由意志であり，回答したくない場合は回答しなくても構わないこと，②調査は個人が特定できないよう統計処理すること，を調査票に明記した．また，本研究の研究対象者に対する倫理的配慮については，鹿児島国際大学教育研究倫理審査委員会による承認の審査を得た上で実施した．

4 研究結果

1）調査対象者の属性
(1) 回答者の性
　性別と地区のクロス集計を表3に示す．全体では回答者122人のうち男性が27.9％（34人），女性が72.1％（88人）で，女性が多く7割強を占めていた．奄美市が男性30.0％（21人），女性70.0％（49人），瀬戸内町が男性26.2％（11人），女性73.8％（31人），大和村が男性20.0％（2人），女性80.0％（8人）で，地区別で性差に大きな違いはなかった．

表3　回答者の性と地区

地区	男性	女性	合計
奄美市	30.0%(21)	70.0%(49)	70
瀬戸内町	26.2%(11)	73.8%(31)	42
大和村	20.0%(2)	80.0%(8)	10
合計	27.9%(34)	72.1%(88)	122

(2) 年齢
　年齢と地区のクロス集計を表4に示す．全体では，回答者123人のうち，「40歳代」が1.6％（2人），「50歳代」が13.8％（17人），「60歳代」が55.3％（68人），「70歳代」が29.3％（36人）であり，60歳代の方が最も多かった．いずれの地区別でも60歳代が占める割合は，奄美市50.7％（36人），瀬戸内町57.1％（24人），大和村80.0％（8人）となっており，全体と同様に最も高い割合を占めていた．なお，高齢である「70歳代」が占める割合は，奄美市が35.2％（25人），瀬戸内町が26.2％（11人）と比較的高いのに対し，大和村は0％（0人）であった．大和村で70歳代の高齢な民生委員・児童委員がいない理由としては，大和村における唯一の公共交通機関であるバスの便数が少なく不便であることがあげられる．周知のように民生委員・児童委員としての活動には，協議会等への出席も含まれる．そのため，大和村では乗用車の利用が不可欠であり，70歳以上の方には担当が難しくなっていると考えられる．

表4 年齢と地区

地区	40歳代	50歳代	60歳代	70歳代	合計
奄美市	1.0%(1)	12.7%(9)	50.7%(36)	35.2%(25)	71
瀬戸内町	2.4%(1)	14.3%(6)	57.1%(24)	26.2%(11)	42
大和村	0%(0)	20%(2)	80%(8)	0%(0)	10
合計	1.6%(2)	13.8%(17)	55.3%(68)	29.3%(36)	123

(3) 担当事項

担当事項と地区のクロス集計を表5に示す．全体では回答者123人のうち，地区担当民生委員・児童委員が95.9%（118人），主任児童委員が4.1%（5人）であり，主任児童委員の人数が少なかった．これは法律上規定されている，地区担当民生委員・児童委員の設置人数に対し，主任児童委員の設置人数が僅少であることに起因する．

表5 担当事項と地区

地区	地区担当民生委員・児童委員	主任児童委員	合計
奄美市	97.2%(69)	2.8%(2)	71
瀬戸内町	92.9%(39)	7.1%(3)	42
大和村	100.0%(10)	0.0%(0)	10
合計	95.9%(118)	4.1%(5)	123

(4) 仕事の状況

仕事と地区のクロス集計を表6に示す．全体では回答者120人のうち，最も多いのは「収入を伴う仕事をしていない」の39.2%（47人），2番目に多いのは「非常勤」の25.0%（30人），3番目に多いのは「その他」の17.5%（21人），最も少ないのは「常勤」・「自営・経営」の9.2%（11人）であった．

地区別にみると「収入を伴う仕事をしていない」人の割合が奄美市で47.1%（33人），瀬戸内町で32.5%（13人）となっており，両地区で最も多かった．一方，大和村で最も多かったのは，「常勤」の40.0%（4人）と「非常勤」の40.0%（4人）であった．なお，「常勤」の占める割合が最も低かったのは，奄美市の4.3%（3人）であった．また，その他としては，主婦，農業，各種講師等があげられていた．

表6 仕事と地区

地区	常勤	非常勤	自営・経営	その他	収入を伴う仕事をしていない	合計
奄美市	4.3%(3)	22.9%(16)	10.0%7	15.7%11	47.1%(33)	70
瀬戸内町	10%(4)	25%(10)	10%(4)	22.5%(9)	32.5%(13)	40
大和村	40.0%(4)	40.0%(4)	0%(0)	10.0%(1)	10.0%(1)	10
合計	9.2%(11)	25.0%(30)	9.2%(11)	17.5%(21)	39.2%(47)	120

(5) その他団体の役員・委員の状況

　他団体の役員・委員への就任状況と地区のクロス集計を表7に示す．回答者106人のうち，最も多いのは「集落・自治会の役員」の65.1%（69人），2番目に多いのは「学校の評議員・委員」の22.6%（24人），3番目に多いのは「地区社協の協力員・運営委員」の18.9%（20人）であった．

　地区別では，順位に違いはあるものの大和村が全体の結果と同様であった．しかし，奄美市と瀬戸内町では「地区社協の協力員・運営委員」が3位外であり，奄美市では「市町村独自の福祉関係委員」，瀬戸内町では「当事者団体の役員・委員」が3位内に入っていた．奄美市については人口規模が大きいため，自治体福祉関係部局から依頼される福祉関係の役割が多いことが推測される．

　なお，その他あげられたものには，「保護司」「老人クラブ役員」「交通安全協会役員」「農業委員」「NPO法人の役員」などがあった．

表7 その他団体の役員・委員への就任状況（複数回答）

	地区			合計
	奄美市	瀬戸内町	大和村	
1.集落・自治会の役員	①61.7%(37)	①69.4%(25)	②70.0%(7)	①65.1%(69)
2.市町村独自の福祉関係委員	②25.0%(15)	8.3%(3)	0.0%(0)	17.0%(18)
3.地区社協の役員	10.0%(6)	5.6%(2)	10.0%(1)	8.5%(9)
4.地区社協の協力員・運営委員	13.3%(8)	11.1%(4)	①80.0%(8)	③18.9%(20)
5.青少年育成団体の役員・委員	10.0%(6)	11.1%(4)	0.0%(0)	9.4%(10)
6.学校の評議員・委員	③21.7%(13)	②19.4%(7)	③40.0%(4)	②22.6%(24)
7.PTAの役員	1.7%(1)	2.8%(1)	0.0%(0)	1.9%(2)
8.女性団体の役員・委員	20.0%(12)	13.9%(5)	20.0%(2)	17.9%(19)
9.防犯・防災団体の役員・委員	13.3%(8)	13.9%(5)	0.0%(0)	12.3%(13)
10.日本赤十字社の役員	6.7%(4)	8.3%(3)	10.0%(1)	7.5%(8)
11.福祉施設の評議員・役員	20.0%(12)	11.1%(4)	0.0%(0)	15.1%(16)
12.当事者団体の役員・委員	8.3%(5)	③16.7%(6)	0.0%(0)	10.4%(11)
13.その他	20.0%(12)	22.2%(8)	30.0%(3)	21.7%(23)
回答者数	60	36	10	106

2) 民生委員・児童委員の活動
(1) 民生委員・児童委員の就任理由

民生委員・児童委員の就任理由と地区のクロス集計を表8に示す．回答者122人のうち最も多いのは「地域に貢献できると思ったから」の58.2％（71人），2番目に多いのは「断り切れなかったから」の33.6％（41人），3番目に多いのは「これまでの仕事の経験が活かせると思ったから」の20.5％（25人）であった．

地区別では，瀬戸内町と大和村で全体とほぼ同様の結果となっていた．しかし，奄美市では「やりがいがある」という理由で引き受けた人が22.9％（16人）で3番目に多くなっていた．

その他として，「民生委員・児童委員の活動内容を理解せずに引き受けた」「誰も，やる人が居なかった」「集落からのおすすめで」「前任の方からの依頼」などの記述があった．

表8 民生委員・児童委員の就任理由（複数回答）

	地区			合計
	奄美市	瀬戸内町	大和村	
1.地域貢献	①62.9%(44)	①54.8%(23)	①40.0%(4)	①58.2%(71)
2.断り切れなかった	②28.6%(20)	②42.9%(18)	③30.0%(3)	②33.6%(41)
3.やりがいがある	③22.9%(16)	14.3%(6)	10.0%(1)	18.9%(23)
4.気軽な気持ち	15.7%(11)	16.7%(7)	20.0%(2)	16.4%(20)
5.仕事の経験が活かせる	18.6%(13)	③19.0%(8)	①40.0%(4)	③20.5%(25)
6.その他	3.3%(4)	4.8%(2)	10.0%(1)	5.7%(7)
回答者数	70	42	10	122

(2) 在任期間

平均在任期間の地区別集計を表9に示す．全体では10年3月となった．地区別では最も長いのが奄美市の11年3月，2番目が瀬戸内町の9年6月，3番目が大和村の6年1月となった．民生委員・児童委員の任期は原則3年となっているが，一旦委員に委嘱されると平均で最低でも2期6年以上はその役割を担っていた．なお，最も長い在任期間は30年（奄美市）であった．

表9　平均在任期間

地区	平均在任期間	回答者数
奄美市	11年3月	71
瀬戸内町	9年6月	42
大和村	6年1月	10
合計	10年3月	123

(3) 時間のかかる活動

時間のかかる活動と地区のクロス集計を表10に示す．回答者113人のうち最も多いのは「日常的支援に関すること」の68.1%（77人），2番目に多いのは「生活環境に関すること」の29.2%（33人），3番目に多いのは「在宅福祉に関すること」の27.4%（31人）と「健康・保健医療に関すること」の27.4%（31人）であった．

地区別では，奄美市と瀬戸内町が全体とほぼ同様であった．しかし，大和村では，「生活費に関すること」の20.0%（2人）や「家族関係に関すること」の20.0%（2人）となっていた．

その他として，「1人暮し高齢者の現状把握と関係機関への連絡」「介護支援に関すること」「高齢者の為の自主活動」「赤い羽根，赤十字の集金」「入退院の担当者会議，役場，区長，病院，支庁関係機関との話し合い」等があげられていた．

表10　時間のかかる活動（複数回答）

	地区			合計
	奄美市	瀬戸内町	大和村	
1.日常的支援に関すること	①66.7%(44)	①70.3%(26)	①70.0%(7)	①68.1%(77)
2.在宅福祉に関すること	③22.7%(15)	27.0%(10)	②60.0%(6)	③27.4%(31)
3.生活費に関すること	15.2%(10)	24.3%(9)	③20.0%(2)	18.6%(21)
4.健康・保健医療に関すること	③22.7%(15)	③37.8%(14)	③20.0%(2)	③27.4%(31)
5.教育・学校生活に関すること	21.2%(14)	10.8%(4)	10.0%(1)	16.8%(19)
6.介護保険に関すること	9.1%(6)	10.8%(4)	0.0%(0)	8.8%(10)
7.子育て・母子保健に関すること	9.1%(6)	8.1%(3)	0.0%(0)	8%(9)
8.生活環境に関すること	②24.2%(16)	②40.5%(15)	③20.0%(2)	②29.2%(33)
9.家族関係に関すること	10.6%(7)	13.5%(5)	③20.0%(2)	12.4%(14)
10.住居に関すること	4.5%(3)	16.2%(6)	10.0%(1)	8.8%(10)
11.仕事に関すること	4.5%(3)	5.4%(2)	10.0%(1)	5.3%(6)
12.年金・保険に関すること	3%(2)	5.4%(2)	0.0%(0)	3.5%(4)
13.その他	10.6%(7)	8.1%(3)	10.0%(1)	9.7%(11)
回答者数	66	37	10	113

(4) 就任後の気持ち

就任後の気持ちの変化の有無と地区のクロス集計を表11に示す．回答者120人のうち，全体では「変化あり」が80.0%（96人），「変化なし」が20.0%（24人）で「変化あり」が多かった．

地区別でも，奄美市が85.5%（59人），瀬戸内町が65.9%（27人），大和村が100%（10人），と各地区で3分の2以上の人たちが「変化があった」と答えていた．

表11　就任後の気持ち

地区	変化あり	変化なし	合計
奄美市	85.5%(59)	14.5%(10)	69
瀬戸内町	65.9%(27)	34.1%(14)	41
大和村	100.0%(10)	0%(0)	10
合計	80.0%(96)	20.0%(24)	120

(5) 就任後の気持ちに変化があった方たちの意見（自由記述）

全体では，『地域』と『自分自身』に関する肯定的な気持ちの変化があったとの意見が大半を占めた．結果を地区ごとに示す．

①奄美市

奄美市では，61件の記述のうち，『地域』に関するものが25件，『自分自身の意識等』に関するものが35件あった．『その他』が1件あった．

『地域』に関する記述には「地域の方を気にかけるようになった」「常に子供達のこと，おとしよりの方々が気になる」という気持ちの変化に伴い，「地域全体に目を配ることが出来るようになった」「散歩時や農業に行く時，道で行きかう人に，心からの笑顔，言葉かけ，挨拶が出来るようになった」「いろんな行事に自分から進んで参加するようになった．町内はもちろん市の行事がたくさんあり，たまには，重なる事もあります．身体の続く限り参加して行くつもりです」という行動の変化も起きたという意見があった．

『自分自身』に関する記述には「明るくなった」「人の事におもいやりの気持ちがでてきた「少しだけでも自分の時間を他の人（立場の弱い人）にさし出すことができた喜びを感じるようになった」「関わりのあった人たちが喜んでくれたことで人の役にたっていることを感じることが出来る喜びがある」とい

う気持ちの変化への気づきや「対人関係，地域の事，行政のしくみ，各分野の勉強等で視野が広がった」「福祉行政に対する認識が深まってきている」「会議・講演会に参加することで自分のスキルアップにつながるし，そこで知り得たお話し情報を皆さんに伝えお教えする事ができる様になりました」という知識・教養の部分での肯定的な変化についての意見があった．他方では「忙しくなった」「責任の重さに気持ちが重くなった」「相手の困りごとを聞き出すむずかしさ，つまり人の心を動かすことのむずかしさです」など活動の物理的・精神的な負担の重さから否定的な変化があったことを指摘する意見があった．

『その他』に関しては「今まで見たことのないような出来ごとに出会った．社会の中でこんな大変なことがあることに驚いています．授業料のいらない福祉大学と思うほどたくさんの研修をさせていただいたことに感謝しています」という幅広い見識を得る貴重な機会を得たという前向きな意見もあった．

②瀬戸内町

瀬戸内町では，26件の記述のうち，『地域』に関するものが11件，『自分自身の意識等』に関するものが15件あった．

『地域』に関しては「自分の子供以外の地域の子供達に目がいく様になった」「地域の方に対しより注意をはらうようになった」という気持ちの変化に伴い，「なんでも前向きになり，地域に関心をもつようになったように思う」「まわりの方の協力が得られている．今まで以上に気配りをして，声かけに努める」などの行動の変化についての意見があった．

『自分自身』に関する記述には「責任感を強く感じました」という精神的な変化，「自分から他人に声をかける．相手の話をよく聞くようになった．自分の考えを相手におしつけない」「人様の気持ちをくみとるようになった」「個人の考えを理解，尊重する事が出来るようになった」という行動の変化が指摘されていた．また，「民生委員の仕事を知っていくほどに，内容の深さを理解できるようになった．高齢化に伴い，入退院で生活に変化があり，体の変化が次々と起こり，救急車等の対応をするようになった．一年に4件，5件ぐらい葬式があったりして，一週間ぐらい顔を見ていない人がおられると心配でドキドキする毎日です」「民生委員は住民に頼りにされ大変負担になります．それでも福祉の制度が行き渡る事は大切．勉強しなければなりません」「民生委員の仕

事内容もわからないまま，強引に押しつけられ，人間不信にまでなっていたが，今は気持ちを切り換えつつ，自分が出来る範囲で地域に貢献できるように，無理をしない程度にやっていきたいと思っている」など負担に感じつつも，地域のためにその役割を果たそうとする複雑な気持ちの変化が記述されていた．

③大和村

大和村では，『地域』に関する10件の記述があった．記述には「高齢者，独居老人等の生活状況，体調面等に気配りをするようになった」「これまで何げなく過ごしていたが少しの変化に気をつけるようになりました」「地域の方々や，特にお年寄りの方が，日常の生活が送れているか，多少気にかけるようになりました」という精神面に関するもの，「集落の高齢者と交流の時間が多く持てる様になった」「集落民一人一人の状況把握を意識するようになった．必要な行事，会合に時間の許す範囲で出席するようになった」など行動面に関するもの等肯定的な変化についての記述があった．

(6) やりがい

やりがいの程度と地区のクロス集計を表12に示す．回答者122人のうち，全体で最も多いのは「やりがいがある」で53.5%（65人），2番目に多いのは「ややりがいがある」で23.0%（28人），3番目に多いのが「とてもやりがいがある」で17.2%（21人）であった．

地区別でも全体と同様の結果であった．しかし，一方で「やりがいがない」と回答した人が大和村で11.1%（1人），瀬戸内町で9.5%（4人），奄美市で4.2%（3人）いた．

表12　やりがいの程度

地区	とてもやりがいがある	やりがいがある	ややりがいがある	やりがいがない	合計
奄美市	18.3%(13)	62.0%(44)	15.5%(11)	4.2%(3)	71
瀬戸内町	19.0%(8)	38.1%(16)	33.3%(14)	9.5%(4)	42
大和村	0.0%(0)	55.6%(5)	33.3%(3)	11.1%(1)	9
合計	17.2%(21)	53.3%(65)	23.0%(28)	6.6%(8)	122

(7) やりがいがあると感じる方たちの意見（自由記述）

全体として『活動に対する精神的な返礼』を受けたときにやりがいがあると感じた方たちがほとんどであった．結果を地区ごとに示す．

①奄美市

　奄美市では，48件の記述のうち，『活動に対する精神的な返礼』に関するものが45件，『その他』に関するものが3件あった．

　『活動に対する精神的な返礼』として，「民生委員として地域の方々から頼りにされる事．児童委員としては，子供達からお早う，その他声のかかる時」「今まで知らなかった人との会話が出来たり，依頼されたことを終えて，次の段階に進めた時などは，本当に良かったと思う」などの記述があった．

　『その他』としては，「独りくらしの住民が多くなって来たけど，この地域にずっと住み続けたい気持ちが強いので，将来は自分達も同じなのでどうしたらよいか話し合う機会が増えた」という同じ地域に生活する住民としての共感や「民生委員の役員になり，他の委員の活動がよく見えてくる．同じ目的を持つ仲間といっしょに活動出来，協力できる時」という同じ活動を行う民生委員同士の共感があげられていた．また，「民生委員・児童委員は，個人的な活動ではなく厚労省からの任命を受け重要な役割がある」と国からその役割を任されている事に対する使命感をそのやりがいとして感じているという意見もあった．

②瀬戸内町

　瀬戸内町では『活動に対する精神的な返礼』に関するものが23件あった．記述には「相談を受けて，良い形で解決出来た時・笑顔に合える時」「高齢者の方のお手伝いなど頼まれ事などをしてあげて有りがとうの言葉を言われた時，役にたったなと思いその様な時やりがいを感じます」というもの，具体的に「生活保護の申請や，生活資金等の対応」「福祉制度を知り，地域の方にかんげん出来た時」という記述もあった．

③大和村

　大和村では『活動に対する精神的な返礼』に関するものが5件あった．記述には，「みんなが喜んでくれたり，助かったと言われた時に私も嬉しくやりがいを感じる」「ありがとうという言葉をきいたとき」などの記述が挙げられていた．

(8) 負担感

　負担感の程度と地区のクロス集計を表13に示す．回答者123人のうち全体

で最も多いのは「それほど負担に感じない」の43.1%（53人），2番目に多いのが「やや負担に感じる」で36.6%（45人），3番目に多いのが「ほとんど負担に感じない」の13.8%（17人）であった．

地区別では，奄美市と瀬戸内町は全体の結果と同様であった．しかし，大和村では，「やや負担に感じる」が80.8%（8人）と最も多かった．要因としては，他の地域と比して人口規模が小さく，かつ従来より密接な人間関係が存在していた地域であるため，民生委員・児童委員への負担が過重であることがあげられる．

表13　負担感の程度

地区	ほとんど負担に感じない	それほど負担に感じない	やや負担に感じる	負担に感じる	合計
奄美市	15.5%(11)	46.5%(33)	32.4%(23)	5.6%(4)	71
瀬戸内町	14.3%(6)	42.9%(18)	33.3%(14)	9.5%(4)	42
大和村	0.0%(0)	20.0%(2)	80.0%(8)	0.0%(0)	10
合計	13.8%(17)	43.1%(53)	36.6%(45)	6.5%(8)	123

(9) 負担を感じると答えた方たちの意見（自由記述）

全体では，『活動内容』と『自分自身』に関する記述があった．結果を地区ごとに示す．

①奄美市

奄美市では，23件の記述のうち，『活動内容』に関するものが7件，『自分自身』に関するものが13件，『その他』に関するものが3件あった．『活動内容』として「独居の方が訪問時にはお元気でも，急な体調の変化などがあったらと常に思う．災害時の避難訓練を実施してないので災害時のことが常に頭にある」「祭りのパレードへの参加や赤い羽根募金の各世帯訪問」などの記述があった．『自分自身』については「自分の都合で，思うような活動が出来ない時」「自分の生活，仕事で時間を取られ，常に見守り等が出来ないとき」などの意見があった．また『その他』として「地域の方の事が気になる．支えが足りないし，何か問題が起きたら，どうしようといつも負担に思っている」「やはり，どんな時でも頭のどこかでひっかかっている」などの記述があった．

②瀬戸内町

瀬戸内町では，15件の記述のうち，『活動内容』に関するものが9件，『自

分自身』に関するものが6件あった.

『活動内容』に関するものについては「個人宅に乳幼児訪問をするとき」「車で30分ぐらいかかる役所関係の用事をたのまれる時」「担当している世帯が多く,すべてに気を配る事ができない」などの記述があった.『自分自身』に関しては,「仕事の為,会に出席できない事」「自分に自信がないのに,人の為に行動する,または発言することなど,無理な事」「身体の調子が出ない時」などの記述があった.

③大和村

大和村では,8件の記述のうち,『活動内容』に関するものが4件,『自分自身』に関するものが4件あった.『活動内容』に関するものとして「民生委員に関連して,他行事が多い」「毎日,同じ内容で電話等が来て,食事の心配,家のそうじ,ゴミ出しから見守り活動をしないと大変な独居世帯が増えつつある」などの記述があった.『自分自身』に関しては「常勤なので昼に相談が受けられない」「地域の活動ができていない事もあったり,人の家を訪問するのも,あまり得意ではありません」などの記述があった.

3) 地域支え合い活動

(1) 地域支え合い活動の存在

地域支え合い活動の有無と地区のクロス集計を表14に示す.全体では121人のうち,「ある」が52.1%(63人),「ない」が47.9%(58人)で,若干ではあるが「ある」が多かった.

地区別では,大和村ですべての集落で活動団体が存在していた.しかし,奄美市では「ある」が49.3%(34人),「ない」が50.7%(35人),瀬戸内町でも「ある」が45.2%(19人),「ない」が54.8%(23人)と若干ではあるが「ない」と回答した方が多かった.

表14 活動の有無

地区	ある	ない	合計
奄美市	49.3%(34)	50.7%(35)	69
瀬戸内町	45.2%(19)	54.8%(23)	42
大和村	100.0%(10)	0.0%(0)	10
合計	52.1%(63)	47.9%(58)	121

(2) 地域支え合い活動での役割（自由記述）

各地区における地域支え合い活動における役割について質問したところ，何らかの役割を担って活動しているという記述が大半であった．

①奄美市

奄美市では，32件の記述のうち，世話役や責任者，会計など中心的な役割から協力員としての役割まで幅広く何らかの役割を担っているという記述が30件，一方で参加はするが役割はないという記述は2件だけであった．

②瀬戸内町

瀬戸内町では，17件すべてで副会長や世話役など中心的な役割から協力員としての役割まで幅広く何らかの役割を担っていた．

③大和村

大和村では，10件の記述のうち，すべての記述で副会長や世話役など中心的な役割から協力員としての役割まで幅広く何らかの役割を担っていた．なお，民生委員ということで代表者になっている方たちの中には，他になり手がおらず，引き継ぎができないので困っているという記述もあった．

(3) 関わりの程度

地域支え合い活動への関わりの程度と地区のクロス集計を表15に示す．全体では107人のうち，「積極的に関わっている」が49.5%（53人），「関わるように努力している」が43.0%（46人）であった．一方で「あまり関わっていない」という人は5.6%（6人），「全く関わっていない」という人は1.9%（2人）であった．地区別ではすべての地区で「積極的に関わっている」と答えた人と「関わるように努力している」と答えた人の割合が9割以上を占め，全体と同様の結果となった．

表15 関わりの程度

地区	積極的に関わっている	関わるよう努力している	あまり関わっていない	全く関わっていない	合計
奄美市	50.8%(32)	46.0%(29)	1.6%(1)	1.6%(1)	63
瀬戸内町	47.1%(16)	38.2%(13)	11.8%(4)	2.9%(1)	34
大和村	50.0%(5)	40.0%(4)	10.0%(1)	0.0%(0)	10
合計	49.5%(53)	43.0%(46)	5.6%(6)	1.9%(2)	107

(4) 活動の内容

　地域支え合い活動の内容と地区のクロス集計を表16に示す．全体では101人のうち，最も多いのが「見守り活動」で60.4％（61人），2番目に多いのは「清掃活動」で52.5％（53人），3番目に多いのが「お茶飲み会」で48.5％（49人）であった．

　地区別では，奄美市が全体的な結果とほぼ同様であったが，「グラウンドゴルフ」が44.3％（27人）で「お茶飲み会」の44.3％（27人）とともに多かった．また，瀬戸内町では，「グラウンドゴルフ」が53.3％（16人）で「お茶飲み会」の46.7％（14人）より多かった．一方，大和村では，最も多いのが「お茶飲み会」で80.0％（8人），2番目に多いのが「食事会」で40.0％（4人），3番目に多いのが「ウォーキングや体操などの健康増進活動」「グラウンドゴルフ」「清掃活動」と「見守り活動」でともに30.0％（3人）であった．

　その他として「島唄」「八月踊り」「浜下り」「十五夜豊年祭」「ガーデニング」などがあげられていた．

表16　地域支え合い活動の内容（複数回答）

	地区			合計
	奄美市	瀬戸内町	大和村	
1.お茶飲み会	③44.3%(27)	46.7%(14)	①80.0%(8)	③48.5%(49)
2.食事会	9.8%(6)	20.0%(6)	②40.0%(4)	15.8%(16)
3.カラオケなどの趣味活動	19.7%(12)	26.7%(8)	20.0%(2)	21.8%(22)
4.ウォーキングや体操などの健康増進活動	34.4%(21)	16.7%(5)	③30.0%(3)	28.7%(29)
5.グラウンドゴルフ	③44.3%(27)	③53.3%(16)	③30.0%(3)	45.5%(46)
6.ゲートボール	6.6%(4)	40.0%(12)	0.0%(0)	15.8%(16)
7.ダンス	0.0%(0)	6.7%(2)	0.0%(0)	2.0%(2)
8.室内レクリエーション	24.6%(15)	30.0%(9)	10.0%(1)	24.8%(25)
9.ヨガ教室	0.0%(0)	3.3%(1)	0.0%(0)	1.0%(1)
10.清掃活動	②47.5%(29)	②70.0%(21)	③30.0%(3)	②52.5%(53)
11.見守り活動	①57.4%(35)	①76.7%(23)	③30.0%(3)	①60.4%(61)
12.野菜の生産	6.6%(4)	3.3%(1)	10.0%(1)	5.9%(6)
13.惣菜作り	3.3%(2)	0.0%(0)	20.0%(2)	4.0%(4)
14.料理教室	9.8%(6)	6.7%(2)	10.0%(1)	8.9%(9)
15.工作や手芸	4.9%(3)	13.3%(4)	10.0%(1)	7.9%(8)
16.異世代交流	11.5%(7)	6.7%(2)	20.0%(2)	10.9%(11)
17.その他	18.0%(11)	3.3%(1)	0.0%(0)	11.9%(12)
回答者数	61	30	10	101

(5) 地域支え合い活動の問題

　地域支え合い活動をする上での問題と地区のクロス集計を表17に示す．全体では回答者90人のうち最も多いのが「活動する人の確保」の66.7%（60人），2番目に多いのが「活動する人の高齢化」で56.7%（51人），3番目に多いのが「リーダーの確保」で32.2%（29人）であった．

　地区別では，奄美市が全体の結果とほぼ同様であったが，瀬戸内町では最も多いのが「活動する人の高齢化」の72.4%（21人），2番目に多いのが「活動する人の確保」で69.0%（20人），3番目に多いのが「リーダーの確保」の41.4%（12人）であった．また，大和村では最も多いのが「活動する人の確保」の66.7%（4人），2番目に多いのが「活動する人の高齢化」「人間関係」「リーダーの確保」「活動内容」で33.3%（2人）であった．いずれの地域でも活動の担い手確保が大きな課題となっていた．

　その他として，「場所はあるが，冷暖房がありません」「集落の参加者が少ない」「男性の参加者の確保」「活動場所の確保がありますが，集落と離れているため，利用がしにくい」などがあげられていた．

表17　地域支え合い活動をする上での問題（複数回答）

	地区			合計
	奄美市	瀬戸内町	大和村	
1.活動する人の確保	①65.5%(36)	②69.0%(20)	①66.7%(4)	①66.7%(60)
2.活動する人の高齢化	②50.9%(28)	①72.4%(21)	②33.3%(2)	②56.7%(51)
3.人間関係	14.5%(8)	20.7%(6)	②33.3%(2)	17.8%(16)
4.リーダーの確保	③27.3%(15)	③41.4%(12)	②33.3%(2)	③32.2%(29)
5.活動場所の確保	14.5%(8)	20.7%(6)	0.0%(0)	15.6%(14)
6.活動資金の確保	21.8%(12)	31.0%(9)	16.7%(1)	24.4%(22)
7.活動内容	9.1%(5)	10.3%(3)	②33.3%(2)	11.1%(10)
8.社会的理解	9.1%(5)	10.3%(3)	16.7%(1)	10.0%(9)
9.各種機関や団体との連携	12.7%(7)	17.2%(5)	0.0%(0)	13.3%(12)
10.特にない	5.5%(3)	0.0%(0)	0.0%(0)	3.3%(3)
11.その他	20%(11)	3.4%(1)	0.0%(0)	13.3%(12)
回答者数	55	29	6	90

4）地域支え合い活動に対する感想（自由記述）

　全体では，『活動内容』『担い手』『地域の実情』『その他』に関する記述があった．結果を地区ごとに示す．

①奄美市

　奄美市では，42件の記述のうち，『活動内容』に関するものが20件，『担い手』

に関するものが 5 件,『地域の実情』に関するものが 14 件,『その他』に関するものが 3 件あった.

　『活動内容』に関しては「地域の子供や高齢者は,地域で守り育てよう.そのためには,日頃から,見守り,相談に応じ,援助支援することが求められます」「地域支えあい活動の話し合い(1 回目)がやっと始まりました.活動が始まったら,協力して集落が少しでも住みやすい楽しくなるように手助けしていきたいと思います」という記述があった.他方で「高齢者や生活貧窮者の方々に対して,どこまで介入して良いか? その家族関係等々,様々な問題に直面することがしばしばです」「一人住まいの男の人の家庭訪問をするとき一人で行ったらいけないので誰かにお願いして行ってもらわなければ行けないのが困っています」「赤い羽根募金寄付の各家庭訪問は時代にあわないので別の方法を検討したらどうか」などの記述があった.さらに,「民生委員個々が活動している中でそれぞれの頑張り度のちがいがある.民生委員として地域への関わりより PR 活動が多いように感じる.直接役にたつ研修が少なく感じる」という記述もあった.

　『担い手』に関しては「後継者不足」「40 ～ 50 代で民生委員・児童委員を受けてくれるのは女性のみ.(男性は仕事がある?)上記の結果,女性 7,男性 3 の構図が定着している.民生委員のなり手は,男女ともに少なく,高齢化しているのが全国的な傾向」「民生委員になる人は,生活に余裕のある人がなるべきだと思います.公務員を退職されゆっくりされている人がこれから社会に奉仕していただきたいです.やはりお金や時間に余裕のない人は,いくら心があってもできないように思います.ぜひ公務員を退職された方々に社会で困っている人々にやさしい手をさしのべて下さるように指導していただきたいです」という記述があった.

　『地域の実情』に関しては「自治会があり,会費は納入するけれど,活動の輪に加わらない人が多い.基軸になっている方々の高齢化は顕著です.次代の担い手不足に,いつも不安です」「地域における見守り後継者が居ない事がこれから先心配,活動拠点のない事も原因かな.世代間の考え方の違いも感じる」という記述,「新興住宅地なので,単独での自治会もなく,近隣の町内会に入っている世帯もあり,先がよめない中での民生委員活動ですが,世代間の絆も

薄くやらないといけないことは多々ある」「民生委員になり乳幼児からおとしよりまでかかわることが出来よかったと思う反面，自治会があったらなおいいのにと思う．としよりが多く若い人達が地域活動に関心がうすいように思います」という記述があった．

『その他』として「何が正しいか分かりにくい時代．学校という集団にまとめられてしまうことも大変．でも一人一人の個性を尊重する価値観の多様化ということの本当の意味を考えないと社会が成立しないというところでしょうか」「現在の法律で色々な組織が生まれ個々に理念をかかげ運営されているが，縦割り行政ゆえに，収入・地位等の一定基準を満たした人達用の制度・政策で現実は，弱者救済とはなっていない」という記述もあった．

②瀬戸内町

瀬戸内町では，23件の記述のうち，『活動内容』に関するものが15件，『担い手』に関するものが2件，『地域の実情』に関するものが4件，『その他』に関するものが2件あった．

『活動内容』に関するものには「最近仕事を始めたので，充分な活動ができないが，長い間の信頼関係は大切にして行きたいと思っています．いつでも，困った人の役に立って行きたいと思っています」「民生委員活動はまだまだ学ぶ事が多い」という記述がある一方，「訪問をイヤがる人がいる」「認知症の人とのかかわり方は，何度か勉強会に行きましたが，実際かかわるとなると，民生委員としては，すごく負担に思えます」という記述もあった．

『担い手』については「私自身も高齢者になり「後がま」が心配になります」「民生委員が全体的に高齢化して後任者の選任が難しい」という記述があった．

『その他』については「日本人の勤勉努力によって社会生活は豊かになった半面，平成時代の高齢化社会に進行しつつ福祉施設，医療看護，地域の福祉施策が発展充実し，自律心や自己管理，自律精神が弱くなったこと．人たのみの時代になった」という記述もあった．

③大和村

大和村では，7件の記述のうち，『活動内容』に関するものが3件，『担い手』に関するものが1件，『地域の実情』に関するものが3件あった．『活動内容』について「家庭内の問題に頭をつっこむ場面や，認知症の方とのかかわり

に，時々にげだしたくなる」「村の民児協の定例会やその他の会合等，時間があれば行けるのですが，普段の見守り等ができていない所があります．私に声がかかれば，行って相談に乗ったり，話し相手をしたりはしていますが，なかなか行き出せない所もあります」「常勤しているので災害の時に地域にいれるかどうか」などの記述があった．『地域の実情』に関しては「高齢の方が多い為，集落の方々の協力を得て，みまもりが必要と思われる」「集落民の半数近くが65歳以上になり，高齢化がすすみ，行事などの運営が今後難しくなりそう．青壮年団，婦人会への負担も大きくなってくると思う．一緒に民生委員と活動してくれる人が増えてほしい．それが理想である」などの記述があった．

5 課題と展望

　奄美大島の島嶼地域における民生委員・児童委員の活動の現状について，調査方法，回答者数，調査結果等を整理してきた．地域に貢献したいという気持ちで民生委員・児童委員に就任した方たちであるが，その活動を経験することにより，一人ひとりが様々な思いを持たれている事実が確認できた．最後に，活動に対する感想（自由記述）を中心に今後の課題を整理してみたい．活動に対する感想としては，『活動内容』『担い手』『地域の実情』の内容について述べられていた．

　『活動内容』については，「高齢者や生活貧窮者の方々に対して，どこまで介入して良いか？　その家族関係等々，様々な問題に直面することがしばしばです」「……民生委員として地域への関わりよりPR活動が多いように感じる．直接役にたつ研修が少なく感じる」（奄美市）「認知症の人とのかかわり方は，何度か勉強会に行きましたが，実際かかわるとなると，民生委員としては，すごく負担に思えます」（瀬戸内町）「家庭内の問題に頭をつっこむ場面や，認知症の方とのかかわりに，時々にげだしたくなる」（大和村）など，その活動の範囲の広さに困惑している様子がうかがえた．

　周知のように民生委員の活動内容は，従来の生活保護・高齢者・障害者・ひとり親世帯等の相談や支援，地域ニーズの発見通報，各種調査への協力，各種証明事務等に加え，「ふれあいサロン」や「高齢者見守り・声かけ活動」など

住民による福祉活動のリーダー，虐待予防・対応，災害時要援護者支援，小地域ケア会議等のカンファレンスへの参加，市区町村社会福祉協議会が実施する心配ごと相談事業への相談員としての参加など限りなく拡大している．今後は，福祉以外の分野における民生委員の役割に関する国の通知を確認した上で，その活動内容を精査する必要がある．

『担い手』については，「後継者不足」(奄美市・瀬戸内町・大和村)があると同時に，「民生委員になる人は，生活に余裕のある人がなるべきだと思います．公務員を退職されゆっくりされている人がこれから社会に奉仕していただきたいです．やはりお金や時間に余裕のない人は，いくら心があってもできないように思います．ぜひ公務員を退職された方々に社会で困っている人々にやさしい手をさしのべて下さるように指導していただきたいです」(奄美市)など民生委員の適任者としての条件を具体的に指摘する意見もあった．

民生委員に限らず，各種団体の委員の担い手不足の問題は一般化している実情がある．なかでも地域の相談役としての民生委員に欠員が生じると，近隣地域の民生委員への負担が過重になる等，さらなる負担の拡大が生じかねない．地域住民の生活を安定させるためにも民生委員・児童委員の後継者の確保は喫緊の課題であろう．

『地域の実情』については，「自治会があり，会費は納入するけれど，活動の輪に加わらない人が多い．基軸になっている方々の高齢化は顕著です．次代の担い手不足に，いつも不安です」「地域における見守り後継者が居ない事がこれから先心配，活動拠点のない事も原因かな．世代間の考え方の違いも感じる」(奄美市)等の意見があり，先述した民生委員・児童委員の後継者としての『担い手』問題と同様に地域を支える『担い手』確保も避けては通れない課題となっている．そこからは，地域の支え手の中核として地域の共同体機能の維持に対する不安感が強く感じられる．

さらに「何が正しいか分かりにくい時代．学校という集団にまとめられてしまうことも大変．でも一人一人の個性を尊重する価値観の多様化ということの本当の意味を考えないと社会が成立しないというところでしょうか」(奄美市)，「日本人の勤勉努力によって社会生活は豊かになった半面，平成時代の高齢化社会に進行しつつ福祉施設，医療看護，地域の福祉施策が発展充実し，自

律心や自己管理，自律精神が弱くなったこと．人たのみの時代になった」（瀬戸内町）など，単なる支援ではなく，様々な価値観の存在を認めた上での地域問題への取り組みの難しさが伝わってくる感想もあった．

「集落民の半数近くが65歳以上になり，高齢化がすすみ，行事などの運営が今後，難しくなりそう．青壮年団，婦人会への負担も大きくなってくると思う．一緒に民生委員と活動してくれる人が増えてほしい．それが理想である」という大和村の一委員の言葉は切実である．

本研究で調査を実施した島嶼地域は，従来，地域共同体の持続を前提とした人間同士の関係性と営み，とくに文化，結い等の生活互助を基底としている地域であった．しかし，交通の発達や産業構造の変化に伴う人口減少等により，現在は民生委員・児童委員制度や自治会などを中心とした公共システムによる支え合いが生活互助の要として機能していることが確認できた．これから島嶼地域の生活互助を維持していくためには，民生委員・児童委員制度と今回取り上げた地域支え合い活動をはじめとする諸団体の活動の整理を行い，それぞれのシステムの機能が十分発揮できるような仕組みの見直しが不可欠である．

民生委員の活動を促進するために，厚生労働省は2014（平成26）年に「民生委員・児童委員の活動環境の整備に関する検討会」報告書を出している．報告書は民生委員の活動環境について，①民生委員の活動範囲を超えた活動，②求められる役割の多様化と負担，③対応する問題の複雑化・多様化と力量，④災害時の活動，⑤個人情報の取り扱いと関係機関との情報共有，⑥活動への支援・協力体制，⑦社会的な理解の促進と継続性の確保，を指摘している．さらにその解決策として，①民生委員活動への支援の充実，②民生委員の力量を高める取り組み，③地方自治体等による民生委員制度への社会的理解の促進，④国民の民生委員制度への理解促進の取り組みとその効果，を提言している．民生委員制度は2017（平成19）年に制度創設100年となる．今後は制度を必要としている地域全体でそれぞれの実情にあわせた持続可能な民生委員制度の形とは何かを考え，今一度その活動内容を検証する必要がある．

謝辞

本調査にご回答いただいた民生委員・児童委員の皆様，調査実施にご協力い

ただいた関係機関の皆様に感謝申し上げる.

付記 本研究は JSPS 科研費 26285142 の助成を受けた.

文献

鹿児島県（2016）『鹿児島県の高齢化率』（https://www.pref.kagoshima.jp）

金井 敏（2015）「民生委員・児童委員はいま」公益社団法人後藤・安田記念東京都市研究所編『都市問題』2015 年 5 月号 106（5），公益社団法人後藤・安田記念東京都市研究所，pp.22-26

川上富雄（2014）「公共システムとしての民生委員をめぐる課題」自治研中央推進委員会編『月刊自治研』2014 年 11 月号，自治労サービス，pp.16-23

川上富雄（2014）『超少子高齢化・無縁社会と地域福祉』学文社

厚生労働省（2014）『「民生委員・児童委員の活動環境の整備に関する検討会」報告書』2014 年

厚生労働統計協会編（2016）「民生委員・児童委員」『国民の福祉と介護の動向 2016/2017・厚生の指標増刊』第 63 巻第 10 号（通巻第 992 号），厚生労働統計協会，pp.255-256

第4章

子ども・子育て支援新制度と待機児童問題

前原　寛
Maehara Hiroshi

はじめに

　子ども・子育て支援新制度が，2015（平成27）年度より実施されている．これは，保育や子育ての枠組みを大きく変更したものであるが，そのために全体像が捉えにくくなり，現場や行政において様々な混乱が生じている．しかしそのことは，マスメディアやネットメディアなどの報道で取り上げられることは少ない．本論では，新制度のもたらしているものと，近年大きな話題になっている待機児童問題について検討していく．

1 新制度の成立と実施に至るまで

　子ども・子育て支援新制度は，その成立からして政治的な動向がつきまとい，結果として複雑な制度になってしまった．
　制度設計の発端は，「子ども・子育て新システム」である．2010（平成22）年1月，民主党政権時期において動き始め，乳幼児期の保育を「総合こども園」として一本化を図るために，約2年2カ月の準備期間を経て，2012（平成24）年3月に国会に法案が提出された．
　その時，「社会保障と税の一体改革」として消費税法案などと一括提案されたものであるが，当時の政治状況は，消費税をめぐり，与党の民主党と野党の自民党・公明党が対立していた．民主党単独での採決が困難な中で，自民・公

明は，総合こども園法案に反対していた．そのため，与党の民主党は，消費税法案の成立のために，6月に自公民三党合意をし，総合こども園法案を廃案にし，子ども・子育て関連三法を提出し，8月に「子ども・子育て支援新制度」が成立した．

　この経緯をみれば分かるように，子ども・子育て支援新制度は非常に短期間で設計されている．総合こども園の子ども・子育て新システムが2年以上の準備期間を経ていたのに比較すれば，その性急さが際立つ．また，法案成立から本格実施まで，2年7カ月しかなかったため，様々な準備が並行して行われる状況であった．

　本格実施の時期は，2015年4月であるが，これは消費税が10％に引き上げられる年度より実施するという前提によるものである．子ども・子育て支援新制度は，消費税を財源にしており，それが「社会保障と税の一体改革」と呼ばれる理由の一つである．

　しかしながら，現時点（2016年11月）でも，消費税の8％から10％の引き上げは未だに実施されていない．つまり，財源の確保がなされないままに，新制度は現在も実施されているのである．

　消費税10％への引き上げの延期が決定されたのは2014年11月であった．新制度の実施が2015年4月であるから，消費税の引き上げの延期が決定した時点で，新制度の実施も延期すればよさそうである．しかし，そうできない事情があった．

　新制度は，後で説明するように，保育所，幼稚園，認定こども園すべてに関連する大規模な制度変更をしている．そして，幼稚園の園児募集は10月，保育所の入所申込は11月頃に設定されていることが多い．そのため，基礎自治体である市町村等は，9月頃の議会において関連する条例を制定する必要がある．つまり，消費税引き上げの延期が決定されたときは，すでに市町村で条例が制定され，翌年度の園児募集等が始まっていたのである．その状況で新制度の実施の延期が決定されると，大混乱が生じるのは必至である．それゆえ，消費税の引き上げがなされなくとも，予定通り実施せざるをえなかったのである．現在に至るまで消費税は10％になっておらず，今後も新制度は財源問題を抱えることになる．

先に，市町村の9月議会にて条例の制定が必要であったと記したが，そのためには，国の制度設計が2014年3月までに確定している必要があった．国の制度設計を行うのは，国の子ども・子育て会議であるが，設置されたのは2013（平成25）年4月であるから，1年しか議論の期間がなかった．
　新制度は保育所，幼稚園，認定こども園だけでなく，広く子育て支援全般にかかわる制度であるため，子ども・子育て会議においては，それぞれに関連する有識者や代表者が委員になっている．人数も多いが，分野や立場も異なるため，議論の進行がスムーズにいくものではない．制度設計のタイムリミットは先に決まっているので，かなりの積み残しをしながら会議は進行したが，2014年3月までにすべての制度設計は終了しなかった．たとえば，重要項目の一つである公定価格が決定したのは，同年の5月下旬である．
　そのような状況であったため，それを受けて条例制定を行う市町村も，9月議会に間に合わず，12月議会にずれ込むところもあった．
　このように，走りながら考えるという状況からスタートしているため，制度の分かりにくさに加えて，理解を得るための時間が足りないという問題を当初からかかえることになってしまった．

2 新制度による保育制度の変化

　前節で見たように，子ども・子育て支援新制度は，子育て支援全般にわたる大規模な制度でありながら，短期間での法案成立，制度設計の議論，具体的実施となったために，非常に分かりにくいものにもなっている．ここでは，保育所，幼稚園，認定こども園という保育施設に関連するものだけに限定して説明していく．
　この説明によく使われるのが，図1である．この図の中で，施設型給付の枠の部分を取り上げる．地域型保育給付については今回は触れない．
　さて，施設型給付という枠の中に，保育所，幼稚園，認定こども園が位置づけられている．給付とは財源を与えることであるから，この図は，財源の与え方が三つの施設で同じになることを意味している．なお，幼稚園がその枠からはみ出しているが，これについては後述する．

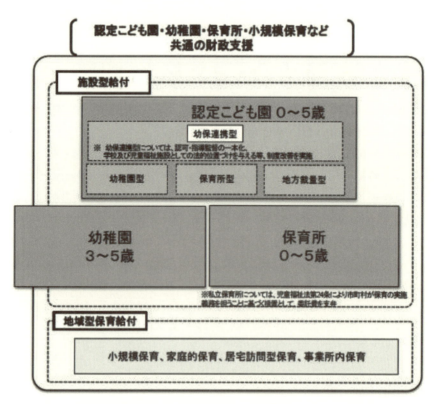

図1 子ども・子育て支援法における給付の枠組み（内閣府ホームページ 2016）

　周知のように，保育所は児童福祉法に基づくもので厚生労働省の管轄，幼稚園は学校教育法に基づくもので文部科学省の管轄である．認定こども園は，保育所と幼稚園を組み合わせたもので，四つの類型がある．このように保育所と幼稚園は，成り立ちから歴史的背景，運営に至るまで施設としては異なっている．

　今回の新制度は，法律上の位置づけはそのままにしながら，保育所，幼稚園，認定こども園に対する財源の与え方を共通にするというものであり，それを施設型給付と呼んでいる．では財源給付の仕組みとはどうなっているかというと，各施設に在籍する子どもを基準にしている．それが図2にある，1号認定子ども，2号認定子ども，3号認定子どもという区分である．

認定区分	給付の内容	利用定員を設定し、給付を受けることとなる施設・事業
満3歳以上の小学校就学前の子どもであって、2号認定子ども以外のもの（1号認定子ども） （第19条第1項第1号）	教育標準時間 （※）	幼稚園 認定こども園
満3歳以上の小学校就学前の子どもであって、保護者の労働又は疾病その他の内閣府令で定める事由により家庭において必要な保育を受けることが困難であるもの（2号認定子ども） （第19条第1項第2号）	保育短時間 保育標準時間	保育所 認定こども園
満3歳未満の小学校就学前の子どもであって、保護者の労働又は疾病その他の内閣府令で定める事由により家庭において必要な保育を受けることが困難であるもの（3号認定子ども） （第19条第1項第3号）	保育短時間 保育標準時間	保育所 認定こども園 小規模保育等

図2　子どもの認定区分（内閣府ホームページ 2016）

　そして給付の仕方は，保護者の応能負担を前提としている．それは，社会保障と税の一体改革であったことから，社会保障分野において一般的な応能負担の仕組みを取り入れたものと考えられる．保育所はもとより応能負担であったからその点の変更はないが，幼稚園に在園する1号認定子どもの場合，応能負担は全く新しい仕組みとなる．つまり，施設型給付になる幼稚園は，財源の仕組みが大きく変更されることになる．

　この点が，今回の議論の的の一つである．学校教育施設である幼稚園は，本来社会保障の分野にないので，応能負担の仕組みもない．従来の私立幼稚園は私学助成の仕組みである．それが今回の新制度では，社会保障の枠組みの中に入ることになるので，そこに選択肢を設けたのである．つまり，新制度の実施に伴い，私学助成のままの幼稚園として留まるか，施設型給付としての幼稚園になるかという選択肢である．図1で，幼稚園のみが枠からはみ出しているのはそのためであり，枠外の部分が私学助成の幼稚園ということになる．その結果，現在は二種類の幼稚園が存在していることになる．

　そして，認定こども園であるが，その類型に，幼保連携型認定こども園，幼稚園型認定こども園，保育所型認定こども園，地方裁量型認定こども園と四種類が示されており，公的には次のように説明されている．

> **幼保連携型**
> 　幼稚園的機能と保育所的機能の両方の機能をあわせ持つ単一の施設として，認定こども園としての機能を果たすタイプ
> **幼稚園型**
> 　認可幼稚園が，保育が必要な子どものための保育時間を確保するなど，保育所的な機能を備えて認定こども園としての機能を果たすタイプ
> **保育所型**
> 　認可保育所が，保育が必要な子ども以外の子どもも受け入れるなど，幼稚園的な機能を備えることで認定こども園としての機能を果たすタイプ
> **地方裁量型**
> 　幼稚園・保育所いずれの認可もない地域の教育・保育施設が，認定こども園として必要な機能を果たすタイプ
>
> 　　　　　　　　　　　　　　　　　　（内閣府ホームページ　2016）

　認定こども園自体は2006年より存在しており，幼稚園型，保育所型，地方裁量型の三つは特に変更はない．しかし，幼保連携型については重大な変更がなされている．図1の中で，幼保連携型認定こども園のところの※に，「幼保連携型については，認可・指導監督の一本化，学校及び児童福祉施設としての法的位置づけを与える等，制度改善を実施」という文言がある．

　ここに，「学校及び児童福祉施設としての法的位置づけ」とあるが，この意味は，幼保連携型認定こども園は，学校教育法上の学校であると同時に児童福祉法上の児童福祉施設であるという二重の性格を同時に持つということである．そして，幼保連携型認定こども園は，法律上は，幼稚園でも保育所でもないということになる．では何であるかというと，「幼保連携型認定こども園」という，全く新しいタイプの施設ということになる．

　つまり，今回の制度改革によって，幼稚園，保育所に加えて幼保連携型認定こども園という第三の保育施設が誕生したことになる．従来の幼保連携型認定こども園は，幼稚園と保育所を組み合わせただけであったから，今回の制度改革によって，1947年に学校教育法，児童福祉法が制定されて以来，約70年ぶ

りに，新しい乳幼児の保育施設が誕生したことになる．

　将来の見通しについては不明なところが多いが，現段階では保育三元化となっており，もし将来，全ての乳幼児の保育施設が幼保連携型認定こども園になったとしたら，そのときに保育一元化がなされることになる．

3 待機児童問題とは何か

　さて，保育について近年大きな課題となっているものの一つが，待機児童問題である．特に今年（2016年）2月，「保育園落ちた日本死ね!!!」というネット上の発言をきっかけに，マスメディアにおいても盛んに取り上げられるようになり，これまで以上に知られるようになっている．

　では，待機児童問題は，ここ数年の現象だろうか．そうではない．小泉首相が，「待機児童ゼロ作戦」を打ち出したのは2001（平成13）年であるから，それからすでに10数年が経過している．その間,待機児童問題が解消したことはない．

　では，待機児童問題は，21世紀に入ってからの問題なのだろうか．そうでもない．実は，待機児童問題という呼び名はついていなくても，保育を必要とする子どもが保育所に入れない状況は，保育所の歴史と重なってずっと以前より続いているのである．たとえば，1967年の段階で，51万6000人という待機児童の記録が残っている（福川　2016:287）．待機児童の定義は現在でも厳密にはなされていないが，2015年4月時点での待機児童数が約2万3000人であるから，その多さが窺える．

　待機児童問題が以前からあったことを象徴するのが，1981（昭和56）年に起きたベビーホテル事件である．それは，「1980年1月から1981年3月11日までにベビーホテルで35名の死亡事故」（朝日新聞1981）と報道された事件である．ベビーホテルは，当時の厚生省の定義では，「乳幼児の保育施設であって，夜間保育，宿泊を伴う保育，または時間単位での一時預りを行っているもの」となっている．一般的に，乳幼児に対する社会的関心の薄い頃であり，認可外保育所の存在もほとんど知られていなかった時期である．そこへ飛び込んできた報道であったので，多くの人が背景も十分に認識しないまま，入り乱れて発言を行っていた．

報道対象のベビーホテルが東京を中心にしていたために，認可保育所に預けないでそのような施設に預けるのは，夜の仕事をする女性が多いという先入観や偏見が強く，そもそもベビーホテルに子どもを預けて働く母親に問題があるという風潮が強かった．しかし実際には，会社員や専門職の母親が少なくなかったという実態があった．男女雇用機会均等法が制定される1985年より前の時期であり，働く母親への社会的理解の乏しい時代でもあった．
　このように，保育を必要としながら保育所には入れない子どもが多数いるという状況は，過去数十年にわたって続いてきている．
　実際1981年に行われたベビーホテル調査では，全国で587カ所，約1万2000人が在籍している（郷地　1995:120）．それは待機児童としてカウントされるはずである．しかしそのような子どもの存在は，ベビーホテル問題が起きるまでは，社会の裏側に隠されていたのである．
　「ポストの数ほど保育所を」というスローガンで，1960年代に保育所の整備が進んだが，それは3歳以上を主な対象としていた．当時は「3歳までは母の手で」という3歳児神話が色濃く，母親が働くとしても子どもがある程度大きくなってからという社会通念があり，乳児を始めとする低年齢児の保育は推奨されていなかった．
　1969年に乳児保育指定保育所が制度化されたが，このような制度が制定されること自体，保育所の保育が乳児を対象にしていないことを物語っている．この制度は1997年に乳児保育の一般化に伴い廃止されたが，その時点で全保育所の41％しか指定されていなかった．つまり，20世紀終わりになっても，半数以上の保育所は，乳児を対象にしていなかったということになる．もちろん，指定されてなくても乳児を受け入れていた保育所もあったが，全体的には乳児保育は一般的ではなかったということである．
　まして，1960年代，70年代は，乳児を受け入れる保育所はもっと少なかった．そして，保育時間も，現在と比較するとよほど短かった．
　その一方で，女性の職場進出は進行し，結婚退職ではなく，結婚後も仕事を続ける女性が増えてきていた．
　その結果，出産後も仕事を継続する母親にとって，認可保育所は預けることが難しく，そのため先述のベビーホテルのような認可外保育所に預けられる子

どもが多数に上るようになったのである．これらは，現在でいえば待機児童そのものであるが，当時はその存在は社会において隠されていたのである．

では，待機児童という用語が一般化したのはいつかというと，それは1998年である．この年に児童福祉法の改正があり，保育所の入所が，「措置」から「利用者の選択」に変更になった．措置とは行政が入所を決定することであり，その限りにおいて入所を待機することはないと理屈づけられる．それが利用者の選択に変更されることにより，保育の必要性の決定は行政が行うが，それに伴う入所の決定が利用者側に移ったわけである．利用者は乳幼児であるから入所の選択決定は保護者にあることになり，保育所に入所できずに順番待ちをすることを「待機児童」と呼称できることになる．

つまり，用語としての待機児童が一般的な意味で成立したのは1998年であるが，それ以前に待機児童がいなかったわけではなく，それに相当する存在はあったが，それを「待機児童」と積極的に位置づけることをしていなかっただけである．1981年のベビーホテル問題が浮き彫りにした，保育を必要としながら認可保育所に入所できない子どもの存在は，そのときに解決したわけではなく，再び潜在化しただけであった．それが1998年に再び顕在化するとともに，その深刻さがようやく社会的に認識され，それが2001年の「待機児童ゼロ作戦」につながっていく．しかし，行政府の事業推進が行われても待機児童の解消には至っていない．

認可保育所に入所できない場合，保護者はどのような手立てをとるか．母親が仕事を辞める，入所できる地域に引っ越す，祖父母に全面的に頼るなどの方法があるが，中でも大きなウェイトを占めるのが，認可外保育所の利用である．

先ほど，1981年のベビーホテル調査において，全国で587カ所，約1万2000人が在籍していたと述べた．それが，2014年の調査では，全国で1749カ所，約3万2000人の在籍となっている．約30年を経て約3倍に増加している．なお，ベビーホテルを含む認可外保育所全てでは，2014年に全国で8038カ所，約20万1000人の在籍である（厚生労働省ホームページ　2016）．認可保育所の在籍数が約200万人であることを考えれば，約1割に相当する子どもが認可外保育所に在籍していることになる．

1981年当時と現在を比較すると，少子化で子どもの出生数は，約150万人

から約100万人に減少している．逆に保育所の数や入所児数は増えている．にもかかわらず認可外保育所は増え続けてきたのである．このことから，待機児童問題は，以前はその用語がなかっただけで実態としてはずっと継続しているものであり，保育制度の本質的問題であることが理解できる．

4 新制度は待機児童問題の解消になるのか

　前節で見たように，待機児童問題は長年にわたる問題であるが，その解消の手段として，今回の新制度が期待されている．それは可能だろうか．そのことを本節では考えていく．

　待機児童問題の有効な対策の一つが，保育所の増加である．しかし，この方策は少しずつ行き詰まりを見せている．このことを，鹿児島市の例を取り上げて考えていきたい．

　周知のように，待機児童問題は都市問題でもある．田舎や過疎化した地域では，待機児童問題はさほど起きていない．待機児童問題として上がるのは，そのほとんどが一定規模以上の人口を抱える都市である．鹿児島県においては，鹿児島市がその典型である．

　鹿児島市も以前より待機児童問題を抱えており，待機児童ゼロ作戦がでた頃から，それに基づいて待機児童対策を行っている．

　たとえば，表1を見てもらいたい．これは，2005年からの10年間にわたる，4月1日時点での保育所の状況である．2005年では，7184人の入所定員に対して7872人と約1割多く入所しているが，それでも待機児童が325人いる．ということは，7872人と325人を足した8197人分が確保されれば，待機児童は解消されるはずである．その2年後には，入所児数は8457人であり，十分な余裕があるように思われるが，それでも待機児童が98人いる．このように，年を追って入所児数を拡大させているが，それに呼応するかのように待機児童が必ず生じている．

　2014年には，10年前と比較して，約37%増の入所児数となっている．つまりそれだけの施設整備が行われていることになる．待機児童問題について，「保育所を作らないから解消しないんだ」という声が聞かれるが，実態はそうでは

ない．保育所を増やしても，それ以上に待機児童が現れてくるのである．つまり，数字にならない潜在的な待機児童がその背景にある．

しかも待機児童問題を考えるときは，年間を通した変化を追うことも必要である．その例が，表2である．この表は2013年度の例だが，4月当初の待機児童は57人である．それが年間を通して増え続け，年度終わりには1184人と年度当初の約20倍にも上っている．この数字は各年度で多少変わるが，年間を通して増加し続けるという傾向に変わりはない．待機児童の解消のためには，この数字と向き合わなければならない．

全国的な数字になるが，2008年度において0，1，2歳児の保育所入所率は約2割であったが，2013年度にはそれが約3割になっている（内閣府ホームページ 2016）．5年間で1割も入所率が上がっており，全国的にも保育所入所児数の増加が著しいことが分かる．つまり鹿児島市と同様の，いやむしろ大都市部では，鹿児島市以上の実態になっている．

表1 保育所定員、入所児数、待機児童数の推移
（鹿児島市、4月1日現在、鹿児島市の資料を元に筆者作成）

	2005年	2006年	2007年	2008年	2009年	2010年	2011年	2012年	2013年	2014年
保育所定員	7,184	7,294	7,774	7,834	7,974	8,133	9,033	9,253	9,708	10,078
入所児数	7,872	8,011	8,457	8,669	8,823	9,012	9,702	10,023	10,434	10,845
待機児童数	325	391	98	196	359	357	85	177	57	47

表2 年間の待機児童数等の推移（鹿児島市、2013年度、鹿児島市の資料を元に筆者作成）

	4月	5月	6月	7月	8月	9月	10月	11月	12月	1月	2月	3月
保育所定員	9,708	9,708	9,708	9,708	9,708	9,708	9,708	9,708	9,708	9,708	9,708	9,708
入所児数	10,434	10,650	10,784	10,901	10,937	11,029	11,108	11,150	11,173	11,144	11,201	11,202
待機児童数	57	169	264	370	474	565	697	887	1,006	1,099	1,169	1,184

では，どれほど整備すれば待機児童は解消するのだろうか．参考になる数字が，3，4，5歳児の保育所入所率である．現在のところ約43％となっている．つまり3歳以上では約4割が保育所入所であり，残りの大半が幼稚園就園となっている．3歳以上の待機児童問題がないわけではないが，3歳未満ほどの深刻な状況にはなっていない．このことから，3歳未満においても，保育所入所率が4割になれば，かなりの程度で待機児童が解消される可能性がある．

　それを鹿児島市で考えると，2014年の就学前児童数は3万4241人である．その4割が保育所に入所するためには，1万3696人分の容量が必要となる．2014年の保育所入所児数が1万845人であるので，単純に2851人が不足である．その対象年齢は3歳未満である．表1を見ると，2014年までの10年間で整備された増加数は，2973人分であるので，それに匹敵する整備が求められることになる．

　これは仮の計算であるから，この通りになるかどうかは分からないが，しかしまだ相当の整備が必要とされることは分かる．ではそれだけの保育所整備が可能かというと，限界に近付きつつあるのではないかと思われる．というのも，保育所が必要とされる地域は，住宅団地のような人口密集地である．保護者の子どもの送迎の便を考えれば，遠くの保育所に預けることは困難である．しかし，近いところは，これまでの整備で余裕空間は少なくなっている．つまり，保育所を作れるような場所が残っていないのである．もちろん，送迎事情を無視すれば，場所はいくらでもあるかもしれないが，しかし過疎地に今更保育所を作っても意味はない．待機児童の発生している地域に必要なわけで，そのような空間は，これまでの保育所整備で活用済みになっている場合が多い．

　近年，子どもの声を騒音としたり，道路事情の問題などで，保育所建設の反対運動が起きたりしているのは，保育や子どもへの無理解ということもあるだろうが，同時に余裕空間のないところに無理に作ろうとしているという実情もあるだろう．

　そのようなことから，今回の新制度において，幼保連携型認定こども園が待機児童問題の対策として取り上げられるのである．つまり，幼稚園が幼保連携型認定こども園に移行することによって，3歳未満の保育を必要とする子どもの受け入れを広げようというのである．これは，新たに保育所を作るのではな

く，既存の幼稚園の機能変更による活用であるから，場所の問題や財源の問題がクリアされやすい．

ただ現実にどれほど認定こども園への移行が進むかは未知数である．現在の全国の認定こども園数は，4001 カ所である（表3）．表4を見ると，新制度が始まった 2015 年度より増加傾向にあることが分かる．2016 年度に認定こども園に移行したのは，幼稚園 438 カ所，保育所 786 カ所，その他 81 カ所である．鹿児島県についても，2015 年度 90 カ所，2016 年度 126 カ所と，認定こども園は増加傾向にある．

表3　全国の認定こども園数（2016 年 4 月 1 日現在）（内閣府ホームページ 2016）

公私の別	幼保連携型	幼稚園型	保育所型	地方裁量型	合計
公立	451	35	215	2	703
私立	2,334	647	259	58	3,298
合計	2,785	682	474	60	4,001

これだけみると順調に増加しているように思えるが，現在全国で，幼稚園は 1 万 1138 カ所，保育所は 2 万 3447 カ所ある．2016 年度に認定こども園に移行した割合は，幼稚園で約 4%，保育所は約 3% である．この傾向のままでは，幼稚園保育所の認定こども園への移行は，20 年以上かかることになり，当面の待機児童対策への効果は薄いといわざるをえない．

表4　全国の認定こども園数の推移（各年 4 月 1 日現在）（内閣府ホームページ 2016）

年度	認定こども園数	（公私の内訳）		（類型別の内訳）			
		公立	私立	幼保連携型	幼稚園型	保育所型	地方裁量型
平成 23 年	762	149	613	406	225	100	31
平成 24 年	909	181	728	486	272	121	30
平成 25 年	1,099	220	879	595	316	155	33
平成 26 年	1,360	252	1,108	720	411	189	40
平成 27 年	2,836	554	2,282	1,930	525	328	53
平成 28 年	4,001	703	3,298	2,785	682	474	60

政府は，幼稚園保育所の認定こども園への移行を推進し，保育一元化を目指しているようであるが，現時点ではその動きはまだ鈍い．その理由はいくつか挙げられる．短期間での制度設計に伴う大規模変更のため先行き不透明感が強いこと，消費税率の引き上げの見送りのため財源に不安があること，新制度についての理解が不十分で戸惑いや不安が解消されていないことなどが挙げられる．今後の動向については注視する必要があるだろう．

5 乳児保育の広がりと質の保障

　前節で見たように，認定こども園への移行はスムーズとは言えない実情があるが，それを踏まえても，待機児童問題の解消には，幼稚園の幼保連携型認定こども園への移行が今後も求められるという状況は変わらないだろう．そのことにはそれなりにメリットがあるが，デメリットがないわけではない．その中でも，見えにくいが考える必要のあるものが，保育の質の問題である．待機児童問題は保育ニーズへの対応の問題であるが，それは容れ物を増やせばいいということではない．単に，子どもの生命や安全が物理的に守られればいいというのでは，保育とは呼べない．保育が保育であるためには，子どもの健やかな発達が保障されることが必要である．それがいわゆる保育の質である．
　では保育の質を保障するのには何が必要だろうか．設備の充実，周辺環境の豊かさなどいくつも上げられるが，特に重要なのが，保育者の質である．どれほど物理的な条件を整えても，保育者の実践が伴わなければ，子どもの発達にはつながらない．
　では保育者の質の向上はどのようになされるのだろうか．それにはいくつかの要因があるが，重要なのは経験と振り返りである．経験を積まないことには，レベルは向上しない．
　保育士資格とは，免許皆伝を意味しているわけではなく，保育士を名乗って保育していいという許可証である．それから経験を積んでレベルアップすることが求められるが，そのために必要なのが，自己研鑽による振り返りである．それを可能にするのが，研修であったり自己学習であったりする．
　先に記したように，乳児の保育が一般化したのが1998年である．その時点

で，乳児保育の特例であった保育所は半分に満たっていなかった．それから何年かけて保育所全体に乳児の保育が広がっていった．その意味で，保育所の長い歴史の中でも，乳児の保育の質について視線が向けられるようになったのは最近のことである．実際，しばらく前までは，乳児保育というと，保健や衛生，栄養面などについて焦点が当てられていて，乳児の発達を保障する実践に目が向けられてきたのは最近である．このことは，赤ちゃんの保育はあやして抱っこして，身の回りの世話をしていればそれでいいという社会の風潮と無関係ではない．

そのような中で，幼稚園が幼保連携型認定こども園に移行したとき，乳児保育は大きな課題となる．幼稚園そのものは，乳児保育の経験に乏しい．そこに乳児の受け入れをしたとき，これまでとは異なる保育実践を求められることになる．幼保連携型認定こども園の保育教諭は，保育士資格と幼稚園教諭免許の両方を保持しているが，幼稚園での経験には，乳児保育が含まれない．そこを一から積み上げていくことになる．

現在のところ，待機児童問題は，受け皿作りの話題が優先し，質についての議論が不十分である．そのため，幼稚園の幼保連携型認定こども園への移行が一気に進行した場合，待機児童は解消されるかもしれないが，その子どもたちの発達の保障が十分に行き届くとは言えない可能性もある．待機児童問題は保育の質の問題であることも，十分理解される必要がある．

6 Starting Strong

OECD（経済協力開発機構）は，2001年に乳幼児の保育についての国際調査を，"Starting Strong" としてまとめ出版した（OECD 2001）．その後現在までに第4報まで報告されている．Starting Strong，「人生の始まりを力強く」というタイトルは，心惹かれるものがある．人の一生は，誕生から（あるいは胎児から）始まり，その力強さが生涯の礎となるというメッセージを感じ取れる．つまり，おとなや社会が，子どもの人生の時間と最初からきちんと向き合っていくことの重要性が，ここでは示されている．

翻って今日の乳幼児保育の基調をたどると，おとなを基準にして，そこに至

るにはどうすればいいかという発想に基づいている．いいおとなすなわち社会に適切な人材になるためにどのような教育が必要か，という視点を強く感じる．その教育の始まりが義務教育であり，就学前保育はその準備と見なされる．そのため，保育においても，5歳児，4歳児，3歳児という3歳以上児がまずあり，それを前提に3歳未満の保育を考えるという，年齢を降ろすような考え方になりがちである．幼稚園の幼保連携型認定こども園への移行には，その懸念がある．上の年齢の保育の仕方を，下の年齢の子どもに合わせようとする発想である．

　Starting Strong はそれとは逆である．誕生からの0歳児の保育をまず大事にし，そこから積み上げていくという発想である．それはいわれてみれば当たり前のことであるが，しかし，さきほどのような考えに染まっていると，逆の発想をしていることに気づかないものである．

　待機児童問題の解消は大事である．しかしそのことが，上から下への当てはめになっていってはいけない．保育の質を考えるのであれば，子どもの健やかな育ち，0歳から力強く人生を送ることを支える保育実践こそ，実現されなければならないのである．そのことが，子ども・子育て支援新制度に求められているのである．

文献
『朝日新聞』（1981.3.12）「ベビーホテル問題」
厚生労働省ホームページ（2016）
　　http://www.mhlw.go.jp/stf/houdou/0000112878.html（2016年11月19日）
郷地二三子（1995）『地域に根ざした保育園』中央法規
内閣府ホームページ（2016）
　　http://www8.cao.go.jp/shoushi/shinseido/outline/index.html（2016年11月19日）
福川須美（2016）「認可外保育施設の運営をめぐって」日本保育学会編『保育学講座2 保育を支えるしくみ―制度と行政』東京大学出版会,281―310頁．
OECD（2001）Starting Strong: Early Childhood Education and Care OECD Publishing

第5章

鹿児島県における学校事情と福祉的支援

岩井　浩英
Iwai Hirohide

はじめに

　2008（平成20）年度，福祉専門職を学校に派遣するといった「スクールソーシャルワーカー活用事業」（文部科学省）が全国実施され，鹿児島県でも同年度からの事業開始となった．昨今の家庭生活や地域生活にみられる子どもの不利益事態に対し，学校での問題（ニーズ）キャッチを契機とし，地域ベースの専門的援助（コミュニティワーク等）を実施することは有効であろうと考えられてのことである（例えば，日本学校ソーシャルワーク学会（2008）を参照のこと）．

　そもそも，学校とは，そこに通う子どもたちだけでなく，教師たち，親（保護者）たち，あるいは，校区を見守る地域住民たちが日々交わり合う現場である．このような学校において，例えば，子どもが何らかの不安や逸脱を示したり，教師が子どもや親へのやりにくさを感じたり，親や地域住民が学校に対し心配・不信を抱いたりする場合，それらの問題（ニーズ）をキャッチし，地域に還しつつ社会福祉専門的に対応していくことは確かに有益である．

　それでは今，学校はいったいどのような状況にあるのであろうか．そして，学校に対する福祉的支援はどうあればよいのであろうか．以下，順を追って述べてみたい．

1 教育改革の展開と「学校の荒れ」現象

　学校で行われる公教育とは,国民たる共同(公共)性の確保,および,個人(自立)能力の涵養に基づく社会的な人材配分・統制といった公的な目的をもつものである．すなわち,その時々の教育政策に左右されるわけで,今の学校事情を考えるための重要な視点となる．

　戦後教育にあって,1970(昭和45)年頃からの改革は「ゆとりの教育」への転換であり,「新しい学力観」のもと,「生活科」の新設や「総合的な学習の時間」の導入が図られた．また,「生きる力」の標榜とともに,道徳教育の充実も唱えられた．2006(平成18)年には教育基本法が全面改正され,家庭教育を定めるとともに学校との連携を明記した．学習指導要領の2008(平成20)年改訂では,改めてゆとり教育の見直しが目指されている．最近では,いじめ対策や子どもの貧困対策が学校を拠点に推進されるようになった(例えば,木村(2015)を参照のこと).

　ところで,同じ1970年代以降,様々な「学校の荒れ」現象が噴き出した．高度経済成長期に第2ピーク(1964〈昭和39〉年頃)を迎えた少年非行が学校に流れ込んだこと等も絡み,一般的には,校内暴力からいじめ,不登校・ひきこもりへと螺旋的に展開してきた(例えば,中塚(2013)を参照のこと).教育政策レベルでも,このような「学校の荒れ」現象が憂慮され,道徳教育を徹底するとともに,「連携」「支援」の必要性が強調されるようになった(表1参照).

　最近になると,学級崩壊や教師の体罰・ハラスメント,親からの過大なクレーム等,多様な現れがみられる．また,社会の少子高齢化,格差拡大等を背景として,家庭や地域でも,児童虐待,犯罪被害,孤立・貧困等,子どもの基本的生活や成長,人権に関わる事態に巻き込まれてしまうケースも少なくない．

　これらの状況は,いずれも「家庭-学校-地域」にまたがった教育的かつ福祉的な問題特性を孕んでいるといえよう．例えば,いじめや不登校の問題は,教師や級友との学校生活に根ざしているだけでなく,本人の心理発達や家庭養育とも多く関連するものである．発達障がいをもつ子どもがいじめの対象にな

表1　生徒（生活）指導に対する教育政策

1995年	「スクールカウンセラー活用調査研究委託事業」（⇨「スクールカウンセラー活用事業補助」（平成13年度〜））
1998年	児童・生徒の問題行動等に関する調査研究者会議報告「学校の「抱え込み」から開かれた「連携」へ　−問題行動への新たな対応−」　要点：関係機関等との連携
2001年	「少年の問題行動等に関する調査研究協力者会議報告」　要点：行動連携の重要性 ⇒「サポートチーム等地域支援システムづくり推進事業」（平成14〜15年度）
2004年	学校と関係機関との行動連携に関する研究会報告「学校と関係機関との行動連携を一層推進するために」 要点：学校と家庭、地域、関係機関の連携・協働による問題対応、立ち直り支援（校区内ネットワーク、サポートチーム） ⇒「子どもの居場所づくり新プラン」実施（平成16年度〜）
2006年	学校等における児童虐待防止に向けた取組に関する調査研究会議報告「学校等における児童虐待防止に向けた取組について」 特記：スクールソーシャルワーカー活用の明記
2007年	「問題を抱える子ども等の自立支援事業」（⇦「スクーリング・サポート・ネットワーク整備事業」（平成15〜18年度）・「問題行動に対する地域における行動連携推進事業」（平成16〜18年度） →スクールソーシャルワーカーの新規配置
2008年	「スクールソーシャルワーカー活用事業」（委託事業⇨補助事業（平成21年度〜）） →スクールソーシャルワーカー活用の全国展開
2009年	子ども・若者育成支援推進法 要点：●個人としての尊厳尊重＋最善の利益の考慮、良好な家庭的環境での生活 　　　●子ども・若者育成支援←家庭、学校、職域、地域、他における相互協力・一体取り組み（⊃アウトリーチ型支援、ネットワーク活用型支援等） 　　　●良好な社会環境（教育、医療、雇用、他）の整備・配慮 　　　●不就学や不就業等の子ども・若者に対する必要な支援
2013年	子どもの貧困対策の推進に関する法律（子どもの貧困対策法） 要点：●貧困家庭の子どもへの教育支援等（国責務） 　　　●政府による大綱の策定←貧困対策会議の設置（内閣府） 　　　●都道府県の計画作成（努力義務） いじめ防止対策推進法 要点：●重大ないじめ事案につき、学校に報告義務（文部科学省等） 　　　●教育委員会等に調査組織を設置し、被害者側に適切な情報提供 　　　●ネットいじめに対する国・地方公共団体等の対策強化（監視等） 　　　●犯罪や重大被害の恐れがある場合、警察と連携（通報等）
2014年	子供の貧困対策に関する大綱について（閣議決定） 要点：●学校を拠点に福祉機関と連携（スクールソーシャルワーカー増員） 　　　●低所得世帯から段階的に幼児教育無償化 　　　●大学や専門学校での給付型奨学金の創設（まずは、無利子奨学金受給者を増大） 　　　●放課後子ども教室等で学習支援 　　　●ひとり親家庭等に子育て・就労を支援 →学校のプラットフォーム化⇨「チーム学校」構想
2015年	中央教育審議会答申「新しい時代の教育や地方創生の実現に向けた学校と地域の連携・協働の在り方と今後の推進方策について」「チームとしての学校の在り方と今後の改善方策について」「これからの学校教育を担う教員の資質能力の向上について〜学び合い、高め合う教員養成コミュニティの構築に向けて〜」

> 2016年　「「次世代の学校・地域」創生プラン～学校と地域の一体改革による地域創生～」（文部科学大臣決定）
> 　　　　要点：●地域と学校の連携・協働に向けた改革（コミュニティ・スクール、地域学校協働活動の推進）
> 　　　　　　　●学校の組織運営改革（「チーム学校」に必要な指導体制の整備）
> 　　　　　　　●教員制度の一体的改革（子どもと向き合う教員の資質能力の向上）

るのは稀なことではない．不登校の背景要因の一つとして，家庭での貧困や虐待等の疑いは十分配慮される必要がある．非行問題では，本人自身の更生はもとより，被害対象の救済・支援等も図られなければならない．また，ひとたび問題事態が生じたとなれば，教師たちは対応等に振り回され，その子の親も教師や他の親との離齬や対立等に悩まされることであろう．

　いずれにせよ，現場の教師たちはこれらのあり様に混乱させられていることは間違いない．また，親たちは今の学校に対してますます不安や不満を抱き，保守的または自己中心的な構えを強めているようにも思われる（例えば，岩井(2013)を参照のこと）．

2　学校ベースでのソーシャルワーク実践

　現在，筆者は鹿児島県教育委員会からスクールソーシャルワーカーとしての任命を受けるようになり，県下の市町に任用されたスクールソーシャルワーカーとともに日々学校支援に努めている．

　文部科学省「スクールソーシャルワーカー（SSW）活用事業」(2007)の示したスクールソーシャルワーカーの役割は，「問題を抱えた児童生徒に対し，当該児童生徒が置かれた環境に働きかけたり，関係機関等とのネットワークを活用したりする等，多様な支援方法を用いて，問題解決への対応を図っていくこと」とされている．すなわち，スクールソーシャルワーカーとは，学校ベースでソーシャルワークを展開する新たな社会福祉専門職であるということができよう．

　教育現場レベルにおいて，今や，学校生活問題に対する改善・解決を図るためには，児童・生徒と教師，親等の当事者関係に対する「第三者的介入」が必要であると考えられ，また，「家庭－学校－地域」を視野に入れての対応や対

策も問われるようになった．国内では，第三者役割に相当するものとして，「スクールカウンセラー」制度が先に導入されたが（平成7年度〜），それは，いわゆる「心の相談・支援」を専門的に行う心理臨床専門職である．一方，スクールソーシャルワーカーは社会福祉専門職として「個人と環境への介入・調整」を主軸とする点に特徴がある．

　概して，スクールソーシャルワーカーの専門職性としては，子どもの最善利益や権利を擁護する「アドボケーション」，教師の多重な役割を援助・支援する「パートナーシップ」，家庭や地域との連絡・調整等を図る「コーディネーション」，等々のスキル・センスが求められるところである．なお，文部科学省（2007）は，スクールソーシャルワーカーの要件について，「教育と福祉の両面に関して，専門的な知識・技術を有するとともに，過去に教育や福祉の分野において，活動経験の実績等がある者」としている．社会福祉士や精神保健福祉士の有資格者は社会福祉専門の知識・技術をもつ者と見なされるが，本県も含め，全国的に有資格者の占める割合がそれほど高くないのが実情である．

　ところで，これまでの学校ソーシャルワーク実践をみると，不登校問題や非行問題をめぐる家庭訪問等の本人・家族対応（アウトリーチ）のほか，児童相談所，病院，警察等といった関係機関との連携（ネットワーク），教師に対する相談援助やケース会議（校内チーム），専門研修（コンサルテーション），等々が行われてきた（例えば，福岡県スクールソーシャルワーカー協会（2014）を参照のこと）．その他，子どもや親の居場所作りやフードバンクの立ち上げ，福祉教育や社会的スキル訓練の実施といったユニークな取り組みもみられる．

　筆者自身の実践(ケース)体験からすると，主訴を本人の不登校や常習的自傷，親への暴力等としながらも，本人や親の抱える発達障がい・精神疾患等，家庭の地域での孤立や不安定就業等に基づく育児放棄（ネグレクト），教員の理解不足や親との対立，非行やいじめの絡む不適切な交友関係等といった背景要因が多分かつ複雑に絡んでいる場合が殆どである．専門職アプローチとしては，主にアウトリーチ訪問や当事者面接，校内外でのケース会議等を通して，問題事態の見立てや課題・目標（方針）の設定，対応（介入）の実施・評価を進めることにより，環境改善や関係調整，本人回復等を図っていく．そして，このような取り組みは，固有の学校支援として，教育現場の体制・体質改善や教育

専門職のエンパワメント,ひいては,学校自体の社会資源(拠点)化に資するであろうことも願っている.

3 鹿児島県における学校事情と学校ソーシャルワーク事業の展開

さて,鹿児島県の公開する資料「本県教育の特色を表す各種データ集」(各年版)によると,本県教育の現場実態は各地様々であることが分かる(特有のものとして,例えば,へき地特認校,複式学級校).本県の教育状況については,表2に示す.特に,学校生活上の問題(不登校,校内暴力等)の発生状況としてゼロではないものの,教育環境の好条件(教員配置割合の高さ,他)や家庭教育との連携(子ども会・スポーツ少年団加入率の高さ,鹿児島市独自の校区公民館制度,他),県民の教育意識等(活発な父親参加,他)も相まって,全国より軽い傾向にあるといった認識が強調されている.

経験談ながら,筆者も鹿児島市に移り住み,これまで,わが子の通う公立中学校の父親セミナー学級長を引き受けたり,毎週土曜夜に実施される校区の夜間巡回パトロールに参加したりしてきたが,それらの活動を通し,教師と保護者との距離の近さや父親自身の子育て(教育)への熱心さ等を感じることは本当に多い.ただ,逆に,例えば,子どもの逸脱行動や発達障がいの問題に対する忌避的な言動等がみられることもあり,併せて,現代っ子に対する厳しいしつけを求める声もよく聞かれるように感じられる.

このような学校事情を踏まえると,本県でも,定型的な専門職役割の担えるスクールソーシャルワーカーは当初から望まれるところであったといえよう.

筆者自身の研究(岩井 2015)でも報告した通り,本県では,初(2008〈平成20〉)年度12市町・スクールソーシャルワーカー36人の任用でスタートを切った.そして,2011(平成23)年度,県事業として,その前年度までの「スクールソーシャルワーカー実践研究事業」から「スクールソーシャルワーカー活用事業」へと変更され,通常事業化された.それに伴い,同年度より,県委託の各市町においては,時給単価が一律化され,交通費も支給することとされた.また,新規参入市町のスクールソーシャルワーカー任用として,既に他市町で任用されている者の兼任が含まれた.さらに,県は,現任者に対し,配属

表2 鹿児島県における教育状況

学校数（2015年5月1日現在）

		小学校	中学校
全国	全学校数（校）	20,302	9,637
	へき地等学校数（校）	2,007	1,008
	割合（%）	9.9	10.5
鹿児島県	全学校数（校）	538	231
	へき地等学校数（校）	221	94
	割合（%）	41.1	40.7

児童・生徒数（2015年5月1日現在）

		小学校	中学校
全国	全児童・生徒数（人）	6,425,754	3,190,799
	へき地等児童・生徒数（人）	108,090	55,067
	割合（%）	1.7	1.7
鹿児島県	全児童・生徒数（人）	89,670	45,298
	へき地等児童・生徒数（人）	11,899	5,884
	割合（%）	13.3	13.0

1学校、1学級、教員1人当たりの児童数（小学校）

		平成23年度	平成24年度	平成25年度	平成26年度	平成27年度
全国	1学校当たり児童数（人）	317.1	315.2	316.0	316.5	317.6
	1学級当たり児童数（人）	24.9	24.6	24.4	24.2	24.0
	教員1人当たり児童数（人）	16.4	16.2	16.0	15.8	15.7
鹿児島県	1学校当たり児童数（人）	160.3	162.0	165.9	166.2	167.9
	1学級当たり児童数（人）	20.2	20.2	20.1	19.8	19.6
	教員1人当たり児童数（人）	12.3	12.4	12.4	12.4	12.3

1学校、1学級、教員1人当たりの生徒数（中学校）

		平成23年度	平成24年度	平成25年度	平成26年度	平成27年度
全国	1学校当たり生徒数（人）	332.4	332.1	332.7	331.9	330.5
	1学級当たり生徒数（人）	29.2	29.0	28.8	28.5	28.2
	教員1人当たり生徒数（人）	14.1	14.0	13.9	13.8	13.7
鹿児島県	1学校当たり生徒数（人）	192.4	193.5	193.8	194.3	197.7
	1学級当たり生徒数（人）	27.0	26.9	26.8	26.8	26.7
	教員1人当たり生徒数（人）	10.9	10.9	10.9	11.0	11.0

複式学級の占める割合

		平成23年度	平成24年度	平成25年度	平成26年度	平成27年度
全国	公立小学校（%）	2.1	2.0	1.9	1.9	1.8
	公立中学校（%）	0.2	0.2	0.2	0.2	0.2
鹿児島県	公立小学校（%）	12.0	11.7	11.2	11.5	11.3
	公立中学校（%）	1.6	1.5	1.9	1.7	1.8

山村留学制度の状況

		平成23年度	平成24年度	平成25年度	平成26年度	平成27年度
全国	開設市町村（ヵ所）	−	73	68	−	−
	開設学校（校）	−	146	131	−	−
	受け入れ人数（人）	−	−	−	−	−
鹿児島県	開設市町村（ヵ所）	20	21	21	21	22
	開設学校（校）	57	66	63	61	72
	受け入れ人数（人）	−	102	116	−	−

（出典）鹿児島県教育委員会「本県教育の特色を表す各種データ集（平成24年5月）」、2012年5月
鹿児島県教育委員会「本県教育の特色を表す各種データ集（平成25年8月）」、2013年8月
鹿児島県教育委員会「本県教育の特色を表す各種データ集（平成26年5月）」、2014年5月
鹿児島県教育委員会「本県教育の特色を表す各種データ集（平成27年6月）」、2015年6月
鹿児島県教育委員会「本県教育の特色を表す各種データ集（平成28年6月）」、2016年6月

※上記集計のうち、平成23年度は東日本大震災の影響により回答不能な学校の児童・生徒を除く。

暴力行為発生件数（公立のみ）

		平成23年度	平成24年度	平成25年度	平成26年度	平成27年度
全国	小学校（件）	7,075	8,207	10,680	11,283	16,861
	中学校（件）	38,025	37,137	39,044	34,704	31,882
	高等学校（件）	6,678	6,563	5,605	4,940	4,592
	計（件）	51,778	51,907	55,329	50,927	53,335
鹿児島県	小学校（件）	0	1	1	5	6
	中学校（件）	43	59	70	63	87
	高等学校（件）	101	84	78	79	71
	計（件）	144	144	149	147	164

いじめ認知件数（公立のみ）

		平成23年度	平成24年度	平成25年度	平成26年度	平成27年度
全国	小学校（件）	32,705	116,258	117,688	121,635	149,516
	中学校（件）	29,636	60,931	53,646	51,200	56,952
	高等学校（件）	4,648	13,009	8,933	9,181	9,714
	特別支援学校（件）	333	805	761	956	1,244
	計（件）	67,332	191,003	181,028	182,972	217,426
鹿児島県	小学校（件）	125	22,469	8,447	2,183	3,228
	中学校（件）	142	6,208	4,028	2,034	1,855
	高等学校（件）	73	3,266	1,653	840	883
	特別支援学校（件）	2	88	68	37	31
	計（件）	342	32,031	14,196	5,094	5,997

※上記集計のうち、平成24年度は（県統一）アンケート調査を実施。

不登校児童・生徒数（公立のみ）

		平成23年度	平成24年度	平成25年度	平成26年度	平成27年度
全国	小学校（人）	22,442	21,067	23,982	23,645	27,329
	中学校（人）	91,597	88,239	91,802	93,142	94,560
	高等学校（人）	43,969	45,080	43,179	41,555	37,822
	計（人）	158,008	154,386	158,963	158,342	159,711
鹿児島県	小学校（人）	223	244	234	225	289
	中学校（人）	1,275	1,235	1,311	1,317	1,458
	高等学校（人）	881	789	720	718	678
	計（人）	2,379	2,268	2,265	2,260	2,425

高校中退者数（公立のみ）

		平成23年度	平成24年度	平成25年度	平成26年度	平成27年度
全国	計（人）	37,553	35,965	38,602	33,982	31,091
鹿児島県	計（人）	460	428	425	349	332

刑法犯少年

		平成23年度	平成24年度	平成25年度	平成26年度	平成27年度
全国	計（人）	94,312	79,393	69,061	60,207	48,680
鹿児島県	計（人）	846	734	648	571	444

自殺（学校報告のあった分）

		平成23年度	平成24年度	平成25年度	平成26年度	平成27年度
全国	計（人）	202	195	240	232	214
鹿児島県	計（人）	－	3	2	4	5

（出典）鹿児島県教育委員会「教育行政データブック（平成24年度版）」、2012年3月
　　　　鹿児島県教育委員会「教育行政データブック（平成25年度版）」、2013年3月
　　　　鹿児島県教育委員会「教育行政データブック（平成26年度版）」、2014年3月
　　　　鹿児島県教育委員会「教育行政データブック（平成27年度版）」、2015年3月
　　　　鹿児島県教育委員会「教育行政データブック（平成28年度版）」、2016年3月
※上記集計のうち、平成23年度は東日本大震災の影響により回答不能な学校の児童・生徒を除く。

市町での勤務日以外の日に県委託の対象となっていない市町村への派遣要請が出せるようになった．

　その後，県下の学校ソーシャルワーク事業には，さらに新たな進展がみられる．今（2016〈平成 28〉）年度，県内 35 市町（うち，6 市町は県事業委託，29 市町は単独実施）においてのべ 50 人を超す現任スクールソーシャルワーカーが活躍し，県に任用されたスクールソーシャルワーカーは筆者を含め 3 人となっている．因みに，市町任用のスクールソーシャルワーカーは地元の公立小中学校を主な対象フィールドとし，県任用スクールソーシャルワーカーは県立高校や特別支援学校に派遣される，または，市町スクールソーシャルワーカーに対し指導助言を行う等の職務が任される．

　ただ，事業実施上の初期課題（表 3 参照）については，今なお問われるところである．例えば，昨年度までは，県からの事業委託には常に新規参入市町が含まれ，当然ながら，それらの市町は初期実施として先行市町と同様の状況に直面した．また，スクールソーシャルワーカー任用は期限付き（単年度）契約であり，不十分な雇用条件も重なり，任用交代の激しい市町も見受けられる．さらに，奄美大島等の離島に共通する特有の問題点として，本土と比べて，他市町からの情報収集・交流なり，事業担当者や現任（新任）スクールソーシャルワーカーに対する研修機会なりが得にくい等，実施上の不利条件がいっそう厳しく，かつ，各市町が単独で課題解決を図らなければならない．

　ところで，筆者は，かねてから，当地にて「家庭－学校－地域」ベースにおける教育福祉的支援システムの基盤化と実働化を図りたいと考えてきた．そこで，2008（平成 20）年 7 月，当時の県下情勢を見つめつつ，県内学校ソーシャルワーク事業に対する支援型の任意団体「かごしま学校ソーシャルワークを進める会」を立ち上げた．

　これは，地元での学校ソーシャルワーク推進のための基盤づくりに向けて，スーパービジョン提供や現場で活用できるツール開発，話題学習の機会提供等を進めていくものである．取り組み方針として，①「定例会」（事例研究等）の開催として，鹿児島市と地方での会場設定を行い，また，会員外参加を受け入れること等により，県全域をカバーしていくこと，②会員の自主企画による「特別企画（自主勉強会）」も実施し，会員相互の専門職研修に資するものとす

表3　生徒（生活）指導に対する教育政策

○どの市町においても、定型的な専門職役割の担えるスクールソーシャルワーカー（望ましくは、有資格者）は必要である。
　※既に配属されている現任スクールソーシャルワーカーの専門性の確保・向上に向けた専門職研修や事例研究、スーパービジョン等の定期的実施は欠かせない。

○基本的には、各市町教育委員会の事業担当者や配置先または派遣（巡回）先の学校関係者（親等を含む）のスクールソーシャルワーカー活用に対する適切理解・実施が問われる。
　※教育現場サイドに対する啓発等を積極的かつ継続的に行わなければならない。また、各校の求める様々な協力要請等の機会を幅広くとらえ、積極参加等を行うことも有効である。

○スクールソーシャルワーカーの取り組み（活動）に関して
　●個別ケースに対する適切対応の問題、または、当事者との支援関係形成の問題
　●複数のスクールソーシャルワーカーが配置されている場合等、スクールソーシャルワーカー間役割分担・チームワーク形成および共同的ケース対応の問題
　●派遣（巡回）型と拠点校配置型における固有の役割・職務遂行の問題
　（県内）事業の実施体制に関して
　●地域に既存する各種専門機関等における学校ソーシャルワーク理解確保の問題、および、連携・協働関係形成の問題
　●就学前保育等および義務教育後教育への学校ソーシャルワーク関与の問題
　●本県ならではの推進基盤として、より実働的な「県－各市町－各種団体等」実施体制構築・維持の問題

○これらの問題点の背景には、スクールソーシャルワーカー雇用保障を含む事業継続・発展に必要な財源と人材等の確保（創出）の大問題が横たわっている。

（「学校（スクール）ソーシャルワーク事業の初期実施に関する研究」『福祉社会学部論集』第29巻第4号、鹿児島国際大学福祉社会学部、2011年）

ること，③地元に対する推進アピール・事業バックアップ等を目的とし，「特別企画（大会）」を開催すること，④その他，「調査研究プロジェクト」における調査研究等の充実を図ることとし，特に①・②を当面の重点課題にすえてきた．

最近では，県内学校ソーシャルワーク事業の新たな展開とも相まって，「県－各市町」の契約関係に対し本会が後方的に支援するといった本県ならではの推進基盤が整ってきた．そのなかで，本会としても，県教育委員会との連携のもと，定期的な各地巡回型事例研究をはじめ，県教育委員会主催の連絡協議会・研修会への企画運営協力や離島に出向いての関係者懇談等の活動を営々と続けている．

おわりに―まとめと展望

　以上みてきた通り，学校での問題（ニーズ）キャッチを契機とし，地域に還しての社会福祉専門的に対応することは有効であろう．学校ソーシャルワーク事業の開始後10年近くの実績を蓄えた今，スクールソーシャルワーカーに期待できる達成目標とは，学校に生きる人々への援助や支援をはじめ，学校のより良い文化・環境的整備，育み環境・ネットワークの実現にあるといえる．

　ただ，現状からすると，スクールソーシャルワーカーの持続可能な専門職性（職能）を確立し，現任者自身の役割観や効能感を向上させるための努力が不可欠であることも間違いない．鹿児島県でも，県教育委員会の示す当面の検討課題として，スクールソーシャルワーカーの人材確保や後継者育成，資質向上が常に含まれている．今や，本県ならではの推進基盤が整ってきたなかで，筆者としても，これまでの取り組み実績を継承しつつ，引き続き，県内学校ソーシャルワーク事業の発展に向けた支援強化および実践充実等に努めたく思っている．

　折しも，教育界における最近の動きとして，表3にもある通り，「子ども・若者育成支援」や「子どもの貧困対策」「いじめ防止対策」がそれぞれの立法を根拠に進められている．特に，子ども貧困の対策については学校をプラットフォーム（拠点）として推進されることになり，スクールソーシャルワーカーの大幅増員が掲げられた（「子供の貧困対策に関する大綱について」閣議決定（2014））．また，これまでの学校構造の改革を目指すものとされる「チーム学校」構想（文部科学省「チームとしての学校の在り方と今後の改善方策について」中央教育審議会答申（2015））では，スクールカウンセラーとスクールソーシャルワーカーの職務を法定化し，その拡充を図ること等が謳われている．

　筆者自身，鹿児島県での学校ソーシャルワーク事業支援やスクールソーシャルワーカー任用等の体験を通して，教育関係者の学校支援に対する関心や期待が各地で次第に高まってきていることが実感できた．そこで，教師も含めて，専門職同士が連携し合うことは，お互いの専門職性を補完・統合させることができ，より有効かつ強力な学校支援力となり得るものと考えられる．それぞれ

の専門職について,今後,新たな学校支援力としての活躍が大いに望まれるところである.

文献

岩井浩英(2013)「第13章第1節 いま学校では何が問題になっているの」流石智子(監修)・浦田雅夫(編)『知識を生かし実力をつける 子ども家庭福祉』,保育出版社,155-156頁.

岩井浩英(2015)「鹿児島県における学校ソーシャルワーク推進に向けての事業支援に関する検討」『九州社会福祉学』第11号,日本社会福祉学会九州部会,1-9頁.

木村 元(2015)『学校の戦後史』岩波新書(新赤版)1536,岩波書店.

中塚勝俊(2013)「第3章第2節 子どもの反社会的行動」松田文子・高橋 超(編)『改訂 生きる力が育つ生徒指導と進路指導』,北大路書房,64-84頁.

日本学校ソーシャルワーク学会(編)(2008)『スクールソーシャルワーカー養成テキスト』,中央法規出版.

福岡県スクールソーシャルワーカー協会(編)(2014)『スクールソーシャルワーカー実践事例集—子ども・家庭・学校支援の実際』,中央法規出版.

文部科学省(2007)「スクールソーシャルワーカー(SSW)活用事業」.

第6章
子育て支援と相談援助のあり方

佐藤　直明
Sato Naoaki

はじめに

　少子・高齢化社会の今日，世界人権宣言や国際児童年の内容をまつまでもなく，誰もが皆，次の世代を担う子ども達の人権を守り，子育て問題に取り組まなければならない．また，社会で暮らす人すべてが力を合わせ，未来に夢を育む子ども達の健やかな成長と発達に，限りない援助の手を差し伸べなければならない．子育てには時間のかかる幅広い取り組みが求められている．現在，日本の各地で，子どもたちが家庭や地域で愛情に包まれながら健やかに育つために，また誰もが安心して子どもを産み育てることのできる環境づくりのために様々な子育て支援の取り組みが行われている．
　こうした少子化社会の中で，私たちが子育て支援に取り組み，子育ての不安や負担感を解消することは，子どもの成長と発達のためにも地域の発展のためにも，何よりも真剣に向かい合わねばならない課題である．子どもの伸び行く力を支えて育て，子育て家庭に適切な支援を行うためには，子ども達を取り巻く環境のより一層の健全化を図り，各種の社会資源の相互の連携を深めて子育て力を高めていかなければならない．
　元来，人間は人間関係を通して成長を図り，その関係の中で生きるといわれている．援助活動はどれも一人で取り組めるものではなく，また利用者本人が自分で納得できるような位置づけや役割は，答えとしてすぐに獲得できるわけでもない．援助者が，問題の解決に向けて真摯に努力していることを示し続け，

その過程の中で利用者が少しずつ自己の問題解決の手がかりを増やしていくものだと考えられる（佐藤1999）．援助者と利用者の関係は，互いが抱える問題に関して個々人の能力や背景がどのようであるかを的確に分析し，どのような適応の状況が適切であるのかを理解し合っていくことが何よりも大切な歩みであるといえる（佐藤1981）．本稿は，そうした観点から子育て支援と相談援助について述べることとする．

1 子ども家庭福祉

子育て支援活動とは，子育て支援であり，子育ち支援であり，親育ち支援の総体でもある．複雑さが増し，混迷を深めている現代社会では，子育て支援活動に携わる人々の役割も拡大している．去る2009（平成21）年4月には保育所保育指針も改定され，幼稚園教育要領も改訂された．今や，子育て支援活動の原点に立ち返り，子育ての意味を改めて考えてみる機会であるといえよう．今や，子育てに携わる全ての人が何を見つめ，何を考えるべきなのか，すべての人が自分の役割を考え，これからの可能性を探り，より豊かな社会づくりを考えてみる機会でもある．この点からも，私たちは子育ての意味と役割を改めて見つめ直してみる必要がある．

1) 児童の健全育成

児童を取り巻く環境（家庭・地域社会も）は大きく変化し，家庭養育の機能等の脆弱化が進んでいる．児童の健全育成を図るには，①心身ともに健康であること，②豊かな知識，優れた知能，豊かな情操，③たくましい自主，自立・自律の精神，④社会生活における他者との協力，全体の福祉を高める協調性，⑤積極的に新しい価値を作り出す独創性・創造力，⑥困難に打ち勝つ気概，⑦正邪善悪を判別し，邪悪と妥協しない道徳的資質等を活動の中に踏まえることにあるともいわれる．今こそ，すべての児童の健やかな育成を願う理念に立ち返り，児童福祉の原点を見つめなおし，積極的な福祉増進のために新たな諸施策の展開を図る必要がある．

児童の福祉は，児童のより良い生活を実現するとともに，時代を担い，家庭

を担っていく児童に対する社会全体の期待に応えるよう，児童を心身ともに健全に育成することを目的とするが，児童を取り巻く生活環境は最近きわめて劣悪化している．児童が心身ともに健全に育成されるためには，児童の生活の場である家庭が健全であることはもとより，児童の人間関係の場であるそれぞれの地域において，遊び場の確保などの児童環境の整備や，地域の人びとの連帯意識の醸成などが必要である．健全育成が図られるためには，単に行政のみでなく，広く国民階層と地域社会など挙げて，国全体がそれぞれの役割を担って相互に連携して取り組みを進めていかねばならない．

　児童の健全育成の課題は，①子どもが健やかに生まれ育つための，あらゆる環境の整備推進のみならず，各種各様の人々とのふれあいを通しての精神的豊かさを備える人間の育成が望まれることや，②幼少期だけでなく，年中期や思春期児童への対応を含めた，健全育成施策の対象の拡大が図られるべきであることや，③健全育成事業の主体は，国・地方・企業・地域・家庭等がその特長を活かしながら連携して参画するための施策が必要であることや，④健全育成の方法として，時代の児童の感性に合致し愛着形成が図られ，情操を高める多様な遊びの活動を積極的に援助することである[注1]．保育所の仕組みの見直しも始まり，児童の自立支援施策の充実も図られてきているが，実情に即して，更に地域の実態に応じて，日々の生活の中で，子どもが人間として尊重され，豊かな子ども時代がすごせるような態勢を，なお一層作り上げていかなければならない（佐藤 2007）．

2)「エンゼルプラン」における子育て支援

　「エンゼルプラン」における子育て支援の基本的な視点は，①安心して出産育児のできる環境整備，②子育て支援社会の構築，③子どもの利益の最大限尊重への配慮である．その基本的方向は，①子育てと仕事の両立支援の推進であり，②家庭における子育て支援であり，③子育てのための住宅および生活環境の整備である（佐藤 2015）．

　「エンゼルプラン」は本来，社会全体の子育てに対する機運を醸成することにあるともいわれている．ゆとりある教育の実現とともに健全育成を図るためには，家庭に視点を当てた調査研究等を実施し，家庭福祉の向上を図るととも

に，子どもの環境を栄養豊かにする各種のふれあい事業等を創設するなど，家庭児童施策の一層の充実が図られなければならない．さまざまな施策とあわせ，国は児童の健全育成対策の推進として，今後とも，活動拠点としての児童館・児童センターの整備や放課後児童対策事業（児童クラブ），子どもにやさしい街づくり事業の拡充を図っていかなければならない．

児童の健全育成の課題は，子どもが健やかに生まれ育つための，あらゆる環境の整備推進のみならず，各種各様の人々とのふれあいを通しての精神的豊かさを備える人間の育成が望まれることにある．そしてすべての児童への対応をも含めた健全育成施策の対象の拡大が図られるべきである．健全育成事業の主体は，国・地方・企業・地域・家庭等がその特長を活かしながら連携して参画するための施策が必要であるし，健全育成の方法として，時代の児童の感性に合致し，情操を高める多様な遊びの活動を積極的に援助する必要がある．

3）次世代育成支援事業

次世代育成支援事業においては，以前のエンゼルプラン等に掲げられた単なる努力目標でなく，半ば義務化された子育て支援の具体的な数値目標を目安に掲げ，少子化対策の事業として登場し，今後の事業活動に夢を育むものであった．今日の児童福祉事業運営費の一般財源化の流れの中で，各地方自治体は独自な取り組みを行わざるを得ない状況になっている．具体的保育業務においても，新規の取り組みが増えるというよりも，従来の特別保育事業の活動内容を拡大拡張させる状況にある．改めて言うまでもなく，児童福祉法には「児童の心身の健やかな成長と発達は，国が支える」との理念が明記してある．今まさに，日本のすべての子どもに，豊かな生きがいある環境を保障していけるかどうかが問われている所である．

次世代育成支援では，施策として新たな次世代育成支援のための包括的・一元的な制度の構築に向けて，検討がなされている．検討事項は多様で，まず第一に，育児休業や保育，放課後対策への切れ目のないサービスの保障をして，子育て支援サービスのための包括的・一元的な制度を構築し，幼保一体化を含め，多様なサービスメニューを整備し，すべての子育て家庭を対象にするとのことである．次には利用者である子ども中心の仕組みを導入して，利用者本位

の保育制度に向けた抜本的な改革を図るということである．市町村の責務の下，利用者と事業者の間の公的な保育契約制度が導入され，利用者への例外のないサービスを保障し，利用者補助方式への見直しを図るなどが掲げられている．

続いて多様な利用者ニーズへの対応として，潜在需要に対応した量的な拡大を図り，家庭的な保育や小規模サービスや地域子育て支援等，多様なサービスメニューを立て，保育への株式会社やNPO等の事業者の参入促進を図り，施設設備費や運営費の使途範囲や会計基準等の見直しを図り，保育のサービスの質の向上を目指すこととしている．

地域の実情に応じたサービスの提供を行うためには，その市町村自治体が実施主体者になるべきである．安定的で継続的な費用を確保するためには，国，地方自治体，事業主，本人を含め，社会全体による費用負担と財源確保という問題もある（佐藤2007，2003）．

今日の少子・高齢化の中では，保護者だけでなく，保育所や行政や地域が一体となって，子ども家庭福祉の充実を図る支援の取り組みが実施されなければならならない．

保育所保育指針が改定され，保育所が地域における子育て支援の機能を持つことが明示されてから，保育所は地域における子育て支援の拠点としての役割を果たすものとされた．そこで働く保育士には，ソーシャルワークの原理を踏まえた保護者支援の役割も加えられ，地域における子育て支援をより有効に推進するためには，保育所は地域住民にとって安心して生活できる環境の確保を図り，地域のニーズを把握し，地域にある各種の社会資源と連携を図りながら，より良い地域の発展に貢献していかなければならない（佐藤2007）．

4）地域における児童の健全育成

地域において，児童がどのような環境にあるかについて，「国民の福祉の動向」をみると，総人口に占める，年少人口（0〜14歳）は減少傾向にあり，今後，人口の高齢化や寿命の伸長等ともその傾向が続くと予測されている．また若者による高齢者扶養負担の増加との問題が派生してくることが予測され，児童数の変遷に重大な関心をもたねばならない時期に到達している．児童数の減少により，子ども同士の接触機会が希薄化し，子どもの成長にとって，また子ども

の人格の形成にとって，少なからざる影響を与えるのではないかということが議論されているところである（佐藤2007）．

　地域に自然の遊び場がなくなってきていること自体も，子どもの遊び時間の変化や，時間の過ごし方の変化と結び付けて検討されねばならない．子どもの成長の基盤である，家庭の形態や役割が変化し，弱体化してきている．女性の社会進出が増え，婦人の就労状況が以前とは変革し，有配偶者の婦人の就業者の数および割合が増加の傾向にある．核家族化・小家族化の問題にしても，平均世帯人員そのものが減少している．

　児童数の減少とあわせて，家族が全体としてもつ人間関係の包括力自体が以前と比較にならないぐらいに低下してきている．両親の離婚が原因で，ひとり親家庭が増え，家庭基盤が脆弱化し，児童にとっての人格形成の上でのモデルが不在になるなど，子どもにとって好ましくない影響が出てきた．若い層を中心にして，個人生活重視の傾向が見られ，子ども観，子育て観，家庭観も変化し，子育て支援の形も変化してきている．若い世代が，子育ての伝承を的確に受ける機会がないといったケースも増えてきている．地域に見られるこれら児童の環境の変化や動向は，地域における児童問題をいっそう多様化させている．児童が心身ともに健全に育成されるために，地域において，具体的にさまざまな対策を立てて，その意義と方法を常にあらためて整理していく必要がある．児童が心身ともに健全に育成されるためには，児童の生活の場である家庭が健全であることはもとより，児童の人間関係の場である地域において，遊び場の確保等の児童の育成環境の整備，および地域の人びとの連帯意識の醸成等が必要である．

　厚生労働省が提唱する，地域子育て支援センター事業を見ると，子育て家庭の支援活動の企画，調整，実施を担当する職員を配置し，子育て家庭等に対する育児不安等についての相談指導，及び子育てサークル等への支援ならびに地域の保育ニーズに応じ，地域の各保育所等の間で連携を図り，特別保育事業を積極的に実施するなど，地域全体で子育てを支援する基盤を形成することにより育児支援を図ることができるとしている．

　実際，最近の児童を取り巻く社会環境には，人口の都市集中にともなう過密・過疎，公害，住宅，交通事故等さまざまな問題が生じてきており，また核家族

化および婦人労働の増加等によって，家族生活においても種々複雑な問題が生じている．児童の健全育成は，高齢化社会・国際化社会・情報化社会に向けて，今後その重要性がさらに認識されていかなければならない．児童を取り巻く環境が大きく様変わりしている現在，それぞれの地域において，児童の生活にまつわる諸問題に，子育て・家庭支援という立場を忘れず，さまざまな施策を実施していくことはきわめて重要である．

5）鹿児島における取り組み

　鹿児島市では，2004（平成16）年度から「みんなでしあわせ　みんながしあわせ　支えあうまち　かごしま」とのテーマで，今日までの4期にわたり，鹿児島市地域福祉計画が取り組まれてきている．その中では①住民の自立と福祉サービスの充実による地域の福祉力の向上と，②人と人とがつながり温もりに満ちた地域社会づくりと，③地域で築く協働と連携のまちづくりを基本理念に，ⅰ）地域住民の立場に立った福祉サービスの充実・向上，ⅱ）地域による福祉活動の推進，ⅲ）地域社会における福祉と関連分野との連携，ⅳ）地域におけるバリアフリーの推進という基本目標を踏まえて，様々な取り組みの方向が示され各種の施策展開が図られている．子育て支援に関しては，福祉サービスの利用促進という取り組み方向の中に設けられた福祉サービスの質の向上の項目で，施策の展開が整理され，以下のような記述がなされている（鹿児島市2012）．

　子育てをしている親の負担や不安を軽減するため，すこやか子育て交流館や親子の集いの広場（子育て中の親とその子どもが気軽につどい，相互に交流ができる施設），保育所等の整備，運営を行うとともに，ファミリー・サポート・センター[注2]や子育てサロン[注3]など子育て支援に関する活動の広報に努めている．また，保護者が昼間家庭にいない児童のための児童クラブや「子ども110番の家[注4]」等を掲載した福祉マップの作成や支援をするなど，地域住民が子どもを見守る仕組みの情報を得られやすくしている．

　鹿児島市では，「子育てに悩みはつきものです．一人で考え込まずに，お気軽にご相談下さい」とのテーマで，2016（平成28）年3月に「かごしま市子育てガイド」（冊子）が発行されている．そこでは子育てに困ったときとして，

保健センターと地域公民館，地域福祉館で育児相談を行い，母子保健課に乳幼児相談窓口を設ける事が示され，同時に市内8カ所の子育て支援センターや家庭児童相談や教育相談室の情報等がお知らせとして掲載されている（鹿児島市2016）．

2 相談援助活動

今日の社会の状況を踏まえ，児童の健全育成のために子ども達の次世代育成支援のために，様々な施策が講じられていることを述べてきたが，子育て支援活動の取り組みは実に多様である．支援場面で行われている実際の諸活動は，具体的な相談援助活動を介して実践されている．ここではその相談援助活動の意味とあり方について検討する．

1）援助活動の意味

人は，多くの人や組織，または刺激との出会いやふれあいを通して成長していくといわれている．実際，人間関係は，決して固定化されたものではなく，自分の変化や相手の変化，あるいは双方の歩み寄りによって変わって行く．相手のニーズを自分がどのように受け止めるのか，また他者との連携調整能力や，権利代弁能力をどのように育むのか，またどのようにしたら自分の存在をより広い視点で捉えられるのかは，援助活動にあたって極めて重要なポイントになる．

> どれだけ多くの本を読んだとしても，対人援助ができるとは限りません．多くの知識を持ち，資格試験に合格しても，対人援助ができない人はめずらしくないのです．対人援助を行う上で，専門知識が必要であることは，言うまでもありません．しかし，人とうまくかかわる能力が備わっていなければ，せっかくの専門知識も役立てることはできないのです．（人と）うまくかかわる能力は，本を読んだり講義を受けたりするだけで身につくことではありません．受身的に学ぶのでなく，体験を通して自らが主体的に学び，対人関係での感性を磨くな

かで，はじめて手にすることができるのです（諏訪 2014：巻頭言）.

　援助者は，いつも独自の使命や，独自の視点や態度，また機能や役割を確認しておかなければならない．そのためにも，援助者は，常に援助活動に際しての倫理観や基本的な心構えや姿勢等に関しての規範習得のトレーニングを行い，同時に実際に活用できる具体的な知識・技術修得のトレーニングを行い，加えてものの見方や考え方や気づきをできるだけ増やし，相手の想いを受け止めるような，視点修得のトレーニングに取り組まなければならない．

　子育て支援に限らず援助の専門家は，より質の高い援助活動の実践を目指している．援助者が取り組むのは，何も利用者が抱える問題だけではない．解決しなければならない問題には，援助者自身の抱えている問題の他，援助者と利用者の関係や援助者が所属する組織の制約とか，多くの問題が絡んでいる．援助者は，まず利用者の話を真剣に聞きながら，その想いを共有しなければならない．そして，想いを共有しながらも業務として正さなければならないことには適切に指摘をしなければならない．援助者はいつも，利用者が問題を解決するための第一歩を踏み出せる様，具体的な提案や情報を紹介して，利用者が今後に向けての展望が広がるように取り組んでいく必要がある．

　問題の解決に当たっては，まず援助者自身がアセスメント（事前評価）の段階で，何に焦点を当てるかを考察する．援助場面にあってはケース毎に対応を変え，人と向き合う実際の場面では，専門家同士が相互に連携強化し，チームワークを図りながら，専門的援助関係を育てていかなければならない．

　実際，具体的な援助場面では，職場の制約や援助観の食い違い，他職種への反発等，様々な問題が絡み合っている．援助者の役割は，現在の状況に対し，自分がどのように取り扱い，解決を図っていくかが焦点になる．利用者の想いを受け止め，利用者に寄り添いながら，利用者の気づきを促し，利用者をサポートする事が重要である．決して無理をするのでなく，自ら出来る所から取り組み始めることが求められている．どの福祉現場でも，組織に置ける確認作業として，予測できるトラブルへの対応や，突発的なトラブルへの対応が求められている．現場ではいつも，物事の危険性や緊急性を予測して，具体的な予防策を考えておかなければならない．

効果的に援助が行われるためには，援助者も利用者も相互に，今何をして，これから何をしようとしているかを確認していかなければならならない．具体的に援助活動を行うにあたって，何が必要で，何が不足しているのかを，段階を追って確認していくことが必要となる．援助者には，総合的で多面的な視点で，援助活動の全般を見渡す識見が求められている（佐藤 2011）．

2) 援助者の役割と機能

相談援助活動は，苦しみ悩む人に向き合う活動である．医療・保健・福祉・教育等の領域で働く専門家が取り組む活動として対人援助の呼称がある．子育て援助に限らず，対人援助活動は一人だけで取り組むことはできない．援助者は，多くの人達との，また多くの社会資源との関わりの中で，援助活動を見つめていく事が望まれる．実際，本人が納得できるような位置づけや役割はすぐに獲得できることでもない．従って，援助の専門家は，いつも自分が真摯に問題の解決に向けて，自分なりに精一杯努力することを固定持続し続ける事が必要になる．その取り組みの継続の中で，解決に向けての手がかりが少しずつだが確実に増えていくと思われる．

援助者はそのためにも，物事を見つめ続ける（未来に夢を育む）観察力を高め，勇気を持って課題に立ち向かい，わからなければ考えてみようとする思考力を深め，自分らしさの個性に応じての可能性を表現する創造力を磨き育てなければならない．対人援助においては，解決すべき問題への取り組みへの姿勢や態度，問題で悩む人の想いの受け止め等が備わっていなければ，援助者がどんなに豊かな知識や技術を修得していたとしても，十分な援助効果は上げられない．

何よりも，基本的な姿勢態度を踏まえた優れた知識技術の習熟を土台にした，援助者自身の人間性(個性)に応じた応用力や活用力が求められる．従って，日々の行いで身近なところで自分が他者から評価される経験が必要であるし，自分自身の経験の中にやったと思える達成感を獲得することが大事である．自分がどんな行動や言動をしても，ありのままの自分が受け入れられ，認められている実感を沢山蓄積することが大切である．対人援助は，人間の生活そのものに関わる．利用者個人に関わるだけでなく，利用者を取り巻く様々な環境にも関

わりを持つことになる．人が日々の生活を送る中で関わりを深めていき，援助者は利用者がより良くより有効に，環境との関わりを深め生活していくために援助活動を展開する．要するに，利用者の生活を援助するためには，利用者を取り巻く環境に居る多くの専門家との連携が図られなければならない．

3）援助関係における自己覚知

　援助活動にあたって，相手の関係の中で，自分を見つめることは極めて重要なことである．援助者として援助活動の基盤は，サービスの利用者であるクライアントの環境を理解するのに併せ，援助者自身がその環境との関係性を真摯に整理立てることが援助活動の展開を図る上で重要なこととなるからである．ここで，生態学視点から「環境と人と関係について」解説がなされている「対人援助者の基礎」から，少し長くなるが，その一部を引用する．

> 　私たちは，自分を取り巻くさまざまな人や団体，組織，すなわち自分を取り巻く環境と多様な「関係」を持ちながら生きており，生きていくために必要な多くの要求や欲求を「関係」を通して学んでいる．「関係」は私的関係（家族，友人，恋愛関係など），社会関係（学校，職場などの関係など）に大別できるが，それぞれの「関係」には，物理的・精神的・社会的等何らかの利益や負担が伴い，往々にして情緒的な色合いを帯びた性質がある．
> 　すなわち「関係」とは単なる他者との接触，接点だけにとどまらず，独自の目的や性格を持った交流，交渉でもあるといえる．例えば，友人との関係でいえば，あいさつだけをする，一緒に行動する，悩みを打ち明けるなど交流の段階や程度があり，それぞれに喜び，感謝，怒りなど各種の感情が伴う．そしてその「関係」を結ぶ中で，ノートの貸し借りをしたり，会話を楽しんだりなど，現実的な利益や精神的な満足を求めており，相手からもそれらが求められている．（中略）
> 　これらはその「関係」における自分の「役割」であるともいえ，例えば長女としての役割，友人としての役割，サークルのメンバーとしての役割，学生としての役割，地域社会の一員としての役割など，多

くの人は複数の役割を同時に抱えており，それぞれの役割に求められる責務を果たすことが要求される．互いの要求に応えあっているときには，その「関係」は円滑なものとなるが，相手から不可能なことを求められたり，相手が自分の要求に応えてくれないなど互いの要求を満たし合えない，一方的にどちらかだけが応えているなどの事態になれば，「関係」には葛藤とストレスが生じ，日常生活のストレスの多くは環境との間で生じている．（中略）

問題との間に起こるストレスの原因は，自分に求められる要求が高すぎる，自分に期待や要求に応え，課せられた役割を果たすための能力や物理的条件が欠けている，相手も状況に応じた柔軟な対応が出来ないなどのいくつかの要素が絡み合っていることが多い．

そしてこれらの「関係」や「役割」は，それぞれ個々別々のように見えても互いに関連し合っている．例えば，「家族関係がうまくいっていないことにより，家族外の関係を深めようとして，さらに家族関係を悪化する」「夜間のアルバイトに力を注ぎすぎて学校の講義に出られず，教員との関係が悪くなる」など，ある関係における葛藤やストレス，あるいはトラブルは他の「関係」にもしばしば影響を及ぼすものであり，自分の結ぶ「関係」のいくつかは相互につながりを持っている．

また関係は固定化されたものでなく，不当な要求に強く抗議することで相手の態度が変わる事がある様に，人のある行動や反応が環境に影響を及ぼし，それによって環境からの要求にも変化が見られるなど，互いに作用し合う性質を持っている．いずれにせよ，環境からの期待と要求に応えようとする営みが私たちの生活のあり様を決めており，役割を果たしている度合いや環境が自分の要求に応えてくれる程度など，相互のやり取りの質が私たちの生活や人生の満足度に重要な影響を及ぼしている．

このように私たちの生活や人生は，自らを取り巻く環境の中の人や組織と多様な関係を通して成り立っているともいえ，自分と環境の関係の持ち方，そこで交わされる互いの要求や応答，あるいは関係相互

の関連などを考えてみる事は，自分の存在をより広い視点で見つめることにつながる．「関係」は固定化されたものでなく，自分の変化や相手の変化，双方の歩み寄りなどにより変わりうる．何がどのように変化することが自分や相手にとって必要なのかについて考えてみることは，これからの課題の発見につながっていくだろう（佐藤 2004）．

　いうまでもなく，私たちはさまざまな人間関係の中で生活を営んでいる．人と人とのふれ合いを通して成長し生活を営んでいる．繰り返しになるが，援助活動は一人だけでは取り組めるものではなく，いろんな人達と相互連携のもとで様々な協力を得る中で展開が図られる．子ども達の健全育成を図るためには，すべての人々で子育て支援家庭に適切な支援の手を差し伸べなければならない．そしてより質の高い援助活動が行われるためには，専門職としての姿勢態度を踏まえた知識技術の習熟のみならず，援助者自身の研ぎ澄まされた感覚感性をも磨き上げていく必要がある．

4）保護育成者の役割

　医療・保健・福祉の領域とされる対人援助活動において，実際の援助場面で求められる援助者の役割とはどの様なものであろうか．それには，まず何よりも専門的な知識技術の習熟が求められることは言うまでもない．しかしながら，どんなに優れた知識技術があっても，援助者と利用者の関係の中で，その効果が有効に発揮される様，援助活動展開と内容充実が図られなければ意味をなさない．人間関係は相互の信頼共感関係の確立の中でこそ効果の進展が図られるものであるからである．

　援助者も利用者もお互いの想いを受け止め，その想いを共有しながら技術を技能へ昇華する活用力を育てていかなければならない．人は他者から受けいれられ，理解されているという安心感を得ることで，はじめて自分と向き合うことができる．そこから自分の外面や内面を正しく評価する力を得ることになる．自分が価値ある存在であるという自己肯定感を得ることで，より質の高い援助実践を目指すことができる．援助者の気づきを深め，一貫した援助活動の支援をもたらすためには，自らの気づきを深める感性を磨くことが何よりも必要で

ある．援助者には，物事をよく見極めるまなざしの力（観察力）と，思いを受け止め考えを膨らませる力（思考力や検討し分析する力）と，自分の想いを相手に伝える力（表現力）などが求められている．

ここで，全国社会福祉協議会から毎月刊行されている「保育の友」にかつて掲載された筆者の『実践事例に対する「保育のヒント」』から，子どもを見つめる保育者（援助者）の基本的姿勢や視点について，いくつか例示しておきたい(注5)．

(1) 寛容と共感のかかわり

「子どもは伸び行く力を秘めている」といわれる．ただ複雑多様化したこの現代社会においては，子どもの持っている素質だけに任せていては，子どもの発達の可能性を豊かに膨らませていくことにはならない．保育者は，子どもが伸びやかに主体的に活動する環境を準備し，援助していかなければならない．日々の保育の中では，幼児の示す行動や言語に戸惑いを覚えることも少なくない．子どもがあるがままに自由に，自分の生活を築きあげていくためには，この人だけは自分を守り続けてくれるという，信頼共感関係に基づく，関わりの継続と蓄積が必要になる．幼児は，自分が興味を示した好きな遊びに一緒になって飛び込んでくれるような保育者を求めている．

「ここではありのままの自分を受け入れてくれる人が居る」ということだけで安らぎを見出し，自分を変化させていくきっかけをつかむ事ができる．変化は変化を生み出し，幼児を取り巻く人達のものの見方や考え方を変化させていく．幼児は，自分のまわりの環境の変化には敏感である．自分を見つめてくれる多くの人のまなざしを感じ取っていく．保育者は幼児の環境を豊かにしていく刺激の運び手であり，保育者が幼児をあるがままに受け止め，幼児の感性に理解を示す姿勢は，幼児の力を大切に育んでいく下地になるものだと思う．

(2) 一人ひとりを見つめるまなざし

「人は心のこもったまなざしは忘れない」．子ども達は，自分が達成感を持てることに興味を集中させ，個性を輝かせていく．子ども達が自由に伸びやかに個性を輝かせていくためには，子ども達の行動や表情を見落とさないようにしていかなければならない．保育者は子ども達をあるがままに受け入れ，先回りしすぎることなく，子どもの個性に応じて，自らの自立を支えていくことにな

る.

　「人間は，人と人との関わりの中で育つ」．子ども達は，自分が何をなすべきかを自分で考え，自らが勇気を持って課題に立ち向かっていく．その下地は，幼児期の人と人との関わりの中で育まれるものだと思う．子ども達は美しいものを美しいと，楽しいことは楽しいと素直に感動し，それを豊かに表現する．日々の暮らしの中で，保育者は子どもの行動や表情にあたたかい目配りと，心のこもったまなざしの姿勢を持ち，保育の関わりを深めていくことが重要になる.

　子ども達は，それぞれが違う個性を持ち，お互いが自分を受けとめて欲しいと願い，お互いを大切にしながら，自分の世界を築き上げていく．保育者は，子ども達の思いや気持ちを受け止め，保護者とともに育ちあわなければならない．子どもが興味を示した遊びの中に一緒になって飛び込む保育士の関わりは，子ども達の一人ひとりの個性を豊かに育んでいくことになる．

(3) 人と人との関わりの中で

　「子どもは親の宝である」とよく言われる．それ以上に親は子どもにとって，何ものにも代えがたい宝である．親は，子どもにとって，この世で最初に出会う大人である．成長・発達していく子どもにとっては，日々の生活の中で，子どもが親とどのような関わりを持てるのかはきわめて重要である．子ども達は，自分が何者であるか，あるいは他者から受け入れられているかどうかを確かめながら，身の回りの人との関わりを深めていく．

　どんな素敵な保育者も，親にはかなわないところがある．しかしながら，子育ては親だけに任されたものではない．子ども達の生きる力を育み，子どもの自主性を育てていくのには，彼らの個性に応じて，彼らを取り巻く環境を，より一層豊かなものにしていかなければならない．

　保育者は，自分の力や役割を心得ていながら，資質を高め，他の人達と手を携えて，協力し合っていかなければならない．綿密に計算された様々な行事に参加することは，子ども自身が主体的に関わった経験意識を持つことが出来て，自分が大切にされているということを体得できる貴重な機会でもある．参加した全ての人たちが，子ども達との関わり合いの中で，身体を動かし，互いの思いをやり取りすること自体，意義あることだと思う．保育は一人では取り組め

ない．保育者は多くの社会資源やネットワークの中で，人と人との関わり合いの中で育ちあわねばならない．

(4) あるがままの自分を見つめて

　乳児期の子ども達は，自分のまわりの環境にとりわけ敏感である．子ども達は多くの人と出会い，様々なふれ合いを通して，人間らしく成長する．子ども達は誰もが皆，心の安らぎを求め，幸せを追い求めて，楽しい事やうれしいことだけでなく，悩んだり苦しんだりすることも手がかりにして，心底自分を受け止めてくれる人を捜し求め続けている．

　保育は，まず子ども一人ひとりをあたたかく受容することが重要である．保育所は，子どもにとって大切な心のよりどころであり，保育の現場では，打てば響くような臨機応変な対応も大切であるが，その子の成長を見通して，忍耐や待ちの姿勢を持つことも必要になる．子どもたちが自分の課題を乗り越えるためには，一定の継続的時間の経過が必要なこともある．子どもは，自らを支えてくれる人との関わりのなかで，自分らしい自立への歩みを始めることになる．

　保育の関わりは受けとめるだけでなく，寄り添いだけでない見守りの姿勢も重要である．そのことで子どもたちは，自分から自己の課題に取り組む主体性や自主性を育んでいる．

　子どもは，親と出会い，保育者と関わり，仲間とふれあうことによって，自分らしさを発揮し，確実に成長する．

　繰り返すようだが，保育者は，ひとりの人間として，子どもをあるがままに見つめ，子どもの想いを受けとめ，保護者と関わりながら，仲間と協力して，自らを磨き，子どもの生きる力を育む，そういう保育に取り組んでいかなければならない．

(5) 子どもと親を見つめる保育者

　「保育は子どもの育ちを保障していくことだ」といわれる．最近の風潮として，ともすると，どんなに便利が良いかとか，どれだけ楽ができるかということだけが先行し，そのことがあたかも，何よりも良いことや豊かさの証しみたいに見られがちである．しかし，本当は，無駄なやりとりをすることや，意図的に苦労を重ねることも，とても大切な要素で重要なことである．最近では，多く

の人たちがそのことに気づき始めている.

　子どもたちの生きる力は，人と人との（多くの）ふれあいの中で育まれる.お互いの心や想いを繰り返しやり取りし，その積み重ねのなかで少しずつ育まれていくのである.社会が多様化し，家庭が変容しているこの社会では，とりわけ子どもを取り巻く環境を豊かにしていかなければならない.子どもが子どもらしくあるために，保育者は日々子ども達の限りない成長と発達を幅広く見つめ続けていかなければならない.

　子ども達は自分がどのように親に見つめられているか，あるいは自分が自分のまわりの多くの人々にどんなに関わりを持ってもらえているかにとても敏感である.ありのままに自分が自然に認められ，大切にされていると実感できることが基本であり，大事なことだからである.

　喜びや悲しみを共有し，折節のやり取りやふれあいを重ねて，育ちは保障されていく.今日，保育者は子どもを保育する役割だけでなく，地域の親たちの子育てを支援していく役割も大いに期待されている.

(6) 援助は連携と協力のもとに

　子育てに関わる問題が拡大化する中で，保育士に求められる仕事の中身は，ますます専門化し高度化されつつある.伸びゆく子ども，育ちゆく子どもへの援助活動は，何も一人の保育士だけに任せられたものではない.保育士の業務は確実に多様化してきている.

　最近では保育に携わる保育士も，確実に専門的な知識や技術を蓄え，知恵や工夫を駆使している.昔に比べ保育内容の充実も図られてきている.しかし，保育士一人で取り組むにはどうしても限界がある.個人で取り組めないことは，保育士同士の連携による協同・協力の態勢で取り組んでいかなければならない.

　保育園でふれあう子どもたちは，皆が皆自己の個性を輝かせながら，援助者である保育士を見つめている.とりわけ保護者との関わりに戸惑いを覚えている子どもは，その橋渡しを保育士に求めている.

　また，子どもとの関わりに戸惑いを覚えている保護者も，その橋渡しを保育士に求めている.保育士は，保護者と子どもの双方に，相互に変化の可能性を運ぶ調整役を果たさねばならない.保育士には，日々の保育の中で，保護者と子どもをあるがままに受けとめ，相手の思いに耳を傾け，相手を理解しようと

する姿勢を示し，誠実さとゆとりをもって，丁寧に応答していくことが求められる．このことは，何も保育のみならず対人援助活動の基本である．

3 子育てと子育ち

　子育てとはどのようなことか．子どもと親との相互交流（ふれ合い）の歴史としても，各人各様で一様に語る事の出来ない総合的な取り組みである．ここでは，親子のふれ合いの意味を考え，支援者としての機能とはどのようなものか，その手がかりをみておきたい．

1) コラム「ものの見方や考え方」：私の思い出から「寄り添う想い」とは

　私は，戦後間もない1946（昭和21）年に熊本県菊池市で生まれた．2歳の時，私はジフテリアに罹患した．あいにく両親は留守で，夕刻家に帰ってきた両親はびっくりしすぐに近くの病院を数軒回ったが，原因がよく分からず，一晩だけ様子を見ようということになった．次の日の朝になっても病状が収まらず両眼は膨れ上がり，あわてた両親は，すぐさま熊本市にある国立熊本大学付属病院に私を担ぎ込んだ．その時，まだしも機能の残っていた左眼に，当時の医療治療が施され，左眼だけはどうにか助かり視力がなくならずに済んだが，右眼は失明してしまった．

　私は幼少時から右眼を失明したままに育ち，小学校からは，登校に便利の良い近くの小学校に，校区外入学をした．同じ集落で暮らしている時は特に感じなかったが，小学校での生活ではいじめを受けた．同じ集落の同級生が少なかったせいなのか，片目のつぶれた奇異な見た目が影響したのか，いろんな理由があったのだと思うが，いじめといういじめは本当に沢山経験することになった．

　誰からも相手にされない，口もきいてもらえないことが続いた（1年生の担任の先生からも冷たくあしらわれていた）．見知らぬ人から登下校中に呼び止められて，否応なく殴られたり（当時は既に義務教育制度であったが，家庭の事情で小学校に行けず，家業等の手伝いをして学校に通わない子ども達がいた．私の家はまだしも恵まれている家庭に育ったと思う．それが原因だったかもし

れないが），腹いせからか子ども達を見ると理由なく暴力をふるう人もいたりしたのである．

当時はまだ戦後の貧しい時代である．小学生の皆が通学カバン等を持っていなかったし，完全給食でもない．週の半分くらいは，弁当を持参する時代であった．風呂敷包みを開け，日の丸弁当を開けると，ご飯の上に土がびっしり覆い被されていることもあった．通学カバンがなくなったり，靴や下駄がなくなったり，上履きや傘がなくなったり，そのような日々が続いたのを覚えている．私の両親はいつも愛情豊かに私を見つめ支えて育ててくれたし，少ないながら友人もいたので，たとえ通学途中に殴られても，いろんな意地悪をされても，私は学校に行くことをやめる気にはならなかった．ただ負けるのは正直嫌だったので，向かっていくこともあった．しかしそんな時は大体倍返しにあった．日によってはいろんな出来ごとが重なることもあった．

「何故，私だけが苛められるのか，悔しくてたまらない」と母親に訴えると，その度毎に母親はいつも決まって以下の様に私に問い返してくれた．「あなた自身よく思い起こしてご覧なさい」「あなたの周りには，いつもあなたをいじめたり，あなたを殴る人だけが居たのですか？」と．そう言われて見れば，確かに，泣いている自分にハンカチを貸してくれる人や，傷ついた箇所に薬を塗ってくれる人が居た．また暴力を振るう人に注意をし，叱ってくれる人がいた．家まで送り届けてくれる人や探し物を一緒になって捜してくれる人，「元気を出しなさい」と励ましてくれる人などが沢山いた．

少し間を置いて母親はいつも私に「その時に自分がどの様に思ったのか考えてみましたか」と問いかけてくれた．たしかに，「意地悪をされたり，いじめを受けるととても悔しいし悲しいし，怒りまくる気持ちになるけれど，他者から助けられたり，優しくされたりすると，心が温かくなりうれしくなり，落ち着くし安らいだ気持ちになる．世の中まんざら捨てたものではないな」と思えると答えると，母親はいつも決まって「そうでしょう．人間は自分の見方や考え方次第で，心を苦しめることもできるし，楽しく明るくすることもできるのですよ」と諭してくれた．

そして，「人間は普通，誰だって苦しく物事を見がちです．誰もが自分にとって苦しい方向に物事を考えがちになります」「しかし，もし自分の見方考え

方次第で，苦しくも楽しくも生きられるものなら，楽しく生きなきゃ損でしょ」「できるだけ前向きに生きるようにしなさい」と教えられてきました．そして「あなたはこの世に生まれたのですよ．世の中には沢山のことがあります．あなたがどうせこの世の中を生きていくなら，幸せに生きなくちゃ勿体ないですよ．そうしなきゃだめですよ」と諭してくれた．

　このやり取りのことは，私が両親から教わった教えである．いまでも私に息づく教訓である．どちらかというと私は弱い人間である．苦しいことがあるとすぐに逃げ出してしまいがちである．誘惑に負けることも多く，その場の勢いに流され易い人間である．実際十の誘惑があれば，大半は誘惑に流されてしまう．しかしながら，十の内の一つか二つは必ず踏みとどまって，今日まで誘惑に負けずに前向きに生きてきた．そうやって生きてきたつもりである．その歩みが現在の自分を作ったのだと思っている．

　親と子の関わりは様々であるが，お互いの想いをやり取りし共有体験を積み重ねていくことは決して無駄にならないと思う．いつの世も，人と人とのふれ合いは大切である．人は人とのふれ合いを通して育ち合うものである．親は子に，子は親に，お互いの想いをぶつけ，想いを受け止め，想いを伝え，そのふれ合いを通してお互いが自信を持ち，お互いが自己に工夫を加えるとことで育ち合いが生まれるのである．

2) 子育てと親との関わり

　これまで子育て支援活動に関して，支援サービスの展開を図る様々な視点を整理してきた．子どもの健全な成長発達への援助とは，落ち着いた生活環境において，安定した特定の大人たちとのかかわりをもち，日常的な生活場面での様々な体験を通して自立していくプロセスを援助することである[注6]．

　通常，子どもはその生命の誕生を無条件に受け入れられ生命を維持するために必要なケアを受け，家族を中心とした温かな人間関係の中で愛情を注がれて，身体的にも情緒的にも成長し社会性を身につけていくものである．子育てへの援助とは，安全と安心の確保や一人ひとりの個別性の受け止めや愛着関係の形成への援助がその内容でもある．子どもは生まれてすぐに主に母親との関係を中心とした愛着関係を通して自己概念を発達させ，やがて社会性を身につけ，

自立に必要な準備を行うといわれている．

　子育て環境とは，子どもを育てる親を取り巻く環境のことである．子育て環境には，家庭だけではなく，地域社会，保育サービスなどの子育て支援を専門に行う施設・機関，教育環境，住環境や生活環境，働きながら子育てをしている親に対する雇用環境など，子どもと親を取り巻くさまざまなものが含まれる．「環境」は人間の発達に対して大きな影響を及ぼすといわれる．

　だからこそ，子どもの心身をより望ましく発達させるためには，より良い環境条件が整備される必要がある．特に乳幼児期はその子どものパーソナリティーが形成される時期であり，この時期に十分な愛情を注がれ，基本的な生活習慣を確立していくことが社会的な自立への歩みへとつながるといわれる．子どもが安心できる環境の提供が何よりも求められる理由である．子どもの年齢が低ければ低いほど，子どもの生活は親に依存する傾向が強くなる．そのため，親が安心して子育てできる環境を整える事が，子どもが安心できる環境をつくる事につながるのである．

　子どもの成長を取り巻く環境には，「子育て環境」と「子育ち環境」がある．子どもが生きていくには，多くのものを他者に委ねざるをえない．特に乳幼児期は身のまわりのことの大部分を親が行うため，「育てられる」という客体的な要素が強いといえる．しかしながら，子どもは成長するにしたがって，自分のことを自ら決定し，行動する事ができるようになる．つまり，子どもはその心身の成長に応じ，「育てられる」という客体から自らの人生を決定する「育つ」主体として徐々に変化していく．したがって，「子育ち環境」は子どもを主体として環境をとらえた言葉であり，「子育て環境」は子どもを客体として環境をとらえた言葉である．子どもが成長する過程では，この２つの視点のどちらか一方だけでなく，両方の視点に立った環境整備が求められる．子育ち環境には家庭だけでなく，地域や学校など子どもを取り巻く多くのものが含まれる．子どもがより主体的に活動できるように豊かな環境を提供することが親や社会に課せられた責任であるといえる．

　子育てをする親の現状は，育児に対して悩みや不安を抱く親が増加していることである．その要因には，社会的背景の他に，親自身が抱える問題やその環境への問題がある場合がある．現在子育てをしている親の世代は，すでに核家

族化や少子化が進行している世代に生まれている．兄弟の数が少ないために，弟や妹，甥や姪の世話などによって乳幼児と自然に接するという機会はあまりなく，自身の子どもが生まれるまで一度も赤ちゃんを抱いたことがなかったという人も珍しくない．つまり，現代の親たちは親になるまで子育てを身近で見たり，手伝ったりして学ぶという機会がなかったといえる．子どもと接する経験のないままに親になれば，子どもや子育てに関する理解がない状態で子育てを行うことになり，大きなとまどいを感じる事も当然である．子どもを持つ前の若い人々に「親」としての育つ機会が不足していることが強く影響していると考えられる．

3）子ども・子育て支援新制度

2016（平成28年）度「厚生労働白書」によると，第2部に現下の政策課題への対応を掲げ，その第2節で総合的な子育て支援の推進を図るために，子ども・子育て支援新制度が整理立てられている．新制度では，「保護者が子育てについて第一義的な責任を有する」という基本的な認識のもと，幼児期の学校教育・保育，地域の子ども・子育て支援を総合的に推進することとしている．具体的には，①認定こども園，幼稚園，保育所を通じた共通の給付（「施設型給付」）及び小規模保育等への給付（「地域型保育給付」）の創設，②認定こども園の改善，③地域の実情に応じた子ども・子育て支援の充実を図ることとしている．実施主体は基礎自治体である市町村であり，地域の実情等に応じた幼児期の学校教育・保育，地域の子ども・子育て支援に必要な給付・事業を計画的に実施していくこととしている．2015年4月の新制度の施行と併せ，内閣府に子ども・子育て本部が発足した．子ども・子育て本部は，内閣府特命担当大臣を本部長とし，行政各部の施策の統一を図るという観点から少子化対策や子育て支援施策の企画立案・総合調整を行うとともに，子ども・子育て支援法に基づく給付等や児童手当など子育て支援に係る財政支援の一元的な実施等を担うほか，認定こども園制度を文部科学省，厚生労働省と共管している（厚生労働白書2016）．

新制度では，消費税10％への引き上げにより社会保障の充実の財源に充てられる2.8兆円のうち，0.7兆円程度を子ども・子育て支援に充てるとされて

おり，また，これを含め1兆円程度の財源を確保し，子ども・子育て支援新制度に基づく幼児教育・保育・地域の子育て支援の更なる充実を図ることとしている．

　子ども・子育て支援新制度においては，すべての子育て家庭への支援について，教育・保育施設を利用する子どもの家庭だけではなく，すべての子育て家庭を対象に地域のニーズに応じた多様な子育て支援を充実させることとしている．このことから，①子育て家庭や妊産婦が，教育・保育施設や地域子ども・子育て支援事業，保健・医療・福祉等の関係機関を円滑に利用できるよう，身近な場所での相談や情報提供，助言等必要な支援をするとともに，関係機関との連携調整，連携・協働の体制づくり等を行う「利用者支援事業」や，②子育て家庭の負担感・不安感を軽減するため，子育て親子が気軽に集い，交流すること事ができ，子育てに関する相談・援助を行う場の提供や，地域の子育て支援関連情報の提供，子育て及び子育て支援に関する講習を行う「地域子育て支援拠点事業」，③家庭において保育を受けることが一時的に困難となった乳幼児について，主として昼間において，認定こども園，幼稚園，保育所，地域子育て支援拠点その他の場所において，一時預かり，必要な保護を行う「一時預かり事業」，④乳幼児や小学生等の児童を有する子育て中の保護者を会員として，児童の預かり等の援助を受けることを希望する者と当該援助を行うことを希望する者との相互援助活動に関する連絡，調整を行う「ファミリー・サポート・センター事業」，⑤保護者の疾病等の理由により，家庭において養育を受けることが一時的に困難となった児童について，児童養護施設等に入所させ，必要な保護を行う「子育て短期支援」等を「地域子ども・子育て支援事業」として子ども・子育て支援法に位置付け，財政支援を強化して，その拡充を図るとしている（厚生労働白書2016）．

　ここで述べたことの詳細は，2016（平成28）年8月に，内閣府で編集された『少子化社会対策白書』第3節に「子ども・子育て支援新制度について」と題して特集が組まれ，2015（平成27）年4月に施行された「子ども・子育て支援新制度」がどのように推進されてきたかの状況とその内容が整理立てられている．新制度は幼児期の学校教育・保育，地域の子ども・子育て支援が総合的に推進され，量的拡大や質的向上を図ることで，すべての子どもが健やかに成長できる社会

の実現を目指すというものである（少子化社会対策白書 2016）.

　今後もより一層の施策の充実が図られなければならないが，実際の援助活動場面では，具体的な支援のあり方でも質の向上が求められている.

4）支援者としての機能

　支援者が成長するための原則としては，豊かな人間性を培うためにも，自分が価値ある存在であるという確信を持ち忘れないことが大切である．自分でできていないことが多すぎても自己存在の意義を忘れないことだともいわれる．人は他者から自分が守られ受け入れられ，理解されているという安心感を得ることで自分と向き合うことができるといわれ，そこで初めて自分の内面や外面を正しく評価しようとするといわれる(注7).

　また，援助者である教育や保育の専門家は，自分の価値観と向き合うことが大切である．援助者は人間の尊さを支える事を自らが意識化することが重要である．そして利用者とともに，自分の可能性を見いだす力と引き出す力を考えていくことが大切である．援助者は，人間援助の基本的な姿勢態度を踏まえ，知識技術を習得し，自らの個性に応じた専門的なスキル（技能）を磨かなければならない．援助者は，傾聴・共感・受容の姿勢を持ち，利用者の真心を聞き，ともに感じる力が必要である．

　そもそも，子育て支援者は子ども達の教育や保育（養護）に関する業務に関わる．子どもの保育だけでなく，地域の子育て支援にも取り組み，子どもの最善の利益を考慮し，子ども福祉を重視し，子どもの保護者とともに，子どもの成長の喜びを共有する．仕事の中味は保護者への支援の役割であり，地域の子育て家庭に対する支援も求められる．教育や保育の専門家として，教育や保育に関する専門的な知識・技術を土台としながら，子ども達の教育や保育にあたり，親（保護者）が求めている子育ての問題や課題に対して保護者の気持ちを受けとめつつ，安定した親子関係や養育力の向上を目指していくべきである．

　援助者は子ども達の養育（保育）に関する相談や助言，行動見本の提示等を行い，生活問題を抱える援助の利用者と利用者が必要としている社会資源の関係を調整しながら，サービス利用者の問題解決を図り，自立した生活の実現を図るための取り組みも求めていかなければならない．

支援者には，一人ひとりの保護者の状況を踏まえ，子どもの保護者の安定した関係に配慮して，保護者の養育力の向上に資するように，適切に援助をすることが求められている．幅広い意味から，子育てに関する相談や助言など，ソーシャルワーク機能を果たすことも必要になる．地域の子育て支援に関する資源を積極的有効に活用するとともに，子育て支援に関する地域の関連機関や施設団体との連携と協力を図っていかなければならない．多様な役割が求められる中，対人援助の専門家としての倫理観や価値観を踏まえた，専門性と人間性が求められる（佐藤 1999）．

おわりに

　今回は子育て支援と相談援助というテーマで，子育て支援にまつわる施策の現状と課題に触れながら，その取り組みのあり方と意義について概観してきた．支援の実際は，様々な援助活動を通して行われる．私としてはどの様な場合でも，具体的な相談援助場面において，援助者が果たすべき役割や機能の意味を検討してみたいと考えたからである．子育て支援における活動だけでなく，対人援助者がどのような姿勢や態度を踏まえ，専門的な知識・技術を蓄え，個性に応じた技能を磨きながら，より有効で質の高い援助活動を実践できるのかを考察しようと考えたからである．今回の論述はまだ上手く整理立てられていない．それは今後の課題とするところである．子育て支援活動においても同じであるが，援助活動の場面で援助者と利用者お互いが理解的共感的立場に立つことができたら，援助活動をスムーズに展開する契機にもつながると私は考えたわけである．

　援助者と利用者の関係については，互いが抱える問題に関して，個々人の能力と背景がどのようであるかを的確に分析し，どのような適応の状況が適切であるのかを理解し合っていくことが大切である．個人が抱える要求水準と能力の間に差がないかどうか，不均衡がどの程度あるのかも評価されなければならないし，環境面での阻害要因の有無も考察しなければならない．同時にストレスが個人の生理的状況のなかで個人の心理的な面とどの様に反応し合っているかを知り，方向付けを探らなければならならない．

援助関係においては，利用者は自己の所属する様々な社会関係の中で何らかの事柄を契機として自己の能力を強化させ，注意を自己の問題解決に振り向けていく．援助者は個々人の抱える課題を，その人だけの今の問題として捉えるのでなく，その人の人生を通しての成長過程と結びつけて理解しようとする．個人は一人でなく，その人を取り巻く環境やネットワーク相互関係も含めて総合的に関連付けて理解することが必要である．援助者はまさに人と環境の広範なシステムの総体そのものにかかわり，極めて実践的で具体的な活動の役割を担っていく．そして様々な人間関係の活性化を図り，自己の援助のあり方を見据えていくことになるのである．

　援助活動における関係は，援助者と利用者の相互関係のみならず援助活動に関わる全ての人々との連携が必要になる．多くの専門職者との連携，信頼関係を形づくる心構えや姿勢，関係者個々人の個性に応じて対処できる柔軟性，人間関係の深まりなどに留意しなければならない．援助活動にあっては経験や体験だけでなく専門知識に基づいて，利用者が真に自立した生活が送れるような援助が展開できなければならない．援助支援者には，具体的な援助場面でどの様な機能が役割として求められているかこれまで述べてきた．

　援助場面で，援助者は利用者の環境の一部としての役割を果たしつつ，様々な問題解決のために利用者との協同作業を進めていく．エコロジー概念の「ライフモデル論」から見ると，援助者には以下の様な役割が与えられるとされる．①利用者の心理的な問題に焦点を当てて働きかける治療者としての役割，②利用者が自分の人生に自ら前向きに立ち向かえるように援助する側面的援助者としての役割，③利用者が自分の問題に自らで解決できる様に，利用者自身の能力を高めようとする問題解決者としての役割，④問題を抱えながらも，他者からの援助を求めようとしない人に対して前向きに対処する積極的援助者としての役割，⑤援助を必要な人とその人を取り巻く社会資源の媒介者として，利用者のニーズや権利・要求を発見し，機関の機能やサービスにつないでいく仲介者としての役割などがある．

　子育て支援や保護育成や教育の取り組みはいずれも対人援助活動である．福祉や医療や保健の援助活動の実際にあたっては，援助者と利用者との間に信頼共感関係が出来あがるかどうかがとても大切な要素である．信頼関係は相互の

責任性を明確にすることで形成されるものである．子育て支援においても，サービスの利用者や援助活動の受け手は，自らのニーズを把握することが求められる．他にも援助者への情報を提供することや自分の抱える生活問題への取り組みで，利用者自分自身が主体性の確立を図ることがその責任として求められる．

援助者としては，利用者の権利擁護を図ることをはじめ，ニーズの把握を利用者とともに行うことや専門性を駆使することが求められている．援助者は，利用者の主体性を促しながら利用者の課題達成を助けねばならない．そして常に，利用者が援助される側の役割を担うことへの最大限の注意を払わなければならない．援助者は，利用者のニーズや課題を意味づけて利用者と援助者の共通基盤を見出すことが必要である．具体的なサービスの供給にあたって抵抗を示す利用者に対しては，その要因を十分に探究する事が求められる．どの様な場合にも，援助者はその相談活動にあたって，援助者自ら自己覚知を図り，忍耐と共感とスキルを持って，利用者に出来る限りの現実的な希望を運ぶことが責任として求められているのである．

注
（1）愛着形成とは人間が生まれながらにして持つ特質（本能）である．愛着形成とは，「人が，ある特定の対象に対して強い情愛的な結びつきを持とうとする事」（ボウルビィー，J）で，特定の人物との間に形成される親密で情緒的な関係を結ぼうとする事を指し，人間への信頼の気持ちを育て，人間関係の基礎を築く．人から愛され受け止められる体験を得ることで，自己存在の意義をかみしめ，新たな世界への飛躍と成長への手がかりを掴むといわれる．
（2）ファミリー・サポート・センターは，育児の援助を依頼される依頼会員，育児の援助を行う提供会員及びどちらも可能な両方会員で組織され，会員相互による育児や家事の相互援助活動を実施し，育児に関する負担の軽減や児童福祉の向上にあたる．
（3）子育てサロンは，校区社会福祉協議会を主体として，地域の民生委員・児童委員・ボランティアなどが中心となって，子育てを地域ぐるみで支えあう．0歳児から3歳児くらいまでの子どもを持つお母さんたちが，月1回程度，地域の福祉館や公民館などで仲間づくりや情報交換，季節の行事などを通してお互いの交流を深めている．

（4）「子ども110番の家」は，子どもが犯罪等の被害に遭いそうになったときに，不審者から逃れるための緊急避難場所として，また，警察への通報場所として，昼間在宅されるお宅やお店に対してお願いしている施設．

（5）佐藤2004「保育のヒント」『「保育の友』第52巻第7号：増刊号：私たちの指導計画』全国社会福祉協議会 44-81．「こころの援助」辰巳隆・岡本眞幸（編集）『保育士を目指す人の社会的養護内容』63-67．櫻井奈津子（みらい）より．

（6）子育てと親との関わりについては，松本しのぶ（2012, 2013）「子育て問題」（山縣文治・林浩康（編）『よくわかる社会的養護』第2版，同第2版）ミネルヴァ書房を参照．

（7）ここでいう自己肯定感（観）（self-esteem）とは，自分自身を価値ある存在としてとらえる感情．原語はセルフエスティームで，「自尊感情」や「自尊心」などとも訳される．人権教育において，他者を尊重するためには自己肯定感を高める事が肝要であるといわれる．たとえ小さくても，その中に目標を意識する時，それを目指そうとする．そこで自分のやるべきことを意識化し，責任を持とうとする．その努力の結果が目標にたどり着き，達成感を得るといわれる．

文献

鹿児島市こども政策課交流係（2016）『子育てするなら鹿児島市「かごしま市子育てガイド」』（株）サイネックス．

鹿児島市地域福祉課（2012）『みんなでしあわせ　みんながしあわせ　支えあうかごしま「第3期鹿児島市地域福祉計画」』．

厚生労働省編（2016）『「厚生労働白書」（平成27年度厚生労働行政年次報告）―人口高齢化を乗り越える社会モデルを考える―：ひと，くらし，みらいのために』251-254．

佐藤直明（1981）「介護における援助関係」岡本民夫・久恒マサ子・奥田いさよ編『介護概論―理論と実践のためのミニマム・エッセンシャルズ―』川島書店，47-59．

佐藤直明（1997）「介護における援助関係」岡本民夫他編『介護概論―理論と実践のためのミニマム・エッセンシャルズ―』川島書店，42-56．

佐藤直明（1999）「社会福祉援助者の役割・機能」今泉礼右（編）『社会福祉要論』中央法規出版，250-253．

佐藤直明（2004）「保育のヒント」『「保育の友』第52巻第7号：増刊号：私たちの指導計画』全国社会福祉協議会，44-81．

佐藤直明（2007）「児童健全育成と福祉」菊池正治・細井　勇・柿本　誠（編著）『「児童福祉論」―新しい動向と基本的視点―』ミネルヴァ書房，96-106．

佐藤直明（2010）「子どもと家庭福祉」久木元司他編著『福祉実践と地域社会―鹿児島の人と福祉のあり方―』ナカニシヤ出版，32-35.

諏訪茂樹（2014）『「対人援助とコミュニケーション」―主体的に学び，感性を磨く―』第2版，中央法規出版.

内閣府編（2016）『少子化社会対策白書』45-52.

松本しのぶ（2012・2013）「子育て問題」山縣文治・林　浩康（編）『よくわかる社会的養護』第2版，ミネルヴァ書房，44-46.

松本しのぶ（2012）「子育て環境」山縣文治・林　浩康（編）『よくわかる社会的養護』第2版，ミネルヴァ書房，42-48

第7章

鹿児島県内の保育現場の管理者からみた家族の現状

笠野　恵子
Kasano Keiko

1 本稿の目的

　1960年代，高度経済成長を推進した工業化は，国民の生活水準を飛躍的に上昇させると同時に，農山漁村から大都市，工業地帯への急激な人口移動をもたらした．都市化は過密・過疎の問題や伝統的な地縁・血縁の希薄化をもたらし，家族の形態を，拡大家族から核家族へ，多人数家族から小家族へと変化させた．核家族化により，核家族の中の親子関係が重視されるようになり，子どもは地域の一員というより，その父母の子どもというように，私的所属性が強くなっていく．
　母親中心に行われる乳幼児期の子育てを表す「育児」という言葉は，核家族という言葉と同様，近代社会の産物であると言われている．家族は一般に，産業化とともに家族の機能を外部化し，その結果，家族の機能は縮小する．家族機能の外部化とは，家族が担っていた生産，育児，教育，介護などの機能が，次第に企業，病院などに吸収されていくことをいう．社会化は外部化の一部である．家族機能の外部化が，家族の側の個別的要請に対して社会が対応するのに対し，家族機能の社会化は，社会の側もその要請を当然のこととして社会制度の中に積極的に組み込む姿勢があり，むしろ社会の維持のために当然であるという認識がある場合をいう．
　育児においても，血縁・地縁の希薄化，核家族化によって，家族で担いきれなくなった子育てを外部に出し（外部化），家族以外の人々，機関（社会）が

子育てに関与する可能性（共同化・社会化）が開かれた．特に子育てにおいては，産業構造の変化から女性の就労が進んだ時期とも重なったため，外部化が社会化を促進する一方で，さらに社会化により外部化が促進されるという現象が生起し，子育ての社会化が一気に進んだのである（五十嵐 2008：72-73）．

制度拡充や多様化の広まりで子育て機能の外部化において，これと関係のある鹿児島県内の保育所や幼稚園，認定こども園経営者の管理者に対するインタビューを行い，実践現場や家族の現状を把握し，どのような課題があるのかを検討する[注1]．

2 調査①

1) 対象と方法

調査対象者は，Z県S地区で公立幼稚園園長と小学校長を兼務している（元認定こども園園長）50代男性と，Z県H地区で私立幼稚園と保育所園長を兼務している60代男性（元教員，社会教育主事，県立校長・教育委員会関係の行政職経験10年）の2名である．電話で研究の趣旨を述べ，半構造化面接の承諾を得た上，日程を打ち合わせこちらから自宅または職場に出向きインタビューを実施した．調査対象者の選出理由は，経験，専門性および指導者としての立場を想定しZ県の元行政の方にお願いし紹介していただいた．調査実施期間は，2012年7月～9月であった．

2) 倫理的配慮

インタビューの実施にあたり，調査目的や方法，結果の公開などについて施設管理者に説明し，プライバシーに配慮し名前などが特定されないよう十分に留意し，結果の分析などについては，本研究の目的以外には使用しないことを明示の上同意を得，協力を依頼した[注2]．

3) 調査のまとめと分析方法

インタビューの内容は一人の対象者に約50分を基準とし，調査対象者の了解を得てICレコーダ，カセットテープレコーダを各1台準備し録音し逐語録

を作成し質的研究を用いることにした．質的研究とは量的に測れない臨床上の問題に対応するものであり，研究対象から数字で表現できない質的なデータを取り出し，できる限り科学的な手法を用いて分析し，データより理論を生み出し現実の再構成を試みる研究（名郷：2009）とされる．分析方法として質的研究方法である SCAT（大谷：2008a）を導入した．SCAT は大谷（2008 b）により考案され提唱された方法でグラウンデッド・セオリー法から編み出された方法である．本研究は，まだ一般的に概念化されておらず，かつ量的に測定できない施設管理者からのインタビューをもとに保育現場の課題を探索的に解明するためこの手法を用いる．

　SCAT 法は，音声記録から作成した逐語録をデータとし，SCAT（Steps for Coding and Theorization）を用いて分析した．SCAT は，マトリクスの中にセグメント化したデータを記述し，そのそれぞれに，①データの中の着目すべき語句，②それを言いかえるためのデータ外の語句，③それを説明するための語句，④そこから浮き上がるテーマ・構成概念，の順にコードを考えて付していく 4 ステップのコーディングと，そのテーマ・構成概念からストリー・ラインを記述し，そこから理論記述を行う手続きとからなる分析手法で，面接データや観察データなどの分析に用いられる（竹之下・馬見：2011）．また，比較的小規模のデータにも適用可能なうえ，手続きが明確で分析の経過が明示的に記述されるなどの特長から，保育関係領域の研究（境：2015）などでも，近年，用いられている．データに記載されている内容をより一般的な表現へと変換する具体的なステップのコーディングと積み重ねたコーディングから一般的な理論を導き出そうとする手続きとから構成される．SCAT はほかの質的分析方法と比較すると「1 つだけのケースデータやアンケートの自由記述欄などの比較的小さな質的データの分析にも有効である（大谷：2008b）」ということから，今回採用した．

　各施設長のインタビューをそれぞれにまとめて，紙面の都合上一部抜粋した 4 ステップコーディングとストリーライン・理論記述・さらに追究すべき点・課題を以下に掲載する．最後に各施設長の発言を統合化しストリーライン・理論記述・さらに追究すべき点・課題を記載する．

※分析上で保育所と幼稚園を子育ての中心になる施設として「認定こども園」と区別するために便宜上「子育て支援施設」とした．

4）質的分析方法 SCAT によるデータ分析（表1）

　紙面の都合上，インタビューデータの分析過程の最後の一部を例示する．データ分析は2人で担当した．主に内容分析などは筆者が中心に行い，確認等を他大学の教員にお願いした．
　本研究では，質的研究手法である SCAT 法を使用し施設管理者のインタビュー分析を行い，量的研究だけではつかみきれない園経営者のインタビューから家族の子育て機能を中心に外部機関だけでなく，社会全体として子どもの最善の利益を第一義としてどのようなことに注目すべきかの検討を試みた．尚，抜粋に関しては，管理者の話から「子ども観」「保育所・幼稚園・認定こども園の現状」「保護者の状況」などに注目し，選択した．
　S地区・公立幼稚園園長のステップコーディングの一部を抜粋し，幼稚園の現状や個人的な気持ちも含め今後の課題点などを示した．S地区・公立幼稚園園長のストリーラインからキーワードを抽出し，理論記述を例示し，さらに追究すべき点・課題を分析した．その結果，①公立幼稚園と私立幼稚園の格差，②公立幼稚園と私立幼稚園における保育内容などの違い，③幼稚園と保育所の欠点を補う「認定こども園」，④保護者支援の必要性の4項目が理論記述として挙がった．追究すべき点・課題として①保護者支援の具体的学習効果，②園長をふくめた職員への研修課題，③子どもにとっての最善の利益の再確認の3項目が示された．
　H地区・私立幼稚園・保育園長（兼務）の4ステップコーディングの一部を抜粋し，同様に保育所や幼稚園の現状及び認定こども園の今後の状況などを園長の個人的見解も含め示した．H地区・私立幼稚園・保育園長（兼務）のストリーラインからキーワードを抽出し，理論記述を例示し，さらに追究すべき課題点を分析した．その結果，①子育て支援施設は，親や行政の利益を考えた施設ではない，②子育て支援施設は，子どもの支援と同時に親の支援施設でなければならない，③子どもを預かる施設は，省庁の違いに左右されずに平等でなければならない，④子育て支援施設の役割は親のニーズを優先とした施設で

表1　2人の管理者記述から統合したストーリーライン・理論記述・さらに追究すべき点と課題

ストーリーライン（現時点で言えること）	子育て支援施設管理者らは，幼稚園と保育所の役割に差がないと考えているものの幼稚園の制度と保育所の制度の違いなどについて提言している．公立の幼稚園，保育園同士の利点として一緒になれるが，公立と私立は一緒にはなれない．（中略）保護者については，他人だけの話をうのみにしたり，噂だけで判断する保護者が多いということなど苦言を呈している．子育ての基本は親であり支援は外部機関である．そのため，親の生き方を支える子育て支援施設の役割の意義は大きい．保護者は子どもに対して愛情，スキンシップを大切にしていかなければならない．施設管理者は，親の意識を高めるために情報を流す必要性がある．怠慢な親に限って価値観の低さがみられる傾向がある．啓発活動を行うことで保護者支援につながる．地道な努力を行うことが大事である．あきらめないでやり続けることで子どものためになりそれは日本の将来のためにも良い結果をもたらす．子どもの最善の利益を優先した保育を行うことが結果的に子どもの権利を守ることなる．保護者を支える子育て支援施設の幼稚園，保育所ではあるが，さらにそれらの子育て支援施設を支える社会の力が必要である．行政や地域の力をはじめ，福祉的視点で保護者や子どもを守る専門性を持った人材の確保である．
理論記述	・認定こども園は幼稚園と保育所の欠点を補う機関． ・保護者支援の必要性． ・子育て支援施設は，親や行政の利益を考えた施設ではない． ・子育て支援施設は，子どもの支援と同時に親の支援施設でなければならない． ・子どもを預かる施設は，省庁の違いに左右されずに平等でなければならない． ・子育て支援施設の役割は親のニーズを優先とした施設ではなく，子どもの最善の利益を最優先とした施設でなければならない． ・子育ておよび保護者支援は，施設任せにせずに社会全体で取り組んでいくべきである． ・子育て支援施設関係者を支えフォーマル・インフォーマルな力が必要である． ・保護者および子どもの生活やQOLを支える福祉的視点を持った専門家の役割の意義は大きい． ・社会全体が子育てに関わることで，結果的に将来のわが国の安定性につながる．
さらに追究すべき点・課題	・保護者支援の具体的学習効果 ・園長をふくめた職員への研修課題 ・子どもにとっての最善の利益の再確認 ・保護者支援のための具体的なことは，他に何があるのか． ・省庁間の垣根をどのようにして取り除けばいいのか． ・子育て支援施設は，全てそんなことが言えるのか．地域性を考慮しないのか．

はなく，子どもの最善の利益を最優先とした施設でなければならない．⑤怠慢な保護者における支援は，施設任せにせず社会全体で取り組んでいくべきである．⑥子育ては，保護者が責任を負うが，国や行政も取り組んでいく必要がある．⑦社会全体が子育てに関わることで，結果的に将来の我が国の安定性につながるという7項目が理論記述として列挙できた．追究すべき点・課題として

①保護者支援のための具体的なことは，他に何があるのか，②省庁間の垣根をどのようにして取り除けばいいのか，③全ての子育て支援施設の園長はそのようなことを考えているのか，④子育て環境や地域の違いなども検討していく必要性があるのではないかの4項目だった．理論結果をもとにストリーラインからキーワードを抽出し，理論記述を例示し，さらに追究すべき点・課題を統合化し整理した一覧を示した．その結果，理論記述として①認定こども園は幼稚園と保育所の欠点を補う機関，②保護者支援の必要性，③子育て支援施設は，親や行政の利益を考えた施設ではない，④子育て支援施設は，子どもの支援と同時に親の支援施設でなければならない，⑤子どもを預かる施設は，省庁の違いに左右されずに平等でなければならない，⑥子育て支援施設の役割は親のニーズを優先した施設ではなく，子どもの最善の利益を最優先した施設でなければならない，⑦子育ておよび保護者支援は，施設任せにせずに社会全体で取り組んでいくべきである，⑧子育て支援施設関係者を支えフォーマル・インフォーマルな力が必要である，⑨保護者および子どもの生活やQOLを支える福祉的視点を持った専門家の役割の意義は大きい，⑩社会全体が子育てに関わることで，結果的に将来のわが国の安定性につながるという10項目が示された．追究すべき点・課題を統合化したものは，①保護者支援の具体的学習効果，②園長をふくめた職員への研修課題，③子どもにとっての最善の利益の再確認，④保護者支援のための具体的なことは，他に何があるのか，⑤省庁間の垣根をどのようにして取り除けばいいのか，⑥子育て支援施設は，全てそんなことが言えるのか，地域性を考慮しなくていいのかの6項目だった．

5) 分析結果とまとめ

2人の管理者の発言からストリーラインとしてまとめて浮かび上がったことは，子育て支援施設管理者らは，幼稚園と保育所の役割に差がないと考えているものの幼稚園の制度と保育所の制度の違いなどについて提言している．公立の幼稚園，保育園同士の利点として一緒になれるが，公立と私立は一緒にはなれない．認定こども園は，幼稚園と保育所の利点を持つ子育て機関であり，これまでの幼稚園と保育所におけるそれぞれの持ち味を生かした機関であり，親の就労などの有無に関わらず子どもを短時間から長時間にいたるまで預かれる

施設である．幼稚園も保育所も同じ保育機関であり，幼稚園と保育所の利点を検討した子どもにとっての最善の利益にのっとった子どもを預かる施設としての理念を持っている．親は，幼稚園，保育所にはそれぞれの園のイメージを持っているが，園長の施設経営の目標としては，幼稚園，保育所の区別なく子どもは平等であり親の期待する保育を行う施設でなければならないことである．保護者については，他人だけの話をうのみにしたり，噂だけで判断する保護者が多いということなど苦言を呈している．子育ての基本は親であり支援は外部機関である．そのため，親の生き方を支える子育て支援施設の役割の意義は大きい．その他，核家族化，働く母親の増加等の社会現象によって子どもとのスキンシップは少なくなっているのではないのか．乳幼児のスキンシップは，子育ての外部機関にとっても重要な要素である．要は，親の働きに関わらず，親子の接触は，精神的に大きな影響を与え，スキンシップは，大切である．スキンシップの時間を増やしていくことは，特に乳幼児，低学年では大切なことである．親自身は，働いているからという理由で（言い逃れ的に）スキンシップ，会合など猶予を好むのは良くない．スキンシップの効果は母子相互作用により現れるものであり（川﨑・井田：2015）保護者は子どもに対して，愛情，スキンシップを大切にしていかなければならない．

　施設管理者は，親の意識を高めるために子育てに関する多くの情報を流す必要性がある．そのことで親の子育て意識が高まってくるのである．丁寧に啓発活動を行うことで保護者支援につながる．つまり，地道な努力を行うことこそが大事である．あきらめないでやり続けることで子どものためになりそれは日本の将来のためにも良い結果をもたらすということである．子どもの最善の利益を優先した保育を行うことが結果的に子どもの権利を守ることなる．保護者を支える子育て支援施設の幼稚園，保育所ではあるが，さらにそれらの子育て支援施設を支える社会の力が必要であり，行政や地域の力をはじめ，福祉的視点で保護者や子どもを守る専門性を持った人材の確保が必要である．具体的には，スクールソーシャルワーカーのような保育所や幼稚園などと連携する保育ソーシャルワーカーである．保育ソーシャルワーカーは，内部の保育士等が望ましいと考える研究者（鶴：2006）もいるが，社会福祉士などのソーシャルワークの専門性をもった外部の保育ソーシャルワーカーも必要ではないだろうか．

3 調査②

ここでは離島の保育所の状況を調査し，調査①との違いを検証することとした．

1) 研究の背景

保育者や幼稚園管理者のインタビュー調査①では，家族との対応に苦慮する管理者像がうかがえ，家族の養育力の低下がみられた．子育ての外部化により，家族は働きやすくなった．一方，外部機関には，子どもの食事や安全管理，躾などまで多くのサービスが細部に求められているということが浮き彫りになった．それらを受けて，M県の離島の場合は，どのようなことがいえるのかを比較検討するために調査を行った．

2) 研究の目的と方法

離島の保育所における子育ての外部化について考察し，離島の保育所の現状は，保護者支援を中心にどのような課題があるのかを研究の目的とした．

研究の方法として，A県離島の保育所管理者の現状を中心にインタビューをもとにした．尚，ここでのインタビューは，前調査と同様，鹿児島国際大学教育研究倫理審査委員会に申請し，許可を受け倫理的配慮に基づいた質的調査を行うこととした．

3) 倫理的配慮

インタビューは，プライバシーに配慮し名前などが特定されない方法で取り扱い，結果の分析などについては，本研究の目的以外には使用しないことを明確にした上で，協力を依頼した．

4) 調査結果

インタビューの内容は一人の対象者に約50分を基準とし，調査対象者の了解を得てICレコーダ，カセットテープレコーダを各1台準備し録音し逐語録

を作成し質的研究を用いることにした．逐語録を共通したキーワードから抜き出し項目別にまとめた．内容項目は，現在の園の状況（「園経営」について）より「職員状況」「研修状況」「家族状況」「子どもの状況」「その他」である．インタビュー時間は，50分程度を目途とした．主な内容は次のとおりである．インタビュー日は，平成25年9月13日～9月14日の保育所3カ所である．離島の中心地近くにある150名定員の大規模保育所，定員60名の中心地から車で1時間ほどの中規模保育所，定員19名の僻地保育所であった．紙面の都合上，インタビューの最後のまとめの部分の一部を例示する．

5）調査のまとめ
(1) 2013.9.13（金）11：00～A保育所
場　所：A保育所，60名定員．※保育所見学．
出席者：笠野・Yスーパーバイザー（奄美市立保育所長歴任・奄美地域保育所読み聞かせアドバイザー・絵本作家・A専門学校非常勤講師・K短期大学非常勤講師・専門科目：児童文化，乳児保育など），50代後半園長（短大卒業後，奄美市立勤務，異動経験あり）

(2) 2013.9.13（金）16：00～B保育所
場　所：B保育所，150名定員．※離島の中心街近くにある．
出席者：笠野・Yスーパーバイザー（奄美市立保育所長歴任・奄美地域保育所読み聞かせアドバイザー・絵本作家・A専門学校非常勤講師・K短期大学非常勤講師・専門科目：児童文化，乳児保育など），50代後半園長（短大卒業後，奄美市立勤務，異動経験あり）

(3) 2013.9.14（土）13：30～14：30，C保育所
場　所：C僻地保育所，19名定員．園児数19人，職員数2人うち1人は，非常勤職員．
出席者：笠野・Yスーパーバイザー（奄美市立保育所長歴任・奄美地域保育所読み聞かせアドバイザー・絵本作家・A専門学校非常勤講師・K短期大学非常勤講師・専門科目：児童文化，乳児保育など），40代後半保園長（短大卒業後，奄美市立勤務，異動経験あり），b保育士60代前半（短大卒業後，奄美市立勤務，異動，園長経験あり．今年3月退職し，非常勤保育士として再任用）

表2　三園のまとめ

職員状況	職員数は，基準内であるものの3分の1～4分の1ほどしか正規職員がいない．それ以外は非常勤職員であった．それは，3保育所も同じ傾向であった．とくに僻地保育所の場合は，正規職員と非常勤職員の合計2人の保育士で園運営を任され，地域との交流行事等に追われ休日勤務もあり過酷な労働条件を余儀なくされている．
研修状況	離島の研修や公立保育所の研修には出席している．月に1回，園内研修をしている．親とのコミュニケーションに苦慮している職員が多く，コミュニケーションについて研修をしていることが多い．
家族状況	どの園も親との関わりが年々難しい．家族環境も複雑な家族関係が多い．子どもの朝食や障がい等にも無関心な親の状況があり，反面子ども同士の喧嘩等に対してクレームをつける親の状況もあり，挨拶なども親からしてくることは，以前ほど見られない．親と園の関係性は，一部の親を除いては希薄化傾向にある．子育てに関しても無関心な親がいる半面，モンスターペアレントと言われるようにクレームを言う親の数も年々増えている．地域により園と親，地域が密接な関係にある半面，地域行事に追われている園があり，送り迎えなども園児の親でなく，園に連絡なしに親の友人が迎えに来たりして躊躇することが多い等の意見があった．
子どもの状況	離島の中心部は，子どもの数が少なくなっている半面，0歳児等の待機児童が，増加傾向である．僻地保育所等は，子どもの数は，一定してないようであるが，現在のところ増加しているようである．保育所での遊びに関しては，ほとんど変化していないが，家での遊びは，テレビやゲームなどが多いのではないかという話もあった．
その他	幼保一元化のことは，情報もあまりなく，不安な園も多かった．その中でも子どもの立場に立った保育をしていきたいという意見があった．同じ離島でも地域事情により，保育状況は大きく変化している．

4 考察と今後の課題

　子育てに関する制度が整い，外部化は促進され，拡充されていったが，それとともに家族関係やニーズは多様化されていった．現状把握のための保育所経営者のインタビューでは，若い保護者が増え，園経営に関して理解不足の保護者いわゆる「モンスターペアレント」と称される保護者が，以前に比べて増加傾向にある．

　一方，朝食などを摂らせず登園させるケースや，連絡帳にも目を通さない保護者像も浮かび上がった．そのため，保育所と多様化した家族との信頼関係を深めるために，コミュニケーションの研修を行い，対策に苦慮している経営者の姿が窺えた．このことから，前回の調査同様に，離島も保護者対応に追われ

ていることが分かった．

　また，保育の外部化のための国の政策は，離島において共通項もあるものの地域や僻地保育の実態から国の政策と異なるものも見られた．前回の結果を離島で比較すると，①認定こども園は幼稚園と保育所の欠点を補う機関，②保護者支援の必要性，③子育て支援施設は，親や行政の利益を考えた施設ではない，④子育て支援施設は，子どもの支援と同時に親の支援施設でなければならない，⑤子どもを預かる施設は，省庁の違いに左右されずに平等でなければならない，⑥子育て支援施設の役割は親のニーズを優先とした施設ではなく，子どもの最善の利益を最優先とした施設でなければならない，⑦子育ておよび保護者支援は，施設任せにせずに社会全体で取り組んでいくべきである，⑧子育て支援施設関係者を支えフォーマル・インフォーマルな力が必要である，⑨保護者および子どもの生活やQOLを支える福祉的視点を持った専門家の役割の意義は大きい，⑩社会全体が子育てに関わることで，結果的に将来のわが国の安定性につながるという10項目が示された．このことは，離島でもいずれも当てはまることがわかった．保育の事情は地域により違いはあるが，子ども及び保護者支援は，どの地域でも必要であるといえる．

　今後，どのような支援を行えるのか検討し，子どもに寄り添い，健やかな子育てができる社会を国民全員で取り組むべきである．さらに，調査①で述べたように，子どもや保護者支援を保育所などの子育ての外部機関任せにせず，保育分野のソーシャルワーカー，スクールソーシャルワーカーなどの子ども分野のソーシャルワークの専門職育成をするべきであろう．その上で，保育所や学校などと連携しながら子どもや保護者支援の質を高めていくべきだろう．今回の調査は，幼稚園または保育所の管理者を対象としたため，その他の子育て関係施設の管理者や職員の考えについては調べることができなかった．また，子どもの最善の利益について具体的に触れることができなかった．これらの点は今後の課題としたい．保育所や幼稚園経営者，保育者などのインタビュー回数を増やし地域性等を比較検討し，子育ての外部化と家族機能の関係性についても取り組んでいく必要がある．

　今後，保育に携わる者のうち，ソーシャルワークを学んでいない者は，これからどのようにソーシャルワークについて取り組んでいけばいいか，また，保

育士養成校等で学んだソーシャルワークをどのように現場に根付かせて，活用できるようにしていくのかなどの課題もある．一方，保育分野のソーシャルワークを鑑みながらソーシャルワークの専門家とされる鹿児島で活躍する社会福祉士や精神保健福祉士等の子ども分野のソーシャルワークについての取り組みの現状も把握する必要があろう．

注
（1）本研究では「保育」という用語は，保育用語辞典（森上・柏女：2010）によると，広義には保育所・幼稚園の「集団施設保育」と家庭の乳幼児を対象とする「家庭保育」の両方を含んでいるとしている．また，狭義では，幼稚園・保育所における教育を意味する用語として使用されている．背景には，幼児教育の対象となる幼児が幼弱のため，保護し教育するという必要性が考慮されている．1947年の学校教育法の幼稚園の目的，同年の児童福祉法にも使われている．最近では，乳幼児を対象とする教育，保育関連には「保育」が一般的に使われていることから使用した．尚，ここでは保育園，保育所の呼称を保育所に，幼稚園と保育所の統合化を幼保一元化に統一し，保育士，幼稚園教諭をあわせて「保育者」とした．尚，本稿での保育士は，保育士の活動領域が広いことから保育所保育士に限定し述べることにしたい．
（2）本調査は鹿児島国際大学教育倫理審査委員会の承認を得て実施したものである．

文献
五十嵐裕子（2008）「子育てをめぐる状況・施策の変遷からみた保育士に期待される役割と養成についての一考察（こども学部開設『総合福祉』『浦和論叢』統合記念号）」『浦和論叢』(38), 71-94.
大谷 尚（2008a）「4ステップコーディングによる質的データ分析手法SCATの提案―着手しやすく小規模データにも適用可能な理論化の手続き」『名古屋大学大学院教育発達科学研究科紀要』, 54 (2), 27-44.
大谷 尚（2008b）「質的研究とは何か―教育テクノロジー研究のいっそうの拡張をめざして」『教育システム情報学会誌』, 25 (3), 340-354.
川﨑千春・井田歩美（2015）「ベビービクスの効果からみた研究の動向と今後の課題―国内文献レビューから―」『ヒューマンケア研究学会誌』6 (2), 69-72.
境愛一郎（2015）「保育の社会的環境における「境の場所」に関する研究―子どものテラス利用に対する保育者の意識―」『広島大学大学院教育学研究科紀要』, 第

三部, 教育人間科学関連領域 (64), 155-164.

竹之下典祥・馬見塚珠生 (2011)「学生の地域子育て支援ひろばへの参加による心理的変化の質的調査研究— SCAT 法導入による実習体験過程の理論的仮説生成の試み」『京都文教短期大学研究紀要』, 50, 70-81.

鶴　宏史 (2006)「保育ソーシャルワークの実践モデルに関する考察（その 1）：保育ソーシャルワーク試論 (3)」『神戸親和女子大学福祉臨床学科紀要』3, 65-78.

名郷直樹 (2009)『臨床研究の ABC』東京：メディカルサイエンス社, 232.

第8章

鹿児島における地域包括ケアの実践に関する一考察

田中　安平
Tanaka Yasuhira

はじめに

　地域包括ケアを実践するうえで重要な要素は在宅サービスである．ところが，今日の介護保険サービスにおいて，在宅サービスは居宅サービスの一要素となっている．このことが，今日の介護保険サービスにおける種々の問題点(介護保険料の高騰．急激な介護人材不足．介護離職等々）を生み出す要因になっている．在宅サービスを中心に居宅サービスという位置づけの下で，介護保険制度を再考する必要性に迫られている．新たな「介護の社会化」「社会システムの構築」である．このことを，1996（平成8）年4月の老人保健福祉審議会報告書「高齢者介護保険制度の創設について」を紐解きながら，また，筆者自身による地域密着型通所介護事業実践の中から論じる．

1 介護保険制度の基本的目標

　老人保健福祉審議会は，1996（平成8）年の4月に，「高齢者介護保険制度の創設について」と題して，報告書で以下の様に論じている．

> 高齢社会の到来によって，現在の医療保険制度，老人保健制度，社会福祉制度では対処しきれない新しい問題が顕在化しつつある．病院は要介護状態に至った高齢者の入院の長期化，いわゆる「社会的入院」

の問題を抱えている．……また，各種の在宅介護サービスと介護施設の充実は，新ゴールドプランの目標に向けて進捗しつつあるものの，中長期的には，従来の租税による制度のままでは財政の負担に耐えきらないことは明白になりつつある．高齢者問題という，避けて通ることのできない我が国の新たな，大きな課題に立ち向かうためには，従来の医療・福祉制度のリエンジニアリング（発想と運営方法の転換）が必要である．

　総論・理念としては適切であった創設の意図が，制度創設15年経過した今，各論として実現の段階になると，いくつかの点では成果を上げているが，残念ながら全体としては効果を上げていない状況にある．「なぜ」効果を上げることができなかったかについて，また「どこが」上手くいかなかった要因であるのかを，報告書の内容を読み解きながら論じていく．

1) 従来の制度の改善すべき内容と具体的問題点

　老人保健福祉審議会は，改善すべき従来の制度の内容5点と具体的問題点を次のように挙げている．

(1) 行政措置による介護支援制度から，高齢者自身及び若年者が費用を負担する「社会保険」に転換すること．
　・公費を財源とする福祉の措置制度は，高齢者介護サービスの保障に重要な役割を果たしてきたが，利用者自らによるサービス選択がしにくいという制度上の制約や，所得調査等がありサービス利用に心理的抵抗感が伴うといった問題がみられる．

(2) 在宅介護と施設介護，公的サービスと民間サービスの両面において，高齢者自らの意思に基づいて最適の選択ができる制度とすること．
　・介護サービスの整備が量的に不十分で，高齢者による利用は実際上大きな限界があり，地域によっては施設の入所待機者も多数存在している．また，サービスの質の面においても，個々の高齢者ニーズに適切に応え，良質なサービスを受けられるような体制が整備されていない面がある．

(3) 高齢者の自立を支援し，その多様な生活を支える観点から高齢者のニーズ

や状態にふさわしい適切な介護サービスが，効率的に提供される制度とすること．
- 介護サービスが縦割りの制度の下で別々に提供されており，サービス相互の連携が十分でないため，個々の高齢者ニーズに見合ったサービスが総合的かつ効率的に提供されていない状況がみられる．
- 福祉制度においては，一律の基準にややもすればサービスの内容が画一的に定められる面があるほか，市場メカニズムを通じたサービスの質の向上やコストの合理化をめぐる健全な競争が行われにくい実態がある．

(4) これらのことを実現することによって，従来の医療保険，老人保健，社会福祉制度において次第に大きくなりつつある矛盾を解決すること．
- 実質的には同じような介護を必要とする高齢者でありながら，福祉制度や医療保険（老人保健）制度など異なった制度の下で別々な対応がなされてきたため，利用者負担や利用手続き等に不合理や格差や差異が生じている．
- 医療の枠組みの中では，実際には介護を主たるニーズとして長期に高齢者が入院しているという問題があるほか，高齢者に対するケアや生活環境などの面での対応に限界がある．
- 我が国では，介護ニーズを社会的入院といった形で医療保険制度がカバーしてきた経緯があるが，そうした状況については，適切な処遇の確保や医療費の効率的な使用という観点からも，その解消が必要となっている．

(5) 我が国経済基調の変化を踏まえ，国民の財政負担，医療保険や年金等の保険料負担を総合的に調整し，その膨張を極力抑制し，経済・財政とバランスのとれた安定的な社会保障制度の構築を目指すという基本的な考え方に沿って制度の仕組みを考えること．
- 年金の充実等により老人の生活水準は上がってはきたものの，介護に対する不安から年金等の収入が貯蓄に回り，老後の生活水準の向上に必ずしも結びついていない状況も指摘されている．

果たして，これらの問題点がどのように・どの程度解決されてきており，結果としてこれまで世界のどの国でも経験したことのない未曾有の超高齢社会を乗り越えることがどの程度可能となったであろうか．介護保険制度が施行され

て15年経過した今日，これらの点を再確認することは意義があるであろう．以下に項目ごとに検証する．

2）従来の制度の改善すべき内容と具体的問題点の実際
(1)「社会保険」への転換

措置から契約へというパラダイム転換の中での福祉的介護から，「社会保険」導入による介護保険制度の創設という点に関しては一応成功しているといえる．

措置時代の福祉サービス利用に対する利用者の後ろめたい思いは薄れてきており，サービス利用が権利であるかのごとく積極的な利用につながっている点では評価できる．しかし，このことが結果的に介護保険料の高騰につながっているのも事実である．

サービス利用者が保険料を支払ったうえでサービスを利用する社会保険方式であり，サービス利用に関し遠慮・後ろめたい思いが出現するということがなくなったのは大きな成果であったが，保険料の徴収という点に関しては，定額制よりも定率制にすべきであった．

所得段階別定額保険料は表1のようになる．基準額を5000円に仮定して所得段階別定額保険料と定率にした場合の保険料を比較すると表2のようになる．

表2に見るように，定額制より定率制の方が，低所得者にとって保険料の負担が小さいことが明確である．設立当初の低所得者と高所得者の差異は，月額1万5000円の年金者と月額100万円以上の高所得者であっても，5000円の差異しかなかった．平成29年以降は，原則9段階ではあるが，市町村独自に12段階まで設定が可能であり幾分かは差額が大きくなったが，それでも差異は1万円とわずかである．それに比べ，定率制にすると，年金額の少ない高齢者は支払額が極端に低く（330円）なり，年収1200万円の高額所得者は2万2000円の保険料を支払うことになり，差額は大きくなる．

ただし，ここで注意しなければならないのは，自分の居住用の住宅ローンは収入所得から減じることが重要である．なぜなら，我が国の場合，退職金で家を新築もしくは増改築などする勤労者が多い．これらのことを考慮することで，

表1 所得段階別定額保険料

創設当初			平成29年4月〜		
段階	対象者	保険料	段階	対象者	保険料
第1段階	・生活保護受給者 ・市町村民税世帯非課税かつ老齢年金受給者	基準額×0.5	第1段階	・生活保護受給者 ・市町村民税世帯非課税かつ老齢年金受給者 ・市町村民税世帯非課税かつ本人年金収入等80万円以下	基準額×0.3
第2段階	・市町村民税世帯非課税 ・本人年金収入80万円以下で年金以外に所得がない等	基準額×0.5			
第3段階	・市町村民税世帯非課税で第2段階に該当しない	基準額×0.75	第2段階	・市町村民税世帯非課税かつ本人年金収入等80万円超120万円以下	基準額×0.5
			第3段階	・市町村民税世帯非課税かつ本人年金収入等120万円超	基準額×0.7
第4段階	・市町村民税本人非課税	基準額×1	第4段階	・市町村民税本人非課税(世帯に課税者がいる)かつ本人年金収入等80万円以下	基準額×0.9
			第5段階	・市町村民税本人非課税(世帯に課税者がいる)かつ本人年金収入等80万円超	基準額×1
第5段階	・市町村民税本人課税かつ合計所得額190万円未満	基準額×1.25	第6段階	・市町村民税本人課税かつ合計所得額120万円未満	基準額×1.2
			第7段階	・市町村民税本人課税かつ合計所得額120万円以上190万円未満	基準額×1.3
第6段階	・市町村民税本人課税かつ合計所得額190万円以上	基準額×1.5	第8段階	・市町村民税本人課税かつ合計所得額190万円以上290万円未満	基準額×1.5
			第9段階	・市町村民税本人課税かつ合計所得額290万円以上	基準額×1.7

表2 所得段階別定額保険料と定率保険料の差異

創設当初		平成29年4月〜		定率制(2.2%)	
段階	保険料	段階	保険料	年収等	保険料
第1段階	2500円	第1段階	1500円	18万円以上	330円以上
第2段階	2500円			80万円以下	1466円以下
第3段階	3750円	第2段階	2500円	非課税世帯で本人120万円以下	2200円以下
		第3段階	3500円	非課税世帯で本人120万円超	2200円以上
第4段階	5000円	第4段階	4500円	本人非課税(世帯に課税者がいる)かつ本人80万円以下	1466円以下
		第5段階	5000円	本人非課税(世帯に課税者がいる)かつ本人80万円超	1466円以上
第5段階	6250円	第6段階	6000円	本人課税かつ合計所得が120万円未満	2200円未満
		第7段階	6500円	本人課税かつ合計所得が120万円以上190万円未満未満	3483円未満
第6段階	7500円	第8段階	7500円	本人課税かつ合計所得が190万円以上290万円未満未満	5316円未満
		第9段階	8500円	本人課税かつ合計所得が390万円未満	7150円未満
		第10段階	基準×1.9 9500円	本人課税かつ合計所得が490万円未満	8983円未満
		第11段階	基準×2.1 10500円	本人課税かつ合計所得が590万円未満	10816円未満
		第12段階	基準×2.3 11500円	本人課税かつ合計所得が690万円未満	12650円未満
		第13段階	―	本人課税かつ合計所得が690万円超	12650円以上

保険料に関しては適切な徴収システムの構築が可能になる．

(2) 自らの意思に基づきサービスの選択ができる制度

　介護サービスの整備が量的に不十分で，高齢者による利用は実際上大きな限界があり，地域によっては施設の入所待機者も多数存在していると未だ言われているが，本当にそうなのか．介護殺人[注1]の受刑者の告白にもあったように，有料老人ホームやグループホーム等にお願いしようにも金銭的余裕のない人が多いという事実を忘れてはならない．量的に不十分というより，サービスを選択する経済的余裕がないということである．

　サービスの質という点に関しては，措置時代に比べ，介護保険制度でよくなったかというと，逆にサービスの低下につながっていると言わざるを得ない状況がある．福祉事業経営理念の伴わない，規制緩和による粗製乱造にも似たサービス事業所設立の悪影響である．

　急激な規制緩和の悪影響は，2000年の貸切バス事業における規制緩和後の様々な重大事故発生等からも見て取れる．早急に打ち出すべき手立ては，事業所開設に向けてのヒアリング等により，理念の確認を厳格にすることである．

　現行制度における居宅サービスの中の在宅サービスという位置づけでなく，在宅サービスの充実の中で，施設サービスの補充として居宅的入所施設を位置づける新たな構造を制度設計すべきである．この点に関しては後述する．

(3) 自立支援を支える介護サービスが効率的に提供される制度

　介護サービスが縦割りの制度の下で別々に提供されており，個々の高齢者ニーズに見合ったサービスが総合的かつ効率的に提供されていない状況がみられる点に関しては，ワンストップステーションとしての居宅介護支援事業所が制度化されたのは評価に値する．惜しむらくは，居宅介護支援事業所が独立した事業所として介護保険制度の要[注2]になっていない点である．現状の単価では，居宅介護支援専門員が経営的に黒字を生み出すことは不可能に近く，事業所に対する経済的負い目を常に感じることになる．結果として，公平・適切なニーズへの対応を実践しようとする足枷になっており，自立支援を支える介護サービスが効率的に提供される制度となるにはほど遠い状況にある．

(4) 従来の医療保険，老人保健，社会福祉制度において次第に大きくなりつつある矛盾の解決

　介護ニーズを社会的入院といった形で医療保険制度がカバーしてきた経緯については，2つの要因がある．1つ目は，市営住宅，賃貸住宅に居住していた低所得の高齢者にとって，半年以上の入院生活は退院後の住宅不在につながり，退院困難に伴う社会的入院となっていた点である．入院期間中の家賃を支払う経済的余裕はない．2つ目は，独居等による退院後の生活の困難さに対する退院躊躇いに伴う社会的入院である．

　1つ目の対策として，高齢者専用賃貸住宅，高齢者優良賃貸住宅等の対策が取られてはいたが，それでも低所得者の受け皿とはなり得ず，社会的入院の解消にはつながっていない．2つ目の対策として在宅サービスを中心に置いた介護保険制度が創設され，明るい展望が見えたかに思えるが，残念ながら在宅が居宅サービスという名称に変更され，住み慣れた在宅で生活するという制度の理念はもろくも崩れ去っている．

(5) 国民の財政負担，保険料負担を総合的に調整し，その膨張を極力抑制し，経済・財政とバランスのとれた安定的な社会保障制度の構築

　年金の充実等により老人の生活水準は上がってきたというが，国民のどれほどの人がそのように感じているのであろうか．前述の介護殺人等に見るように，老後の生活水準の向上には程遠いのが現状である．

　真に経済・財政とバランスのとれた安定的な社会保障制度の構築を目指すのであれば，消費税を福祉税として一律に徴収し，ガラス張りの収入の中で低所得者に対して生活保障を充実させることで対応が可能になる．そのためのマイナンバー制度であったはずである．

3）介護保険制度の基本的目標

　第2節で従来の制度の改善すべき内容と具体的問題点の実際について様々に論じてきたように，介護保険制度の基本的目標として掲げた以下の内容と運用の実際は，残念ながら大きくかけ離れたものになっている．理念として掲げた内容は素晴らしかったが，システム化する段階で問題が生じたのである．内容に関しては第2節で概略を論じたので，本節では審議会の報告書の内容を抜粋

することで，次章への橋渡しにする．

(1) 高齢者介護に対する社会的支援
　介護サービスは，加齢に伴う障害等により自力で日常生活を送ることが困難な高齢者に対して提供されるものであり，高齢者の自立を支援し，その多様な生活を支える観点から，幅広いサービスを社会的に提供することを基本とする．

(2) 高齢者自身による選択
　高齢者が利用しやすく，適切な介護サービスが円滑かつ容易に手に入れられるような利用者本位の仕組みとする．このため，高齢者自身がサービスを選択することを基本に，専門家が連携して身近な地域で高齢者及びその家族を支援する仕組み（ケアマネジメント）(注3)を確立する．

(3) 在宅介護の重視
　高齢者の多くが，できる限り住み慣れた家庭や地域で老後生活を送ることを願っていることから在宅介護を重視し，一人暮らしや高齢者のみの世帯でも，できる限り在宅生活が可能になるよう24時間対応を視野に入れた支援体制の確立を目指す．また，特に重度の要介護者については，今後とも施設介護が大きな役割を果たすことから，その量的な整備やサービスの質の向上を図る．

(4) 予防・リハビリテーションの充実
　予防の考え方を重視し，高齢者が出来る限り要介護状態にならないようにすることが重要である．高齢者の日常生活における健康管理や健康づくりを進めるとともに，介護が必要な状態になっても，その悪化を防ぐため，市町村の老人保健事業など関連施策との連携を図りながら，予防やリハビリテーションの充実を目指す．

(5) 市民の幅広い参加と民間活力の活用
　高齢社会においては，高齢者自身の自立・自助を基本としつつ，地域住民，ボランティアが，人間的なふれあいを大切にしながら，高齢者介護を支えていく共助の考えが重要であり，こうした市民参加型の態勢を組み入れたシステムを構築する．また，民間事業者や市民参加の非営利組織などの参加により多様な介護サービスの提供を図る．

(6) 安定的かつ効率的な事業運営と地域性の配慮
　今後，介護ニーズの増加に伴い，介護費用は増大することが予想されるが，

経済基調の変化や社会保障費用の増大等を視野に入れ，将来にわたって必要な財源を安定的に確保するとともに，できる限り効率的な事業運営を行う必要がある．また，国民にとって必要なサービスを全国を通じて確保する一方，地域毎に介護ニーズやサービス水準が異なる状況を踏まえ，地域の特性を配慮したサービス提供が図られるシステムとすることが重要である．

2 介護保険制度の変革

介護保険制度創設の理念等の不備等については，第1章で論じてきたので，本章では，具体的に介護保険制度の不備について論じるとともに，有効性のための提言を論じることにする．

1) 認定調査票（概況調査）

利用予定者からの申請に基づき，調査員が面接調査するときの全国統一された基準内容で，認定審査会で用いられるコンピューターによる一次判定の基礎資料であるが，運用当時から不十分であった．

ADL等に関する，設問に以下のような項目がある．

2-1 移乗について，あてはまる番号に一つだけ○印をつけてください．
| 1. 介助されていない　2. 見守り等　3. 一部介助　4. 全介助 |

2-2 移動について，あてはまる番号に一つだけ○印をつけてください．
| 1. 介助されていない　2. 見守り等　3. 一部介助　4. 全介助 |

2-3 えん下について，あてはまる番号に一つだけ○印をつけてください．
| 1. できる　2. 見守り等　3. できない |

2-4 食事摂取について，あてはまる番号に一つだけ○印をつけてください．
| 1. 介助されていない　2. 見守り等　3. 一部介助　4. 全介助 |

2-5 排尿について，あてはまる番号に一つだけ○印をつけてください．
| 1. 介助されていない　2. 見守り等　3. 一部介助　4. 全介助 |

2-6 排便について，あてはまる番号に一つだけ○印をつけてください．
| 1. 介助されていない　2. 見守り等　3. 一部介助　4. 全介助 |

2-10 上衣の着脱ついて，あてはまる番号に一つだけ○印をつけてください．
| 1. 介助されていない　2. 見守り等　3. 一部介助　4. 全介助 |

2-11 ズボン等の着脱ついて，あてはまる番号に一つだけ○印をつけてください．
| 1. 介助されていない　2. 見守り等　3. 一部介助　4. 全介助 |

　そのほかに調理・買い物等もあるが，これらの項目が，単純に高齢者の残存能力等を判定するための設問だとしたら了解できるが，介護サービス量の判定のための調査（認定）だとすると，不適切である．なぜなら，見守り等があれば移乗・嚥下・排泄等ができる高齢者がいたとして，彼が独居高齢者等の場合はどうなるであろうか．見守り者がいないということ（もしくは一部介助）は，リスクの危険性がある（できない）ということと同義である．
　家族介護から介護の社会化を目指すというのなら，調査票に，世帯状況（独居・日中独居・高齢夫婦世帯等）を記し，それぞれの状況に応じた介護サービスの有り様（要介護度）を設定しておくべきである．「認知症の人と家族の会」がケアマネ不要論を発する要因の一つに調査票の不備（要介護度が低く出る）等があるのだが，この点に関しては未だ議論の場に上がらない．早急に検討すべきである．

2）施設サービスと居宅サービス

　介護保険制度創設に向けて在宅介護を中心として制度設計がなされていたはずだが，いつの間にか施設介護と居宅介護に２分化され，在宅介護サービスの位置付けが希薄になってきている．本来は在宅福祉の３本柱を中心に在宅サービスが構築されるべきであったが，現在は居宅サービスという入所系のサービスが主流になりつつある．
　介護を必要とする状態になっても，住み慣れた自宅（在宅）で介護保険サービスを利用しながら生き甲斐をもって質の高い生活を送る．これらの理念を実現するために介護保険制度が創設されたはずだが，今日の制度に当時の理念の面影はない．
　最たるものが有料老人ホームで，特定施設入居者生活介護の指定を受けている有料老人ホームは別で，一般的に在宅とみなされている有料老人ホームの施

表3　給付費の差異（特定施設入居者生活介護と区分支給限度額）

	要支援1	要支援2	要介護1	要介護2	要介護3	要介護4	要介護5	平均（要介護1～5）
区分支給限度基準額	5,003単位	10,473単位	16,692単位	19,616単位	26,931単位	30,806単位	36,065単位	260,220円
特定施設入居者生活介護外部サービス利用費	5,003単位	10,473単位	16,203単位	18,149単位	20,246単位	22,192単位	24,259単位	202,160円
差額	0単位	0単位	489単位	1,467単位	6,682単位	8,614単位	11,806単位	58,060円

設経営についてである．

　確かに，要介護度の高い利用者を在宅サービスで実際に対応しようとすると，24時間ケアではない在宅において，支給限度基準額の範囲内で対応することは困難を伴うものではある．その点は有料老人ホームにおいても同様である．だとするとなおのこと，施設に類する介護サービスを必要とする有料老人ホームは，特定施設入居者生活介護同等の施設として認可すべきである．そのことで，表3に見るように介護報酬総額の削減につながる．

　一部の悪質な有料老人ホームでは，体調不良でもないのに，桶にお湯を入れ，足を浸しただけのケアや，上半身をぬれたタオルで拭くだけのケアで身体介助としての介護報酬を請求している．このような悪質な経営者は，区分支給限度基準額目いっぱいのサービス（中には不要と思えるサービス等）をすべての利用者に組み込み，利潤を上げているのである．福祉サービスになじまない経営者を排除する意味からも，居宅サービスの中の介護を必要とする有料老人ホームは，すべて特定施設入居者生活介護と同等の介護報酬へ移行させるべきである．利潤のみを追求する経営者にとって，1人あたり月額平均5.8万円も減額となる施設経営に魅力を感じることはなく，撤退していくことになるであろう．

　2013年現在，正規に届け出ている有料老人ホームは全国で8499施設ある．仮に，特定施設入居者生活介護外の利用者（区分支給限度額対象者）が10万人いたとしたら，これらの利用者が特定施設入居者生活介護と同額での支払いとなった場合，単純に計算して1年間で696億円もの費用削減が見込まれることになる．

3）ケアマネジメント

　2000年の介護保険制度開始当初，筆者は要支援者に対するヘルパー業務において，利用者の残存能力の維持・向上を目指して利用者と一緒に1～2時間かけて調理等する計画作成をすることが良質なケアプランだと主張していたの

だが，利用者の経済的負担を減らすプランを作成することこそ利用者に即したプランだとして，時間を短縮し，すべてヘルパーが作業を行うプラン作成が主流になった．が，介護予防サービスを利用した要支援者が，3年後に要介護状態になる人が増加したという調査結果が公表され，サービス利用の不要論なる意見が出されるようになった．

　この報告を受け，2005年に要支援者を要支援1に，要介護1を要支援2と要介護1に区分変更する制度改正がなされた．介護保険制度混乱の始まりである．更に上述してきたように，在宅サービスが居宅サービスに変化していることに対してケアマネジャーから疑問の声が上がることはなく，医療ニーズの高い高齢者に対するケアをどのようにするかという地域包括ケアなる理念がケアマネ更新研修等において実施されるようになってきた．

　介護保険制度は生活支援であったはずである．それが，「現行サービスを利用しても自立につながっていない．単なる家事代行等である」等という掛け声の下，要支援1・2のみならず要介護1～2の認定者に対してもサービス不要論が出ているが，ここでいう自立とは何を意味して言っているのか．自立とはすべてを自分の力で成し遂げるという意味ではない．第三者の力を借りることがあったとしても，主体的に自分の生活を自分の意思で構築していくことを言うのである．介護保険制度の創設理念もそのような自立を目指していたはずである．それが，単純に介護報酬総額増という目先のことにとらわれ，制度改悪しようとするのは，ケアマネジャーに対する冒瀆である．制度創設の理念に戻る必要がある．

3 地域包括ケアの実践について

　介護保険制度の理念等についてはこれまで論じてきたとおりであるが，財政難から社会保険制度の存続自体が危ぶまれる状況になってきている．このような状況を打破するために打ち出されたのが地域包括ケアという理念である．

　地域リハビリテーションの視点からすると，地域包括ケアという理念は地域再生・再構築という点から見る限り妥当な内容である．ところが，図1に見るように，「すまいとすまい方」で「生活の基盤として必要な住まいが整備され，

本人の希望と経済力にかなった住まい方が確保されていることが地域包括ケアシステムの前提．高齢者のプライバシーと尊厳が十分に守られた住環境が必要」だとして，居宅サービスの中でも入所系のサービスに比重を置いた施策がとられようとしている点に問題が隠れているのである．

1）地域包括ケアとは

図2に見るように，重度な要介護状態になっても住み慣れた地域で自分らしい暮らしを人生の最後まで続けることができるよう，住まい・医療・介護・予防・生活支援が一体的に提供されることを地域包括ケアといい，介護保険制度はこのシステムの構築の実現を目指している．

(1) 地域包括ケアシステムの妥当性について

地域包括ケアシステムを自助・互助・共助・公助の関係性から見ていこうとする点は評価できる．ただし，互助・共助・公助の考え方に筆者とは差異がある．筆者の考える互助とは近隣から単一公民館単位の広がりで，共助とは単一公民館の集まりである校区の範囲を考え，公助は介護保険制度等に対して想定している．

互助は，介護保険制度等における声掛け（安否確認）や軽度の手伝い（ゴミ出し等），災害等における避難誘導等の介助等に対しては実効的であるが，自力での避難等が困難な人々への対応には，人的面での困難を伴うことがある．共助が必要となるゆえんである．

自助・互助・共助の考えは，ボランティアという枠で括るわけにはいかないものである．

入所形式の有料老人ホーム等の急速な建設は，このような関係性を切り離してしまうことになる．在宅ケアはあくまでも個別ケアであるが，入所系の事業所ケアはグループケアであり，自助・互助・共助を効果的に発揮するには困難な点が伴うのである．

とはいえ，介護度の高い高齢者を在宅でケアしようとすると，それなりに多種多様なサービスを準備しなければ無理である．しかも，老老介護や，認認介護，子育てを伴う高齢者介護は，介護者に対して非常な苦痛を強いるものとなる．このような介護者にとって，有料老人ホーム等の入所系の事業所ケアは確

地域包括ケアシステムの5つの構成要素と「自助・互助・共助・公助」

平成25年3月
地域包括ケア研究会報告書より

○高齢者の尊厳の保持と自立生活の支援の目的のもとで、可能な限り住み慣れた地域で生活を継続することができるような包括的な支援・サービス提供体制の構築を目指す「地域包括ケアシステム」。

地域包括ケアシステムにおける「5つの構成要素」

「介護」、「医療」、「予防」という専門的なサービスと、その前提としての「住まい」と「生活支援・福祉サービス」が相互に関係し、連携しながら在宅の生活を支えている。

【すまいとすまい方】
- 生活の基盤として必要な住まいが整備され、本人の希望と経済力にかなった住まい方が確保されていることが地域包括ケアシステムの前提。高齢者のプライバシーと尊厳が十分に守られた住環境が必要。

【生活支援・福祉サービス】
- 心身の能力の低下、経済的理由、家族関係の変化などでも尊厳ある生活が継続できるよう生活支援を行う。
- 生活支援には、食事の準備など、サービス化できる支援から、近隣住民の声かけや見守りなどのインフォーマルな支援まで幅広く、担い手も多様。生活困窮者などには、福祉サービスとしての提供も。

【介護・医療・予防】
- 個々人の抱える課題にあわせて「介護・リハビリテーション」「医療・看護」「保健・予防」が専門職によって提供される(有機的に連携し、一体的に提供)。ケアマネジメントに基づき、必要に応じて生活支援と一体的に提供。

【本人・家族の選択と心構え】
- 単身・高齢者のみ世帯が主流になる中で、在宅生活を選択することの意味を、本人家族が理解し、そのための心構えを持つことが重要。

「自助・互助・共助・公助」からみた地域包括ケアシステム

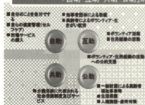

【費用負担による区分】
- 「公助」は税による公の負担、「共助」は介護保険などリスクを共有する仲間(被保険者)の負担であり、「自助」には「自分のことを自分でする」ことに加え、市場サービスの購入も含まれる。
- これに対し、「互助」は相互に支え合っているという意味で「共助」と共通点があるが、費用負担が制度的に裏付けられていない自発的なもの。

【時代や地域による違い】
- 2025年までは、高齢者のひとり暮らしや高齢者のみ世帯がより一層増加し、「自助」「互助」の概念や求められる範囲、役割が新しい形に。
- 都市部では、強い「互助」を期待することが難しい一方、民間サービス市場が大きく「自助」によるサービス購入が可能。都市部以外の地域では、民間市場が限定的だが「互助」の役割が大きい。
- 少子高齢化や財政状況から、「共助」「公助」の大幅な拡充を期待することは難しく、「自助」「互助」の果たす役割が大きくなることを意識した取組が必要。

図1 地域包括ケアシステムの構成要素等　出典:「地域包括ケアシステム」厚生労働省(2016)

地域包括ケアシステム

○ 団塊の世代が75歳以上となる2025年を目途に、重度な要介護状態となっても住み慣れた地域で自分らしい暮らしを人生の最後まで続けることができるよう、住まい・医療・介護・予防・生活支援が一体的に提供される地域包括ケアシステムの構築を実現していきます。

○ 今後、認知症高齢者の増加が見込まれることから、認知症高齢者の地域での生活を支えるためにも、地域包括ケアシステムの構築が重要です。

○ 人口が横ばいで75歳以上人口が急増する大都市部、75歳以上人口の増加は緩やかだが人口は減少する町村部等、高齢化の進展状況には大きな地域差が生じています。

地域包括ケアシステムは、保険者である市町村や都道府県が、地域の自主性や主体性に基づき、地域の特性に応じて作り上げていくことが必要です。

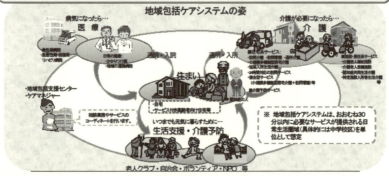

図2 地域包括ケアシステム　出典:「地域包括ケアシステム」厚生労働省(2016)

かに有効性が高いものになる．それゆえ，有料老人ホーム等の存在を否定しているのではなく，介護報酬の適正さに対して異論を唱えているのである．本質的な意味で地域包括ケアシステムを実践するためには，在宅ケアに力点を置く必要がある．この点については，次節で論じる．

2）鹿児島市における地域密着型デイサービス実践から見えてきたこと
(1) 居宅サービスと在宅福祉の三本柱

在宅福祉の三本柱である訪問介護・通所介護・短期入所に関して言えば，真に在宅（自宅）でこれらのサービスを利用しながら生活している人はどれくらい存在しているのか．鹿児島市における「第6期高齢者保健福祉・介護保険事業計画」のデータの中から，在宅福祉の三本柱を中心に分析することで動向を探ってみる．

表4に見るように，要介護認定者数の増加率と要介護・要支援居宅サービス等利用対象者数の増加割合は比率的にほぼ同数である．ところが，訪問看護・訪問リハビリテーション・短期入所療養介護（医療系サービス）の比率が訪問介護・短期入所生活介護（福祉系サービス）に比して高くなっているが，これは何を意味しているのであろうか．居宅で医療ニーズの高い人々が生活しているということは，容易に読み取ることができる．だが，通所介護に比べ，通所リハビリテーションの伸びが低いのは何を意味しているのであろうか．

この分析が，本論の中心的命題でもある，居宅と在宅の差異である．つまり，在宅でこれほど医療ニーズの高い人々が暮らしているとは思えない．ではそれらの人々はどこで生活しているのか．それが居宅サービスの中の入所系サービス・有料老人ホーム等である．（このことは，これまで特養待機者が1施設で50〜100人前後いたと言われているのが，今日では十数人に減少していると言われていることからも分かる．）

(2) 居宅サービスにおける入所系サービス

表5に見るように，鹿児島市における要介護1の方の1月の平均利用回数は10.0回で，要介護5の場合15.8回利用している．デイサービスの営業日が月〜金曜日の5日間だったとすると，要介護1で週2日，要介護5で週5日（土・日を除く毎日）利用していることになる．一般的に，在宅で要介護5と認定さ

表4 居宅サービス等利用対象者数とサービス利用量

	平成26年度 (実績・見込)	平成27年度 (推計・見込)	平成28年度 (推計・見込)	平成29年度 (推計・見込)	平成37年度 (推計・見込)
要介護認定者数	20,831人 (基準値)	21,343人 (1.02倍)	21,765人 (1.04倍)	22,213人 (1.07倍)	26,060人 (1.25倍)
要介護居宅サービス等利用対象者	14,670人 (基準値)	15,102人 (1.03倍)	15,262人 (1.04倍)	15,497人 (1.06倍)	18,032人 (1.23倍)
訪問介護	774,332回 (基準値)	835,189回 (1.08倍)	872,462回 (1.13倍)	913,180回 (1.18倍)	1,139,400回 (1.47倍)
訪問看護	101,042回 (基準値)	112,502回 (1.11倍)	121,308回 (1.20倍)	131,058回 (1.30倍)	154,903回 (1.53倍)
訪問リハビリテーション	127,930回 (基準値)	146,126回 (1.14倍)	160,544回 (1.25倍)	175,698回 (1.37倍)	250,025回 (1.95倍)
通所介護・地域密着型	750,566回 (基準値)	844,571回 (1.13倍)	927,251回 (1.24倍)	1,019,349回 (1.36倍)	1,499,254回 (2.00倍)
通所リハビリテーション	359,448回 (基準値)	373,733回 (1.04倍)	380,863回 (1.06倍)	388,876回 (1.08倍)	474,995回 (1.32倍)
短期入所生活介護	126,640回 (基準)	128,029回 (1.01倍)	129,323回 (1.02倍)	130,531回 (1.03倍)	145,820回 (1.15倍)
短期入所療養介護	13,831日 (基準)	15,672日 (1.13倍)	17,132日 (1.24倍)	18,752日 (1.36倍)	31,120日 (2.25倍)
要支援居宅サービス等利用対象者	9,125人 (基準値)	9,340人 (1.02倍)	9,561人 (1.05倍)	9,814人 (1.08倍)	11,507人 (1.26倍)
介護予防訪問介護	29,414人 (基準値)	29,508人 (1.00倍)	29,604人 (1.01倍)	14,892人 (0.51倍)	―
介護予防訪問看護	5,603回 (基準値)	5,623回 (1.00倍)	5,634回 (1.01倍)	5,654回 (1.01倍)	6,389回 (1.14倍)
介護予防訪問リハ	12,934回 (基準値)	16,753回 (1.30倍)	20,866回 (1.61倍)	25,505回 (1.97倍)	32,267回 (2.49倍)
介護予防通所介護	29,113人 (基準値)	32,256人 (1.11倍)	35,544人 (1.22倍)	19,548人 (0.67倍)	―
介護予防通所リハ	12,603人 (基準値)	12,624人 (1.00倍)	12,636人 (1.00倍)	12,648人 (1.00倍)	14,412人 (1.14倍)
介護予防短期入所生活介護	1,934日 (基準値)	1,944日 (1.01倍)	1,951日 (1.01倍)	1,963日 (1.01倍)	2,208日 (1.14倍)
介護予防短期入所療養介護	116日 (基準値)	124日 (1.07倍)	131日 (1.13倍)	139日 (1.20倍)	150日 (1.29倍)

「第6期鹿児島市高齢者保健福祉・介護保険事業計画」より筆者作成

表5 通所介護1月あたり利用回数

	要介護1	要介護2	要介護3	要介護4	要介護5
1月あたり利用回数	10.0回	11.3回	13.7回	14.8回	15.8回

「第6期鹿児島市高齢者保健福祉・介護保険事業計画」より筆者作成

表6 鹿児島市における住宅型有料老人ホーム数の推移

( )は人数

	H18～22年	23年	24年	53年	26年	27年	28年	合計
施設数	32(562)	16(281)	12(325)	17(333)	7(97)	15(340)	19(520)	118(2458)

出典:鹿児島市「市内の有料老人ホーム一覧」より筆者集計

れた高齢者が，車に揺られて毎日デイサービスに通うには困難を伴う．

　筆者の要介護4の義母に関する体験からしても，体調不良等による休み等で，平均で13回程度の利用回数（隔日利用）であった．ところが，住宅型有料老人ホーム等におけるデイサービス等では，入居者が非感染性の体調不良等であった場合，居室に1人残しておくよりは皆と一緒にいたほうが目も届き，安全で適切なケアにも通じることになり，週5日利用が当たり前となり，利用回数が増えることになるのである．

　適切な運営をしている住宅型有料老人ホーム等の場合，利用者中心にケアを組み立てると，このような状況になるのもやむを得ないことではある．しかし，それだからこそ，24時間ケアを提供できる特定施設入居者生活介護と同様な体制にシステム化することが大切ではなかろうか．介護保険に係る費用の増大を抑えるためにも．

　鹿児島市における有料老人ホーム数は表6のようになる．平成28年11月1日現在，住宅型有料老人ホームは118施設で定員は2458人で，これらの人々が居宅サービスにおける入所系サービスを受けていることになる．（介護付有料老人ホームは12施設，定員650人となっている．）

おわりに

　2016（平成28）年3月にオープンした筆者の地域密着型デイサービス事業所は，開設当初の利用者1名でスタートして，9月の中旬に2人目の利用者があった．11月1日現在3人目の利用者があるが，利用増は困難なものがある．在宅に適切な対象者がいないので紹介できないという現状をケアマネから聞く．

　このように，本来の意味での在宅でのサービス利用者が減少し，居宅サービス利用者という名の下に入所系サービス利用者が増加するということは，介護保険制度の創設理念である住み慣れた自宅若しくは地域でという方向性からかけ離れていくことになる．しかし，介護離職ゼロを目指している今日の我が国の施策では，依然として入居系サービス増を期待している．これが介護保険制度を圧迫していることに気付く必要がある．

　有料老人ホームの入居者に対しては，上述したように区分支給限度基準額の

上限を，特定施設入居者生活介護費と同額にすべきである．このことで，大幅な減額が見込まれることになる．

　このように，地域包括ケアを適切に実施するためには，調査票初め，介護報酬のあり方，適切な福祉理念の提示の下での福祉サービスへの民間活力の参入等，現行システムを抜本的に見直す必要があるし，見直す時期に来ているのである．が，残念ながら，抜本的な見直しの青写真の提示のもとで議論が進められている状況にはない．

注
（1）同名のNHKスペシャルの受刑者の告白によれば，有料老人ホーム等には入所させたくとも経済的余裕がない．そうこうするうちに，ついに自分の親に対して手をかけてしまったという後悔の念を漏らしていたように，経済的困窮が大きな要因の一つにもなっている．
（2）このことについては，「介護保険制度を持続可能にする施設経営のあり方に関する一考察」(2013) に詳細に論じているので，本稿では省く．
（3）ケアマネジメントは，援助対象者と社会資源を調整するという意味合いがあり，調整する役割を担うのがケアマネジャーで，介護保険制度では適切なケアをパッケージ化するという意味合いが含まれている．

引用・参考文献
厚生労働省（2016）「地域包括ケアシステム」www.mhlw.go.jp
老人保健福祉審議会報告書（1996）「高齢者介護保険制度の創設について」
　　www.ipss.go.jp/publication/j/shiryou/no.13/data/.../993.pdf
田中安平（2013）「介護保険制度を持続可能にする施設経営のあり方に関する一考察」
　　『自治研かごしま』鹿児島県地方自治研究所
田中安平（2014）「介護保険制度下の施設経営に関する一考察」『自治研かごしま』
　　鹿児島県地方自治研究所
日本政策金融公庫総合研究所（2016）「介護者から見た介護サービスの利用状況」
　　www.jfc.go.jp/n/findings/pdf/sme_findings160209.pdf
有料老人ホーム・鹿児島市「市内の有料老人ホーム一覧：平成28年11月1日現在」
　　www.city.kagoshima.lg.jp/kenkofukushi/.../shisetsu-13.html
鹿児島市編（2015）『第6期鹿児島市高齢者保健福祉・介護保険事業計画』

第9章

公的介護保険制度と
地方都市の福祉サービス
— J. Le Grand の「準市場論」を踏まえて—

石踊　紳一郎
Ishiodori Shinichiro

はじめに

　介護の社会化を目指した公的介護保険制度がスタートして15年が経過した．全国的にみると，サービス利用者数が，511万人（在宅サービス382万人，施設サービス90万人，地域密着型サービス39万人）と爆発的に増加している．それに伴い介護保険料の費用総額も当初の3.6兆円から10.1兆円に約3倍へと拡大してきている[注1]．まさに，多くの高齢者が身近に介護サービスを利用している状況がみられる．周知のように，わが国の福祉サービス供給体制において「市場化」の概念をいち早く導入したものが公的介護保険制度である．同制度により，これまで介護サービスを提供してきた非営利法人である社会福祉法人や医療法人に加え，NPO法人や協同組合，営利法人である株式会社や有限会社など，多様な事業主体の参入を促進させることとなった．しかも，「選択の自由」の名において福祉供給主体の多元化を図ることで，事業者間の競争による費用の効率化，サービスの質の向上がもたらされることが強調された．しかし，多様な事業者の存在が，利益追求と経費削減への偏重，人材確保難，情報公開の不十分さ，人員基準・運営基準の遵守など多くの課題を出現させることになった．そこで，本稿では介護サービス提供の現状から「介護サービス事業者間で適切な競争が働き，その結果として提供されるサービスの質の向上が図られたか」に関してインタビュー調査を実施することで，「介護サービス提供事業者の増加が，公的介護保険制度にどのような影響を与えているか」を考

察することとした.

1 調査の目的及び調査対象地域

本調査の目的は,公的介護保険制度が保険者である市町村や介護サービス提供事業者に与える影響に関して,特に「多様な事業者の参入が,提供される介護サービスの質の向上に影響を与えているか」に着目して,J.ルグランらの「準市場理論」[注2]を参照しつつ実証的に検証することである.

本調査では,人口規模が類似している鹿児島県内の地方都市である鹿屋市,霧島市,薩摩川内市の3地域を調査対象地域とした.3市は平成の大合併により,産業,医療,福祉,教育など都市機能を備えた10万都市となり,産業構造や人口構造などに違いはあるものの県内において行政政策など比較検討の対象とされる都市でもある.合併後10年前後を迎え,総人口や高齢者人口,高齢化率などに変化が生じているが,比較対象とするのにもっとも適切であると考えた.

2 インタビュー調査の方法と調査対象

インタビュー調査は,調査対象地域の行政,社会福祉協議会,社会福祉法人,民間営利法人(株式会社・有限会社)の関係者に対して,ルグランらが提示した準市場の評価基準である効率性(Efficiency),応答性(Responsiveness),選択性(Choice),公平性(Equity)の達成状況,達成の前提条件である市場構造(Market Structure),情報(Information),取引費用と不確実性(Transaction Coast and Uncertainty),動機づけ(Motivation),クリームスキミング(Cream‐Skimming)を念頭に「多様な事業者の参入が,提供される介護サービスの質の向上に影響を与えているか」を質問した.また,調査協力を依頼する段階で,インタビュー調査をスムーズに進行するためにルグランが提示した「準市場理論」に関する資料及び事前調査票を送付した.

調査対象者は,3市の調査対象地域で,行政関係者(介護保険担当部職員)は9人,社会福祉協議会(介護保険事業担当者)は4人,社会福祉法人は15

法人で15人，民間営利法人は14法人で14人，調査対象者総数は全体で42人であった（表1）．

なお，社会福祉法人関係者は鹿児島県社協老人福祉施設協議会会員の中から特別養護老人ホームの経営に携わっている者，営利法人関係者は地区での協議会会員の中から経営に携わっている者をそれぞれ5法人の推薦を頂き協力をお願いした．ただし，薩摩川内市の民間営利法人は4法人であった．

表1　インタビュー調査対象者　　　　　　　　　　　（単位：人）

	鹿屋市	霧島市	薩摩川内市	合計
社会福祉法人	5	5	5	15
民間営利法人	5	5	4	14
行政関係者	3	4	2	9
社会福祉協議会	1	1	2	4
合計	14	15	13	42

3　倫理的配慮

インタビューに際しては，開始時に「調査目的・方法」など調査の趣旨を説明するとともに，回答に関して個人名や法人・事業所名などが特定されないようにすること，調査で得られた結果は学術研究以外の目的で使用しないことを説明し，了解・同意を得てからインタビュー調査を開始した．

4　調査の概要

インタビュー調査は，2016年2月に3つの調査対象地域に出向き，法人・関係者ごとに日時，場所を設定して行った．インタビューの時間は約2時間であった．

インタビュー調査内容は，「多様な事業者の参入が，介護保険事業にどのような影響を与えたか」「参入にあたっての困難さ，規制緩和や行政（国）の関与」に関する以下の8項目を中心に，市場化を導入した公的介護保険制度が施行後15年を経過して，当初の目標であった「多様な事業者の健全な競争により，質の高いサービスが提供されるシステムの構築」が，現在どのように展開して

いるかを聴き取り調査した.
- (1) 競争に関する意識の事項
- (2) 介護サービス公定価格の設定に関する事項
- (3) 介護サービス利用の制限に関する事項
- (4) 社会福祉法人と営利法人との競争条件に関する事項
- (5) 施設サービス運営の規制緩和に関する事項
- (6) 公的介護保険事業への参入や運営全般に関する国の関与に関する事項
- (7) 競争原理と介護サービスの質の向上に関する事項
- (8) 多様な事業主体の参入と介護サービス市場に関する事項

5 調査結果

　本調査結果は，社会福祉法人，民間営利法人，社会福祉協議会，行政に分けて行った．また，質問項目の一部は社会福祉法人と民間営利法人のみに行った．
　結果については，(1) 競争に関する意識，(2) 介護サービス公定価格の設定，(3) 介護サービス利用の制限，(4) 社会福祉法人と民間営利法人との競争条件，(5) 施設サービスに関する規制緩和，(6) 公的介護保険事業への参入や運営全般に関する国の関与，(7) 競争原理と介護サービスの質の向上，(8) 多様な事業主体の参入と介護サービス市場，の順に述べることとする．

1） 競争に関する意識
　競争に関する意識調査は，(1) 介護サービス市場での競争の有無，(2) 介護事業の運営上での資金の確保・職員の確保・利用者の確保などの困難さ，に関して行った．

(1) 介護サービス市場での競争の有無
　ルグランらは「市場が競争的であるためには，多くの事業主体が自由に参入する機会が与えられる」こと，つまり「市場構造の転換」を準市場成功への達成条件の一つに挙げている (Le Grand 1993:19 − 24)．
　調査対象地域において，居宅サービスに位置付けられている通所介護事業(以下，デイと略す.) や訪問介護事業 (以下，ヘルパーと略す.)，地域密着型サ

ービス事業である認知症対応型共同生活介護（以下，グループホームと略す．），小規模多機能事業などを中心に多くの事業主体が参入している．このような状況において事業主体それぞれの管理者や責任者が介護サービス市場をどう捉えているかを質問した（図1）．

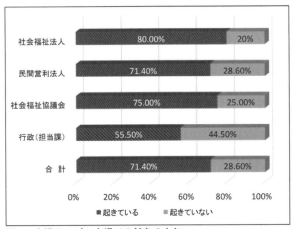

図1　介護サービス市場での競争の有無

　全体では42人中30人（71.40%）と多くの回答者が「多様な事業者が参入することで，競争が起きている」と認識していた．

　民間事業者の中には特色を活かして利用者を獲得する努力をしており，競争原理が働いているとの回答が多かった．また，「社会福祉法人は老舗感覚で対応が遅れているが，民間事業者は小規模なゆえに利用者の要望に対して素早く対応している．競争に関しては，相対的に社会福祉法人が意識しているようである」との回答も聞かれた．

　「競争が起きていない」との回答には，①地域によって過疎化が急速に進んでいる．それらの地域では，高齢化率は高いが介護サービスを利用する高齢者人口は減少している．②ゆえに，従事する介護職員の確保も困難となってきている．このような現状では介護サービス提供事業者の経営が成り立たないため進出する事業者が少なく利用者が選択できる状況にはない．すなわち競争原理が働いていない状況であるとの意見であった．また，多くの民間営利法人の関係者から，社会福祉法人へは税金や補助金などの優遇制度があるが，民間営利

法人は固定資産税等の支払いや補助金の受けづらさもある．経営するうえで社会福祉法人との条件が違いすぎることで「競争にならない」という回答が多く聞かれた．

その他の意見として，事業者の参入により介護サービス供給が過剰になってきており小規模事業所には非常に不利な状況で競争が起きている．そのため経営だけを考えた手法になっている事業者も多く存在する．そこにはモラルの問題が発生するとの意見も聞かれた．さらに，介護の根本的な問題点として，家族と本人のニーズの相違も要因にある．認知症が悪化して，利用者自身が自宅で生活したいという思いがあっても，家族が入所させたい場合，両者の思いはまったく異なる．とりあえず入所できるところがいい施設・事業所となってしまう．そこには競争の原理が働かない状況がある．

公的介護保険制度が始まり15年が経過したが，利用する側も本来の介護保険を使う意味が浸透していない点もある．要介護状態になってもなんらかのサービスを使うことで，自立した生活を維持できるのが公的介護保険制度の理念である．しかし，現実的にはどれだけのサービス量を使えるかが重要視されているとの意見もあった．

(2) 介護事業の運営上での資金の確保・職員の確保・利用者の確保などの困難さ

事業者にとって介護サービス事業を立ち上げ運営していくうえで，いかに資金を確保し，適した介護人材を確保し，利用者を集めるかは重要な点である．この質問項目については，社会福祉法人と民間営利法人の関係者に聞いてみた．①「資金確保の困難さ」については，図2に示すとおり，民間営利法人は14人中8人（57.10%）が「困難さがあった」と答えている．社会福祉法人は15人のうち4人（26.70%）であった．やはり，民間営利法人が事業の開始時や運営していく上で資金確保の困難さを感じていることが分かった．一方，社会福祉法人の割合が低いのは，従来から公的な資金（補助金）を得て事業を立ち上げている証でもある．既述したように，社会福祉法人と民間営利法人との「条件の違い」に関連した意見で，イコールフッティングの視点から議論が展開されている点である．

社会福祉法人関係者の「どちらともいえない」という回答には，社会福祉法人を設立して施設等を建設する際には，基本財産としての土地や建設費の一部

を寄付という形で創設者が拠出することに対する困難さであった．

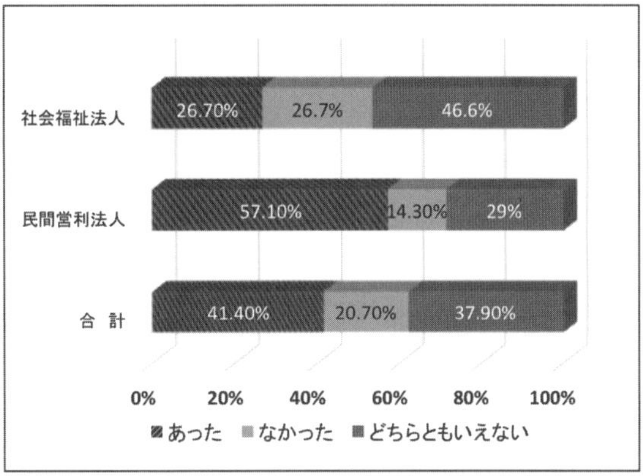

図2 介護サービス事業運営に関する資金確保の困難さ

②「職員確保の困難さ」は図3に示すとおり，社会福祉法人は15人中7人（46.70％），民間営利法人では14人中9人（64.30％）と多くの法人が困難さを感じている．意見として，ここ数年はデイやヘルパー事業所を併設した有料老人ホームなどの著しい増加に伴い人材確保が難しくなってきている．さらに，「仕事の割には給与が安い」など介護に対するネガティブなイメージが定着してしまったことも影響しているとのことであった．

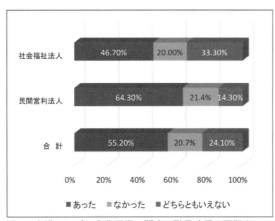

図3 介護サービス事業運営に関する職員確保の困難さ

霧島市や薩摩川内市では，郊外にある大型商業施設や大手メーカーの工場進出により就職先が多く，労働力の流動性が高いことも要因の一つと考えられる．介護サービスは人が人に対して行う仕事で労働集約的産業である．提供される介護サービスの質の向上には人材確保・育成が一番のポイントとなる．人件費比率が高いなか，今後それほど多くの賃金アップが見込めない．これからは新規職員確保とともに離職防止の対策も必要となってくるとの意見もあった．

スタッフの募集・確保については，多くの事業所がハローワークや職員による紹介で対応している場合が多い．専門学校や大学などに募集に行くが採用には結びついていないのが現状である．仮に福祉の仕事を希望する学生がいたとしても「病院など医療系で働きたい．都会で知識を蓄えたい」など，地元での就職を希望する人は少ないとの答えであった．介護事業者と就職希望者の情報が違うことでのミスマッチが起きていると推察される点である．また，既婚者の男性職員は生活のための給与保証がないと難しく，しかも将来展望が描きにくい現状がある．法人を拡大展開することで，収益を増やして賃金アップに還元することを目指すのも一つの方法であるとの意見もあった．

社会福祉法人関係者からは，「介護職員の賃金の改善が図られないと介護職員募集は難しいのではないかと考え，介護職員の給与の見直しを進めてきた．介護職員の給与については大きなテーマだが，小規模の法人では現実的には厳しいことが予測される．賃金の見直しは，人件費比率の割合まで関係してくるが，給与面だけの見直しだけではなく，介護現場の環境改善（ノーリフトの推奨）など，様々な面で雇用側が怠ってきた部分を改善しないと介護業界の人材確保はますます厳しい状況になってくる」との意見もあった．

③「利用者確保の困難さ」に関しては図4に示すように，全体として29人中13人（44.90%）が「あった」，9人（31.00%）が「どちらともいえない」と回答があった．民間営利法人14人中9人（64.30%）が「あった」と回答したことは，「特に創設時に利用者の確保がスムーズにいかない」ことであった．社会福祉法人の「どちらともいえない」との回答は，公的介護保険制度施行以前は困難さを感じていなかったが，ここ数年，デイやヘルパー，グループホームなどを中心に，多くの事業者が参入することで個々の事業所において利用者の減少が出始めているとの理由であった．

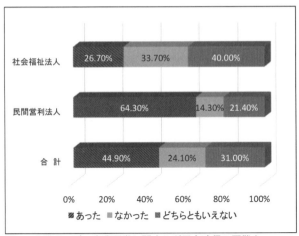

図4 介護サービス事業運営に関する利用者確保の困難さ

2）介護サービス公定価格の設定

　介護サービス公定価格については，（1）介護報酬の水準，（2）利用者負担金に関しての質問を行った．

(1) 公的介護保険の報酬水準

　介護報酬の水準については，サービス提供者と行政関係者との回答がはっきりと分かれていた（図5）．社会福祉法人では15人中9人（60.00％），民間営利法人では14人中10人（71.40％）が「低い」と感じていた．「低くない」はゼロであった．行政関係者は「低くない」が3人（33.30％），「どちらともいえない」が4人（44.50％）と「低いわけではない」と考えていた．行政サイドとしては，介護保険財政の健全運営と保険料の圧縮を考慮しての回答であると考えられる．

　介護報酬設定については，3年ごとの介護報酬見直しのたびにマイナス改定が続き，特に施設サービス報酬に関して全般的に低いと感じているようである．介護報酬は公定価格であるため，利用者はサービス事業者を選ぶ際に価格が判断材料にならない．ゆえに，サービスの質が主な判断材料になるはずである．しかし，情報の非対称性の問題でもあるが，利用者が多くの情報を得られないことから事業者のサービスの質を判断することは難しい状況である．介護サー

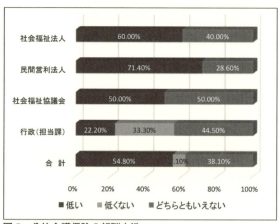
図5　公的介護保険の報酬水準

ビス情報の公表制度はあるが，利用者に活用されているとは言い難い．また，介護報酬の価格を高く設定すると，それに伴い利用者負担が増え介護サービスが利用しづらくなってくる．一方，低く設定すると，サービス提供事業者の経営が成り立たなくなってくる．公定価格としての介護報酬をどの程度の水準で決定するかは難しい問題である．

(2) 介護サービスの利用者負担金

利用者負担金に関しては図6のとおり，全体的には「どちらともいえない」が42人中20人（47.60%）と最も多かった．しかし，「低くない」と回答した人も12人（28.60%）あった．利用者負担金も「低くはない」と感じている人の割合が高かった．また，施設利用においては食費や居住費が自己負担となっており，さらに2015年8月からは標準世帯で一定所得以上の利用者は利用負担額が，これまでの一律1割負担から2割負担となり負担感が増しているとの意見もあった．

3）介護サービス利用の制限

ルグランが提示している準市場成功への達成条件の一つでもあるクリームスキミングに関する質問事項で，「サービス提供者が自らの利益を最大化するよう購入者や利用者を選別すること」である．費用負担や介護の煩雑さに関係な

第9章 公的介護保険制度と地方都市の福祉サービス

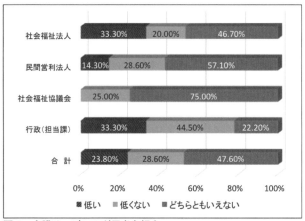

図6 介護サービスの利用者負担金

く受給資格があり，ニーズをもつ利用者にはサービスを届けること，つまり，クリームスキミングを防止するである（Le Grand 1993:31 - 33）.

　この項目は社会福祉法人と民間営利法人の関係者に調査を行った．介護サービス利用制限に関して4項目の質問をした（図7）．多くの法人がサービス利用を制限していないと回答していた．しかし，「症状（病状）によって利用を制限するか」に関しては，社会福祉法人関係者で6人，民間営利法人関係者で5人が「する」との回答であった．これは医療的措置が多い利用者，例えば鼻腔，胃瘻の利用者を制限する場合であった．福祉施設であるため医療体制が整っていないことがその背景にあることが考えられる．また，性別による利用制限は，多床室での男女の部屋割りの関係であった．収入による制限は，居住費や食費が利用者個人負担のため，利用希望者の所得状況で敬遠する施設もあった．

4）社会福祉法人と民間営利法人との競争条件

　社会福祉法人と民間営利法人の競争条件については，全体として31人（73.80％）が，税制や補助金で社会福祉法人が「優遇されている」と回答している（図8）．特に民間営利法人関係者は実に14人中13人（92.90％）が「思う」と回答していた．大部分が社会福祉法人は優遇されており，民間営利法人と比べて公平な競争原理が働いていないとの意見であった．つまり，事業者として

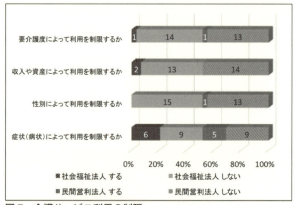
図7　介護サービス利用の制限

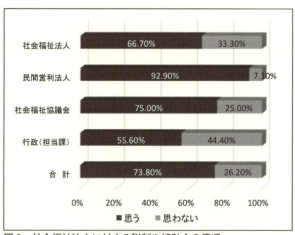
図8　社会福祉法人に対する税制や補助金の優遇

　公的介護保険制度の下で同じ介護サービスを提供しているが，社会福祉法人は税金や補助金で優遇されているため条件が違いすぎる．いわゆるイコールフッティングの問題である．

　インタビューにおいて特筆すべき回答として，「社会福祉法人としては，必要な課税を受け入れることで自由度を高め事業を充実・拡大することができるのではないか」「社会福祉法人が社会貢献として税金を払うこともアイデアの一つではないか」との意見もあった．一方，「社会福祉法人に課税をするので

はなくて，民間営利法人であっても介護サービス事業自体を非課税にしてはどうか．それで社会福祉法人と民間営利法人のバランスがとれるのではないか」という意見もあった．

5）施設サービスに関する規制緩和

①施設サービス（特別養護老人ホーム）への参入に関し規制緩和すべきか，の質問については，「思う」と回答した人の割合は，社会福祉法人が15人中3人（20.00%）であるのに対して民間営利法人が14人中11人（78.60%）という結果になった．全体として施設サービスの規制緩和に関して，「思う」が42人中17人（40.50%）に対して，「思わない」が25人（59.50%）であった．特に行政関係者の9人中8人（88.90%）が「規制緩和すべきだとは思わない」との意見であった（図9）．

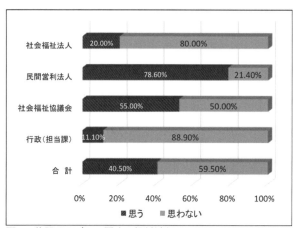

図9 施設サービスに関する規制緩和

②社会福祉法人のみでなく民間営利法人にも施設サービス提供主体として認めるか，との問いに関して，「思わない」とする意見が社会福祉法人と行政関係者に多かったことは，特別養護老人ホームをセーフティネットとして位置づけているとの意見であった．

「規制緩和すべき」との回答の中には，①東京など都市部では特別養護老人ホームなどの担い手がいない．②全国を考えると民間活用も必要であり，民間

営利法人などの参入を許すのもいいのではないか．③人材不足や資金的な問題を考えると老人福祉施設の民間参入の流れも必要と考える．との意見があった．

　わが国には住み替えの感覚があまりない．有料老人ホームなどの利用者も，重度化していくなか，看取りケアまで求める風潮がある．しかし，それが可能な施設とそうでない施設がある．いくら施設整備をしても棲み分けの感覚を持たないと利用者が尊厳をもって生活することは難しいと考える．これに関連して，「特区を設けて民間営利法人が特別養護老人ホームを創設してもいいと思うが，今後は医療との連携が必要と考える．『看取りの体制がないから他の施設へでも行ってください』といわれることが，家族，本人が一番困ることである．特別養護老人ホームを運営する以上は，利用者を最後まで看るというポリシーと体制が必要であると考える」などの意見があった．

6) 公的介護保険事業への参入や運営全般に関する国の関与

　「介護保険事業全般に関して国の関与，つまり規制を強くすべきか」の質問については，全体の42人中22人（52.40％）と約半数が「すべきである」と回答している．特に行政関係者や社会福祉法人関係者に多かった．「どちらともいえない」との回答には民間営利法人に14人中8人（57.10％）と一番多かった（図10）．ここでは，介護サービスの供給体制の競争原理に焦点をあて，国の関与のあり方が準市場の形態にどのように影響を与えているかを聞いてみた．

　規制を強くすべきであるとの意見には，「介護サービス事業に関しては，規制緩和や自由競争ではなく総量規制による一定の市場規模を保つ必要が求められていると考える．人材及び利用者の分散により地域から居住を奪う恐れが出てくる．介護保険制度は公的制度である以上，社会保障の側面から一定の規制が必要であると考える」などや，「公的介護保険制度において保険者は市町村である．ヘルパーやデイの認可は県に指定・監督権限があるため，介護保険事業計画を策定する市町村では管理できない現状にある．認可などについても県や市町村が協議するなど一定の配慮が必要であると考える．一方，あくまでも保険者は市町村であるので，すべての指定権限を介護保険者である市町村に移すべきである」，また「容易な事業所の設置認可により，利用者や職員不足のジレンマに陥り，本来の福祉のあり方が崩れてきた感じがする」との意見も聞

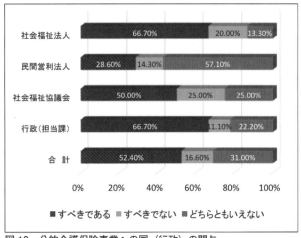

図10　公的介護保険事業への国（行政）の関与

かれた．

　行政の関与を強くすべきでないという考え方には，「措置の時代は細かいところまで行政に管理されていた思いがある．いわゆる社会福祉法人の独立性，自立性が損なわれる状況があった．行政の関与が強くなると逆戻りになるのではないか．許認可に関してはもう少しハードルを高くして，事業運営に関しては法律で決めるのではなく，お互いに協力して自由な発想での地域貢献事業ができるような関係性を築くことが必要である」との意見であった．

7）競争原理と介護サービスの質の向上

　公的介護保険制度は，多様な事業者の参入を促し，利用者が主体的にサービスを選択することで，介護サービスの質の向上やコストの合理化をめぐる健全な競争が働くシステムを目指したものである．そこで，競争原理が働くことで介護サービスの質の向上が図られているのか質問した．

(1) 質の向上が図られているという主な回答は，以下の4点であった．

①事業所が急激に増え競争が激化しており，そのことがサービスの質の向上につながっていると思う．また，利用者確保が難しくなる状況で「提供するサービス＝商品」の内容が向上している．特にリハビリ重視型のデイが増え，

利用者の自立支援や身体機能向上に大きく貢献している．取り組んでいない事業者との格差が生じている．
② 業界団体の組織がしっかり機能して，意識統一もできておりサービスの質の向上につながっている．認知症の利用者に関しては家族などの意見が大きく反映する場合もあるが，利用者を十分アセスメントしてサービスを提供しているので，サービスの質は向上している．
③ 事業所が増えたことで競争が行われているのは事実である．コストの合理化や経営の在り方を各法人が模索するようになった．
④ 生産的効率性としてのサービスの質を問う競争かどうかは別にしても，競争があることで淘汰されていく事業所が出てくる．ただし，質の高いサービスを提供する事業所が生き残れるかどうかは別の話である．

(2) 質の向上が図られていないとする主な回答は，以下の4点であった．
① 事業所が急激に増加したことにより，介護スタッフや事業者の分散といった状況が生まれ，人材確保・教育や研修まで手が届かないなどの問題がある．更に給与見直しや福利厚生の充実などが経費を圧迫してくる．質の維持が精一杯で質の向上まで至っていない状況もある．
② 競争は起きているが利益優先の事業所もあり，質が上がるための競争ではなく顧客の奪い合いが生じている．事業経営を成り立たせるための競争であり，ルール違反が横行している．退出のルールが機能していない．
③ 純粋な競争原理は働いていない．現状は利用者を増やして利益をあげることを追従することに流れているような気がするが，どうすれば改善できるか．規制を厳しくして，事業所を淘汰して適正化を図る必要があるのではないか．
④ 本来は「提供される介護サービスでの競争」であると考えるが，反面，介護保険対象外での競争が激化しているのではないか．介護保険ではどこまで支援をするのか，すべきなのか．保険外のサービスが売りになっている場合もある．保険対象外で特色を出さないと介護報酬でのメニューは決まっている．実際競争をするのであれば保険対象外の部分でしかできない気がする．

8) 多様な事業主体の参入と介護サービス市場

多様な事業主体が介護サービス事業に参入することで，事業者間で何らかの

競争意識が働き提供される介護サービスにも変化が生じてきていること，そのことが事業者や利用者，公的介護保険制度にどのような影響を与えているかの意見を聞いた．

(1) 影響を肯定的に捉えている主な回答は，以下の4点であった．

①利用者本人の生活に着目し，自宅での生活を自分らしくいつまでも続けられるような視点でサービス内容を取り入れる事業者が増えてきたことで，質の向上が図られてきている．

②事業所によっては，リハビリ専門職を配置したり，レクリエーションや野外活動，季節の行楽，地域との交流等をより活発に行っている．利用者の自宅での生活が向上し家族の介護負担の軽減が図れるような視点も芽生えてきている．在宅サービス事業者と施設との連携もとれている．

③政策的に介護サービスメニューが増えたことや多様な事業所が参入することで，選択の幅は広がったが，どのサービス，どの事業所を選んでいいのかが難しくなった．

④社会福祉法人は，これまで競争というよりも社会貢献をしながら共存共栄の意識で運営してきたように思う．結果として，競争意識が弱く，新しいことへの取り組みが遅れているところもあるが，経営者の専門性や経営主体の特徴によって自由な発想で事業運営をするところもあり，結果的に利用者から選択されている．

(2) 影響を否定的に捉えている意見としては，以下の3点が主であった．

①競争ではなく，ものまね合戦になっている．リハビリが良いと聞くと機能訓練機器を導入したり，セラピストを置く事業所があると聞けば多くの事業者がセラピストを求めるなど，事業者としての考えが一貫してない．

②競争原理が働き質の向上に繋がった面はあるが，多様な事業所の参入で人材確保が難しくなり，サービスの質の低下を招いていると思う．従事者の不足が事業所の収支にも影響を与え，円滑な運営になっていない．

③サービス事業所が増えることで利用者の選択肢は増えてはいるが中身が分からない．介護スタッフが不足するなか，十分な教育が出来ず，質を維持することすら困難となってきている．

上記のほかに，民間営利法人の理念に対する疑問が感じられるとの意見もあ

った．今後の展開として地域，行政，他事業所などとのつながりを大切に地域貢献意識の強い法人（事業所），自事業所中心に閉鎖的な法人（事業所）に二極化されていくことが危惧される．

6 結びにかえて―福祉サービスの質と課題

1）調査結果と福祉サービス

今回の調査結果から，①介護サービス市場での競争の有無については，回答者の7割が「多様な事業者が参入することで，競争が起きている」と認識していた．しかし，過疎地域や中山間地域，離島などでは参入してくる事業者が無く，社会福祉協議会・社会福祉法人・NPO法人など非営利法人がかろうじて介護サービスを提供していた．やはり，需要のあるところに事業者の参入が偏っていることが明らかとなった．

②競争の有無とサービスの質の関連については，家族と利用者本人のニーズの違いから，預かってくれる事業所がいい施設・事業所となってしまい，本質的な競争，ルグランの提示する生産的効率性は達成されていない状況が確認された．

③介護保険運営上での課題については，資金確保の困難さ，職員確保の困難さ，利用者確保の困難さ，のいずれに関しても民間営利法人が「困難さ」を感じていた．これは民間営利法人が公的介護保険制度施行後に参入した結果で，事業所の立ち上げや運営に苦労している姿が分かった．

④介護サービス公定価格・介護報酬の水準については，事業者と行政関係者で意見が分かれていた．事業者の多くは介護報酬の水準が「低い」と感じていたが，行政関係者は「どちらともいえない」や「低くない」との回答が多かった．記述したことであるが，公的介護保険制度創設以来15年が経過し，全国において65歳以上の被保険者数が3300万人，サービス利用者数は511万人となって，介護給付の総費用額が10兆円を超える額となっている．今後は保険財政に与える影響がますます大きくなって，制度自体の持続性を脅かす要因となってきていることも明らかとなった．

⑤介護サービスの利用制限，クリームスキミングに関する事項については，

事業者に対して，要介護度，収入や資産，性別，症状（病状）についての4項目で聴き取りを行ったが，症状による利用制限を確認した．このことは，今後ますます中重度の利用者の増加が見込まれる中，深刻な課題となり得る．また，施設サービスにおいては，居住費，食費など，利用者の個人負担となっており，事業者が利用を制限するというよりも負担能力がない利用者は自ら利用を差し控える動きも出ていることも明らかとなった．

⑥社会福祉法人と民間営利法人との競争条件については，社会福祉法人が税制や補助金に優遇措置を受けていることに不平等感を感じており，公平な競争条件でないとの意見が多かった．社会福祉法人は社会福祉法第22条に「社会福祉事業を行うことを目的として，この法律の定めるところにより設立された法人」と規定され，公の支配に属する法人に位置づけられている．そのため様々な公的規制を受ける一方で，非課税など税制上の手厚い優遇措置が講じられてきた経緯がある．しかし，民間営利法人など多様な事業者の参入によりイコールフッティングの視点からの議論が展開されているが，サービス事業者として非営利法人と営利法人の条件の整合性を図る必要があることが分かった．

⑦施設サービス（特別養護老人ホーム）への参入に関し規制緩和すべきかとの質問に対しては，民間営利法人が「すべきである」との回答が多かった．規制緩和と同様に，不平等感を感じていることを示すものであった．インタビュー調査の回答を総合的に勘案すると，特別養護老人ホームはこれまでも，これからもセーフティネットとしての役割が大きい．その点からも民間営利法人の参入について規制緩和するのであれば，施設としての役割を明確に果たせるよう事前規制のハードルを高くする必要性があると考える．

⑧公的介護保険事業全般に関して国の関与を強くすべきであるかについては，社会福祉法人や行政担当者が「すべきである」との回答が多かった．これは，社会保障の観点から，ある程度の規制が必要であるとの意見であった．反面，民間営利法人は「どちらともいえない」との回答が多かった．

⑨競争原理が働くことで介護サービスの質の向上が図られているかについては，確かに多様な事業者の参入が競争状態を生み出し，提供する介護サービスの内容やコストの合理化をめぐって模索するようになってきていた．反面，事業者が急激に増えたことで，介護・看護スタッフなどの人材不足が顕在化し，

教育・研修まで手が届かない状況で，提供する介護サービスの質の向上まで至っていない状況も見られた．

⑩多様な事業主体の参入が，介護サービス市場にどのような影響を与えているかについては，多様な事業者の参入で，事業所の選択の幅が広がり，事業者も利用者から選ばれるようサービス内容の改善など努力するようになってきている．しかし，事業者間のサービス向上への競争ではなく，物まね合戦になっているようにも感じられた．本来の介護サービスメニューなのか，保険対象外の個人趣向的メニューなのかを，制度的にもはっきりとさせる必要がある．

2）準市場の評価基準とサービスの質の評価と課題

ルグランが提示している準市場の評価基準である「効率性，応答性，選択性，公平性」の観点から調査結果の現状をみると，①効率性については，規制緩和して民間事業者の参入が増えることで効率性が向上するはずであるが，利用者確保のために食費や居住費の値引きなど，粗効率性を追求していた．構造的には効率性が機能する制度ではあるが，運用上の課題がネックとなっていると考えられる．②応答性については，多様な事業所の参入によって，概ね応答性は達成されていると思われた．しかし，事業所の中には，利用者のニーズに応答的に対応するのではなく，事業所の都合で対応する場合があることも分かった．また，家族の都合が優先される実態も明らかになった．③選択性については，多くの関係者が「誰の選択であるかという点である．つまり，利用者か，家族か，ケアマネージャーか，誰が選択しているか」を問題視していた．さらに，「サービス内容・種類を選択するのか，事業所を選択するのか」も選択性の重要な点である．利用者が高齢で認知症のある場合など，ニーズの判断や自己決定が難しいことなどを含め，選択性については，ルグランの指摘を前進させるためにも専門性と職業倫理を兼ね備えたケアマネージャーの育成が急務である．④公平性については，介護保険料と利用した際の1割の利用料の負担に関して，高齢者にとっては負担感になっている．特に，施設利用者にとっての食費，居住費の自己負担などは，利用を減らしたり差し控えたりすることが見受けられた．また，要支援利用者の介護予防サービスへの移行や地域密着型サービスの創設，特別養護老人ホーム利用が，原則として要介護度3以上の認定者に限ら

れるなど，制度面での利用制限も公平性の課題となっている．

　居宅サービスに多様な事業者が参入したことで，実態として競争状態が生まれ，そのことで提供される介護サービスの本質的な質の向上に結びついているとは言い難い状況にあることが示唆された．

　さて，わが国の公的介護保険制度において民間営利法人の参入は，超高齢社会に不可欠なものであるが，そこには遵守すべき基準があり，利用者の自立支援というゆるぎない理念があるはずである．しかし，サービス提供事業者数の増加は事業者間に競争を生み，それは事業者側の主に経営面を重視した競争に重点が置かれ，それによる弊害も起きていることを調査結果は示している．今後は軽度者へのサービス提供が市町村事業に移行されることになるため，中重度者へのサービス提供が介護事業所経営の大きなポイントとなることは間違いない．これに対応が出来る人材の確保・育成がさらに必要となってくる．将来的には事業所の増加による競争から，中重度者を支援できるケアの成熟期への移行が進んでいくと考えられる．介護サービスの質が評価されていくのはこれからであろう．

付記

　本稿は，石踊紳一郎（2016）「公的介護保険法の施行下における準市場化に関する研究―公共領域の準市場化と公的介護保険制度」（鹿児島国際大学大学院福祉社会学研究科2016年博士学位論文）の一部を修正加筆したものである．

注

（1）「公的介護保険制度の現状と今後の役割 平成27年度版」厚生労働省 老健局総務課
（2）ジュリアン・ルグランは，1980年代から「公共サービスを最も必要としている人々に十分届けることができるように，サービスの配分方法に準市場原理（quasi-market）」の導入を提唱した．1990年代には，サッチャリズム（新自由主義）との親和性から批判されたが，ブレア政権において上級政策補佐官に任命され，準市場理論に基づく公共政策の推進を担った．準市場理論に基づく公共サービスの供給体制において民営化・市場化は世界的な潮流となっている．ルグランらの準市場理論については，J. Le Grand and W. Bartlett『*Quasi-Market and*

Social Policy』（London：Macmillon 1993）を参照した．

引用文献

厚生労働省老健局総務課「平成 27 年度版 公的介護保険制度の現状と今後の課題」．
Le Grand, J. and W. Bartlett（1993）『Quasi-Markets and Social Policy』London；Macmillan.1993

参考文献

李　宣英（2015）『準市場の成立は高齢者ケアサービスを変えられるか』ミネルヴァ書房
駒村康平（2004）「疑似市場論―社会福祉基礎構造改革と介護保険に与えた影響―」渋谷博史・平岡公一編著『福祉の市場化をみる眼―資本主義メカニズムとの整合性―』ミネルヴァ書房，213-236．
児山正史（2004）「準市場の概念」『年報行政研究』日本行政学会 2004, 39, 124-146.
佐橋克彦（2002）「わが国の介護サービスにおける準市場の形成とその特異性」『社会福祉学』第 42 巻第 2 号 p139-149.
佐橋克彦（2008）『福祉サービスの準市場化―保育・介護・支援費制度の比較から―』ミネルヴァ書房．
田畑洋一（2009）「福祉国家的介入と社会福祉」『九州社会福祉学年報創刊号』vol.2, 1-10.
平岡公一（2001）「社会サービスの多元化と市場化」大山　博・炭谷　茂・武川正吾・平岡公一編著『福祉国家への視座』ミネルヴァ書房，30-52．
広井良典（1999）『日本の社会保障』岩波新書．
増田雅暢（2003）『介護保険見直しの争点 政策過程からみえる今後の課題』法律文化社．
横山寿一（2003）『社会保障の市場化・営利化』新日本出版社．
横山壽一（2009）『社会保障の再構築　市場化から共同化へ』新日本出版社．

第 10 章

地域包括ケアシステムと日本版 CCRC 構想の可能性

新田　博之
Shinden Hiroyuki

はじめに

　わが国では閣議決定された社会保障・税一体改革大綱を受け，2012（平成24）年8月には社会保障制度改革推進法が公布された．これにより医療介護一括法が2年後の6月に成立し，翌年の5月27日には医療保険制度改革関連法が成立している．2014年に成立した医療介護一括法の正式名称は「地域における医療及び介護の総合的な確保を推進するための関係法律の整備等に関する法律」であり，社会保障・税一体改革の道筋を示したプログラム法に基づいた，医療法や介護保険法など19本の改正案をまとめた一括法である．
　今回の改正では，医療の機能分化を進めるとともに急性期医療を中心に人的・物的資源を集中投下し，その後を回復期の医療や介護サービスの充実により総体としての入院期間を短縮し，家庭や社会へ早期の復帰を図ることが強調されている．そのため，地域包括的なケアシステムの構築を図り，病気と共存しながらQOLの維持向上を目指す地域完結型医療を構築し，医療と介護，さらには住まいや自立した生活の支援が切れ目なくつながる仕組みの構築が必要とされている（武藤 2015：1-31）．
　地域包括ケアシステムでは，自立支援の考え方による介護サービスの提供（機能訓練等により在宅の限界点を高める），高齢者の住まいの場の確保（施設から在宅へ），要支援・二次予防対象者に対する生活支援サービスの，自治会・ボランティア・NPO等による提供が示されている．一方，地方創生に組み合

わせて，都市部から地方へ高齢者が移住する政策が政府主導で推進されはじめた（日本版CCRC構想有識者会議2015：1-6）．本稿では，そうした介護改革動向を踏まえ，地域包括ケアシステム構想の現状と課題について検討し，最近提唱された日本版CCRC（Continuing Care Retirement Community）構想が地域包括ケアシステムを補完する可能性について言及する．

1 地域包括ケアシステムの背景と概念

　地域包括ケア構想の背景にあるのは，日本において諸外国に例のないスピードでの高齢化の進行がある．内閣府（2015）によると65歳以上の高齢者人口は過去最高の3300万人（前年3190万人）となり，総人口に占める割合も26.0％（前年25.1％）となっている．今後，高齢者人口は2042年には3878万人でピークアウトする見通しだが，75歳以上の後期高齢者の比率はその後も増え続け，団塊の世代が75歳以上になる2025年以降には高齢化率は高まり，2060年には39.9％に達し国民の約2.5人に1人が高齢者となる．国民の高齢化にともない医療や介護のニーズは一層高まってくる（内閣府2015：2-5）．こうしたことから，保険医療福祉を統合する改革として地域包括ケアシステムが提唱された．

　地域包括ケアは，2000年の社会福祉法改正のなかに地域福祉の推進が盛り込まれ，住民参画による「地域ケアシステムづくり」として登場してくる．同年には介護保険制度が施行され，様々な介護サービスが導入されたが，その反面，介護保険によるサービスのみでは地域の介護課題を解決することが困難であることも明らかになった．2006年の介護保険制度の見直しに大きく影響を与えた2002年の高齢者介護研究会報告書「2015年の高齢者介護」では，介護以外の問題にも対処しながら介護サービスを提供するには，介護保険のサービスを中核としつつ，保健・福祉・医療の専門職相互の連携，さらにはボランティア等の住民活動も含めた連携によって，地域の様々な資源を統合した包括的なケアが必要であると示され，この報告書を受けて地域ケア，地域ケアシステムの考え方が，また医療制度改革においても地域ケア体制という考え方が提示された（岩崎2016：187-188）．こうして，2006年の介護保険制度の見直しでは，

保険者・市町村がその運営に直接的に責任を持つ地域密着型サービスが誕生し，地域支援として包括的・継続的マネジメント等を担う地域包括支援センターが設置され，市町村はその行政区や地域包括支援センターの日常生活圏域での地域包括ケアシステム構築が課題となった．

地域包括ケアシステムの概念は，広島県公立みつぎ総合病院の院長を務めた山口昇医師が，昭和30年代以来，御調町（現在は尾道市に合併）で展開した医療と福祉にまたがるケアの実践に与えた名称であり，脳卒中後遺症の患者の生活の質の確保を目指す保健医療福祉の協働のアイディアから出発している．背景には社会福祉制度は低所得者の生活支援を中心にしていたことがあり，医療が長期療養者の生活支援を担わざるえない事情から，高齢者の医療費が高騰し政策的な対応を迫られたことにあった．国は2025年を目途に，重度な要介護状態となっても住み慣れた地域で自分らしい暮らしを人生の最後まで続けることができるよう，住まい・医療・介護・予防・生活支援が一体的に提供される地域包括ケアシステムの構築の実現を目指している．ここでいう地域は，単なるエリアを指しているのでなく，地域住民の人的な相互関係による支えあいの場，コミュニティの場として包括的に捉えている特徴がある（髙橋2012：2-4）．地域包括ケアシステムでは，患者を医療の対象者として捉えるのではなく，患者を生活体として捉え，対象者に対する生活の質で捉える観点が重要になる．

医療・介護サービスを必要とする対象者は，医療サービスは原則として医療保険からの給付を受け，介護サービスは介護保険からの給付を受ける．すなわち，それぞれ異なる提供主体やサービス内容，支える専門人材や保険の仕組みとなることに問題がある．これまでは65歳以下の人口が大多数を占めていたことと，単一疾病主体であったことが相俟ってケアサイクルが連続的に繰り返す状況が想定されずにきた．結果として，ケアサイクルに対する対応が想定されずに今日を迎え，対象者のケアサイクルを想定したシームレスな医療・介護サービスの包括化・統合化の仕組みが不足してしまった．もう一つに，2030年からの団塊世代約700万人の多死時代の到来がある．このことは現在の死亡場所を捉えれば重大さがみえて来る．現在は8割程が医療機関で亡くなっており，残り2割が自宅や介護施設で亡くなっている．2030年の死亡者総数は160

万人に達すると想定されるが，医療機関の病床が今後増えることが望めないなかで，仮に，自宅での死亡を現在の1.5倍，介護施設を2倍とし積算しても，47万人の高齢者が死に場所に困ることになる．また，簡単に自宅での看取りを増やすといっても，自宅での看取りとは究極の在宅ケアプログラムであり，在宅ケアの構築がなされないなかでは在宅看取りはありえない．その為には，ケアサイクルを取り入れた在宅ケアシステムの構築が必須となる．すなわち，地域包括ケアの充実に対するアウトカムとして在宅看取りが増加していく（武藤 2015：98-105）．

地域包括ケアは，①医療と同様に生活支援としてのケアが重要な役割を果たすという認識に立つこと，②地域を単なるエリアではなく，生活の場であり，地域住民の相互関係による支え合いの場としてのコミュニティとして捉えることが極めて重要になる（岩崎 2016：186-188）．これにより，これまでのような医療だけの力では，家族介護力の低下や療養環境の問題，孤立の問題などへの対処や問題解決はできないということがわかるし，療養を送っている人々の生活の質の向上をはかるために，多職種との連携，新しいサービスなどの整備，地域住民参加によって問題を解決して行く手法を開発し，スムーズな解決を実現するために，組織改革を行うなどの取り組みが必要とされた．

2 地域包括ケアシステムの構築

2006（平成18）年の介護保険制度の見直しに大きく影響を与えた高齢者介護研究会報告書（厚生労働省 2002）では，2015年の高齢者介護について介護以外の問題にも対処しながら介護サービスを提供するには，介護保険のサービスを中核としつつ，保健・福祉・医療の専門職相互の連携，さらにはボランティア等の住民活動も含めた連携によって，地域の様々な資源を統合した包括的なケアが必要であると述べている．この報告書を受けて地域ケア，地域ケアシステムの考え方が，また医療制度改革においても地域ケア体制という考え方が提示された（岩崎 2016：188-192）．

地域包括ケアシステムの狙いは，在宅での生活継続に対する限界点を高めることにある．その理念は，「ノーマライゼーション」「ソーシャルインクル

ージョン（社会的包摂／社会的な支え合い）」「自助・互助・共助・公助」等であり，地域包括ケアシステムが必要な理由としては，①医療機関の機能分化や入院期間の短縮による在宅での受け皿づくり，②介護保険施設である「介護療養型医療施設」の廃止（2017年3月末）や介護老人福祉施設（特別養護老人ホーム）の利用対象を原則要介護3以上とすることで影響を受けることになる医療や介護を必要とする者への在宅対応のしくみづくりが必要になる（岩崎 2016：198-200）．これらは，医療が必要な者，重度要介護者，一人暮らし高齢者等を地域で支えるしくみであるが，そのためには，まず医療・介護の連携が重要であり，次に介護保険給付から外れることになった「要支援の訪問介護や通所介護」を受けていた人たちへの「住民団体等による生活支援サービスの提供」の仕掛けが必要であり，また施設入所に代わる「高齢者の住まいの場」づくりが必要になる．そして，そのような地域をコーディネートできる「地域包括支援センター」の機能強化が必要となり，実際のケアプラン作成の担い手であるケアマネジャーのスキルアップ（自立支援型マネジメントのスキルの修得等）が重要となる．それらを円滑に実行させるための一手段として「地域ケア会議」を考えることができる．地域包括ケアシステムは，市町村にとっては介護保険所管課の担当領域を越えて，市町村レベルでは，介護担当所管課を越えた検討組織が必要になる．

　国は2025年までには地域包括ケアシステムを構築していく必要があると提唱しているが，それによると，2015年度からの第6期以降の介護保険事業計画を「地域包括ケア計画」と位置づけ，各種の取り組みを進めるべきであるとしている（岩崎 2016：189-194）．地域包括ケアシステムの確立は，医療・介護サービスの一体改革によって実現するという認識が基本であり，将来的には，介護保険事業計画と医療計画とが，市町村と都道府県が共同して策定する一体的な「地域医療・包括ケア計画」とも言い得るほどに連携の密度を高めていく必要がある．この地域包括ケアシステムでは，高齢者が地域で自立した生活が営めるように，住まいを土台とした上で，医療，介護，保健（予防），生活支援という4つのサービスが包括的，継続的，継ぎ目なく行われることが求められている（地域包括ケア研究会編 2010：3-4）．なかでも，医療・保健・介護の供給体制を構築するには，多様な専門性をもった支援者や調整役などの確保

が必要になるが，今でさえ医師や看護師，介護福祉士，ヘルパーなどの担い手は各地で不足しているほか，こうした担い手の連携や協力体制も地域によって異なっており，必ずしも十分とはいえない（日本創成会議首都圏問題検討分科会 2015：5-8）．

　QOLを重視する医療・福祉活動において，医師や看護師などの医療職と医療ソーシャルワーカーは一つのチームで働くことが多くなる．社会福祉の専門職と医療職が，協働して利用者の生活の質を高めていくためには，医学・医療の方法を正確に受け止め尊重した上で，それとは異なる社会福祉の方法を提示しなくてはならない（杉山 2004：102）．一方，現在は20世紀医療＝治療医学に主導された医療の時代が終焉を迎え，生活の質（QOL）の増進を目標とするヘルスケアの時代へと進む移行期に位置している．このことは，治療を軸とした医療に支えられた「医学モデル」から，生活の質の向上を目指す方向の「生活モデル」へと変容を遂げることであり，単に病気が治ることが健康を回復することではなく，病気が治ることで，あるいは治らなくとも適切な対処によって，当事者に健やかな生活がもたらされることが健康になることを意味するものである．20世紀医療における治療医学によって規定される健康/病気（障害）の認識枠組みである医学モデルは，生活の質によって規定される「生活モデル」へと移行し，生活モデルを支えるサービス給付体制こそが地域包括ケアであると考えられる（宮本 2014：20-44）．すなわち，予防→治療→生活支援という流れを，それぞれ保健・医療・福祉や介護の領域が担ってきたとすれば，これらの連携による包括的な疾病・障害対策は地域性をもったものとなる．高度な専門的・先端的医療機能に特化を急ぐ先端的な病院にとって，治療必要度の低い患者の入院は病院の運営の効率や医療従事者の技能形成を阻害する要因となる（筒井 2014：28-29）．そうであるならば，それらの人々が治療を終えて地域に戻った後の生活を成り立たせるための対応が別途求められることになる．

　このうち，「医療」と「介護」は社会保険制度（医療保険・介護保険等）という共助の仕組みにより既に整備がされ，また，「住まい」と「保健（予防）」は自助と公助により整備が徐々に進んできている．しかし，「生活支援」は自助・互助・共助・公助をどのように役割分担していくのか確立されておらず，配食・買い物・認知症見守り・権利擁護等の生活支援の仕組みは未だに不十分である

(筒井 2014：28-32)．今後，在宅を基本とした生活の継続を支援することを目指す地域包括ケアシステムを構築していく際に，生活支援は非常に重要な要素になってくると考える．また，高齢化と人口減少が深刻な地方圏を中心に，医療や介護分野が若年世代の就労先の一つとなっており，こうしたケアに関わる産業は地域で人々が定住するために必要な稼得機会の確保という点でも重要な機能を果たしつつある．

3 地域包括ケアシステムの目標と課題

地域包括ケアの目標は，①医療との連携強化，②介護サービスの充実強化，③予防の推進，④見守り，配食，買い物など，多様な生活支援サービスの確保や権利擁護など，⑤高齢期になっても住み続けることのできるバリアフリーの高齢者住まいの整備が必要とされている．①医療との連携強化では，24時間対応の在宅医療，訪問看護やリハビリテーションの充実強化，②介護サービスの充実強化では，特養などの介護拠点の緊急整備と24時間対応の在宅サービスの強化，③予防の推進では，できる限り要介護状態とならないための予防の取り組みや自立支援型の介護の推進，④見守り，配食，買い物など，多様な生活支援サービスの確保や権利擁護などでは，一人暮らし，高齢夫婦のみの世帯の増加，認知症の増加を踏まえ，様々な生活支援サービス（見守り，配食などの生活支援や財産管理などの権利擁護サービス）の推進，⑤高齢期になっても住み続けることのできるバリアフリーの高齢者住まいの整備では，高齢者住宅と生活支援拠点の一体的整備，持ち家のバリアフリー化の推進が謳われている．わが国には精神病床が34万床，医療療養病床が33万床，一般病床が90万床，診療所病床が13万床ある．また，特別養護老人ホームが46万床，老人保健施設が33万床，介護療養病床が7万床ある．加えて，地域密着型サービスを受けている人は31万人である．現在では，80％以上の人が医療機関で亡くなっているが，2030年に推計される死亡者総数160万人を考えれば，終末期の問題は問い直さねばならない．

現在，提供される介護サービスを捉えれば，介護保険サービスが量的に不足していることが分かる．このことは，所得とは関係なくサービス受給が図れな

い，潜在的な要介護者を生みだし健康状態を悪化させている．加えて，在宅で介護する家族の疲弊も生じさせ，現在進行しつつある「第2の過疎[注1]」に繋がる要因のひとつになっている（井口 2015：47-52）．この点からも介護保険が有効に機能しているとは言い難い．また，「地域包括ケアシステム」構築に関しても，大都市圏では深刻な人材不足から達成が困難になっている．急速に進む高齢化は，わが国の都市と地方のあり方に大きな影響を与え，これまで地方の問題とされてきた地域の自立維持や活性化が，都市部においても深刻な問題であることを詳らかにしている．政府は，日本経済を力強く再生する柱として「安心につながる社会保障」を挙げ，急増が予想される在宅介護に伴う離職をゼロとする政策を打ち出している．併せて，都市部において不足している特別養護老人ホームの大幅な整備計画を打ち出しているが，人材難に対する政策など疑問点も多くある（増田 2015：37-46）．対して，現在推進している経済連携協定（EPA）による人財確保も成果が期待でき難い背景（出井 2014）から，「高齢者の地方移住」が提言されてきた．一方，高齢者の移住を受け入れる地方では，東京圏への人口流出が止まらないなど，存続が危惧されている地域もあり，高齢者の移住を契機に，人口減少の抑制や地域経済の活性化に結び付けたいとする思惑も重なっている．政府では，「まち・ひと・しごと創生基本方針 2015」を取りまとめ，新型交付金を創設し地方創生を本格化させている．これらは，施設や人財に余裕がある地方を巻き込んだ高齢者移住に関する政策として検討されている（増田 2015：37-46）．

　75歳以上の方をみれば，要介護者の比率は 23.3％（内閣府 2015：24）であり「高齢化≒若年層の負担」と決めつけることは適切ではない．人生 100 年時代に向かいつつある今日では，リタイアされた高齢者が行うインフォーマル支援の可能性を探ることと「一億総活躍社会」を目指すとした政策は重なり，人財不足解消の一翼になっていく．自助・互助・公助にインフォーマル支援を中心に据えた「地域包括ケアシステム」の構築と，高齢者の地方移住と地方の創生を目指す日本版 CCRC の構想，特別特養老人ホームで他地域の受け入れ枠の確保などの自治体間連携などが推進され，長期ビジョンの地域包括ケアシステムの構築と，即効性のある高齢者の移住を内包したビジョンとして日本版 CCRC 構想が並行して協議されている．

4 日本版CCRC構想と東京圏の医療介護課題

　CCRC（Continuing Care Retirement Community）は，健康な時から介護時まで移転することなく安心して暮らし続けることができるアメリカのシニアコミュニティを指す制度であり，2007年の時点で全米に1861カ所，74万5千人が居住している．「CCRC」には「自立型」「支援型」「介護型」の3種類の住まいがあり，高齢化することで変化していくニーズに応じて，認知症予防，医療サービス，生活・介護支援などを総合的に提供している．入居者は，自立して生活できる段階から，特別な看護・介護サービスが必要な段階，そして人生の終末まで同じコミュニティで生活ができる．高齢者にとって，長期にわたるケア費用の予測が難しいなか，老後資産や収入の範囲で生涯終身の住宅・医療・介護の費用を包括的にカバーする選択肢として成長している（松井2016：38-40）．国土交通省は2014年6月にサービス付き高齢者向け住宅等に特化した「高齢者向け住宅等を対象とするヘルスケアリートの活用に係るガイドライン」を発表した．この検討会では，高齢者向け住宅にヘルスケアリートがすでに存在するアメリカの実態調査が行われ，自立した高齢者から介護の必要な高齢者まで同一敷地に集約したケア付き高齢者集合住宅であるCCRCの事例が報告され，地方創生や団塊世代の地方移住の受け皿として日本版CCRCの論議が活発になりつつある（武藤2015：42）．

　アメリカのCCRCは高品質のサービスを高額で提供する施設が多い傾向があり，日本でいう高額の有料老人ホームに近いといえるが，日本版CCRC構想は，「高齢者の医療介護や住まいに関しては，既に一般的な制度が整備されており，その下で，民間ベースにおいて創意工夫がなされ，自由かつ主体的に様々な事業が展開されている．『生涯活躍のまち』構想は，こうした一般的な制度の上に乗る形で，東京圏をはじめ地域の高齢者が地方や『まちなか』への住み替えを希望する場合の地域の受け皿をつくるため，地方自治体が責任をもって行う『まちづくり』として取り組む事業と位置付けられる」（日本版CCRC構想有識者会議2015：13）としている．その上で，国が定めた基本方針の策定と政策的支援を行い，地方自治体が計画の具体化と，事業主体の選定

及び指導・監督を行うなど，国・地方自治体・事業主体それぞれの役割分担が定められている．これは，民間が独自の経営判断に基づいて展開する米国CCRCとは大きく異なっている（松井2016：38）．また，東京圏からの移住にとどまらず，地方の高齢者についても，効果的・効率的な医療・介護サービスの確保から，集住化や「まちなか居住」を推進していることも特徴である．加えて，増加傾向にある空き家や空き公共施設などの地域資源を活用することにより，地域の課題解決を目指す役割もある（ひと・まち・しごと創生本部2015：6-10）．

ところで，東京圏[注2]の医療介護について日本創生会議[注3]で検討された東京圏高齢化危機回避戦略（日本創成会議首都圏問題検討分科会2015：2-14）では，東京圏では今後10年間で後期高齢者が175万人増加し，介護需要は45％程度増し，介護施設は約13万人分不足するとしている．これらは，医療・介護サービスにおいて施設はもとより，従事する人材不足は深刻になると問題提起された．この提言に合わせて，医療・介護サービスに受け入れ余力がある41の移住候補地域を挙げ，解決策の一つとして日本版CCRC構想の推進を求めた．東京都在住者の移住意向について，内閣官房（2014）の調査によると，都市部に居住する4割が地方移住の意向があり，特に50代男性では帰郷意向が強く，60代男性では「退職」をきっかけに地方移住を考える傾向が報告されている．また，出身地以外の地方移住（Iターン，Jターン）では，移住について考えている人の4割が情報不十分であるとしていることから，移住に関する情報を総合的に収集し提供する体制を整備し，世代に応じた情報と政策による支援が求められている．こうした状況を踏まえ，「社会保障・税一体改革大綱」で謳われた地域包括ケアシステムの重視という課題の実現が道半ばで，何よりも財政難であることもあり，米国のCCRCの理念や方法論をわが国に導入することの提案がみられる．CCRCの理念や方法論は日本においても応用できる側面をもっており，その理念を活用したケアを行っている法人の事例も実在する．たとえば，現在でいう日本版CCRC構想を，「美奈宜（みなぎ）の杜」は全国に先駆け20年前に試みている．また，栃木県那須町にある「ゆいま〜る那須」は，別荘地の人口流出を食い止めてほしいという，地元のニーズを汲み込み試みている．ノーマライゼーションとソーシャルインクルージョンを同

時に取り組み注目されている「Share（シェア）金沢」は多世代共生コミュニティの実証例でもある．

5 各地で取り組まれる日本版CCRC

　全国に先駆け20年前に約38万坪を要して福岡県朝倉市の地で試みている「美奈宜（みなぎ）の杜」の取り組みが西日本新聞（2016.2.6付）により報じられている．ここでは，地方移住した高齢者がアクティブで健康な生活の下で継続的に暮らし，地域で継続的に医療介護サービスを受けられるサービス，現在でいう日本版CCRCを全国に先駆け整備している．当初「美奈宜（みなぎ）の杜」は，総事業費300億円という巨費を投じて住宅ゾーンやコミュニティセンター，多目的ホールやフィットネスクラブ，さらにはゴルフ場などを建設し，入居者1000人の移住を見込んだプロジェクトであつたが，実際には200人ほどと計画を大きく下回った．このことから，多目的ホールやフィットネスクラブなど老後を生き生きと暮らすための施設が次々と中止となった経緯がある．その後，紆余曲折がありながらも，現在では332世帯，652人が暮らしている．入居者のなかで65歳以上の高齢者は55％程であり，3人に1人が首都圏や関西圏など県外からの移住者である．この街の特長は住民により自主的に運営されるスポーツ系や文化系など30を超える自治サークル活動にある．併せて，住民からの依頼を安価で請け負う有償のボランティア組織や「高齢者の見守り支援」など生活援助は住民の相互支援により図られている．ただ，こうした住民の相互支援が充実していても，この街にある有料老人ホームに入居する高齢者は周辺地域の住民が殆どであり，最終的には街を離れる傾向がみられる．

　浅川（2016）は「ゆいま〜る那須」（栃木県那須町）を，居住者，事業者，地元にとって魅力のある事業モデルとして報じている．保養地や団地において自立型のサービス付き高齢者住宅を拠点にしたコミュニティ作りなどを手がけていたが，別荘地の人口流出を食い止めてほしいという地元のニーズを汲んで事業化された日本版CCRCである．現在では76人（平均72歳）が暮らすコミュニティであり，更地の段階から入居希望者を募り，現地見学会や勉強会を開催しながら，自分たちの理想の暮らしを共有している．街づくりのプロセス

に参画することで，入居希望者は街への愛着と入居希望者同士の関係を深めており，入居率は2015年時点でも9割を超えている．介護事業も地元企業を優先していることで地域雇用が30人創生されている．これらから「ゆいま～る那須」は地元の介護事業者と共存した日本版CCRCとして注目されている．

　石川県金沢市にある「Share（シェア）金沢」は，障害者も健常者も，若者も高齢者も，そこに住む人も，訪問者も分け隔てなく交わることのできる日本版CCRCである．天然温泉やレストランなど25棟の建物が並び地域コミュニティを形成している．サービス付き高齢者住宅や学生向け住宅，障害児の入所施設を囲むように介護事業所が配置されている．そこに産前産後のケアに応じる「子育て応援相談室」が設けられておりノーマライゼーションとソーシャルインクルージョンを同時に取り組む多世代共生コミュニティとして日本版CCRCのモデルに取り上げられている（小黒2016：144-146）．

6 地方移住に関する先行調査

　内閣府政府広報室が2014年8月，全国20歳以上の国民を対象に実施した「人口，経済社会等の日本の将来像に関する世論調査」（2014）有効回収率60.9%（1826人）によると，東京一極集中に対して最も多い回答は，地方から東京への集中は望ましくない48.3%（882人）であり，2番目に多い回答は，居住地は人びとが自ら決めるべきでありいずれでもよい31.2%（570人）であった．3番目は，地方から東京への集中は現状程度が望ましい15.7%（287人）であった．一方，地方から東京へさらに集中するのが望ましいと回答した人は2.3%（42人）であり最も少なかった．東京一極集中に対して，現状程度を望む人とさらなる一極集中を望む人を併せた2.6倍以上の人が望ましくないと回答していた．東京一極集中に対して望ましくないとする傾向が強くみられた．

　回答者が居住する自治体について，現在居住している地域が，「人口規模が大きく経済活動が活発な地域」いわゆる「都市」と答えた人は，「どちらかといえば都市」と答えた人を含めて26.2%（478人）であった．また，「それ以外の地域」いわゆる「地方」と答えた人は，「どちらかといえば地方」と答えた人を含めて72.8%（1329人）であった．「都市」「どちらかといえば都市」に居

住する人の地方への移住意向は39.7%（190人）であった．一方，移住意向がない割合は59.4%（284人）であった．都市に居住し地方への移住意向について，都市居住者の4割程に地方移住意向があった．

　都市に居住し地方への移住意向のある190人に対して地方移住してもよいと思う条件を複数回答で尋ねた回答は，教育・医療・福祉などの利便性が高いことを最も多い51.1%（97人）が挙げており，2番目に多い条件として居住に必要な家屋や土地が安く得られることを48.9%（93人）が，3番目が買い物などの生活の場や文化イベント，趣味の場などが充実していることを42.6%（81人）が挙げていた．都市の居住者が地方へ移住する条件は，教育・医療・福祉などの充実，居住用の土地建物が安価であることであった．

　同様の傾向は，首相官邸・政策会議（2014）において，東京都在住の18〜69歳の男女計1200人を対象に2014年8月に実施した「東京在住者の今後の移住に関する意向調査」においても示されている．調査によると，東京在住の40.7%が「移住を予定している」または「移住を検討したい」と答えていた．移住意向で最も多い世代は50代男性であり50.8%であった．一方，50代女性の移住意向は34.2%と比較的低い傾向を示した．また性別に関係なく10・20代の地方への移住意向は46.7%と高い傾向を示した．移住したい理由は，出身地であることが37.9%で最も多く，続いてスローライフを実現したいが36.9%であった．移住するうえで重視する項目として，物価・光熱費・住居費などの生活コストの安さを53.7%が挙げ，買い物の利便性を47.3%が，交通の利便性を45.3%が挙げていた．また，移住するうえでの不安・懸念要素として，働き口が見つからないことを41.6%が，日常生活の利便性を36.7%が，公共交通の利便性を35.9%が挙げていた．医療・福祉を重視する傾向は60代で高く，そのうち男性については50.0%が，女性は52.9%が重視していた．

　先行調査により，東京一極集中を望まない傾向は全国的であり，東京に居住する4割程の人に地方移住意向があることが分かった．東京居住者の移住意向は50代男性で特に強く，一方50代女性に弱い傾向があった．移住したい理由は，出身地であることが最も多く，続いてスローライフの実現であった．また移住するうえで，教育・医療・福祉などの充実，生活コストの安さを重視していた．移住するうえでの不安・懸念は，働き口の確保と日常生活の利便性があ

った．このことは，東京での生活は働き口があり日常生活は便利であるものの，生活コストは高く忙しい日常を望まない傾向が，特に働き盛りの50代男性が示した出身地への移住意向に繋がったと推測できる．

7 日本版CCRC構想の可能性

　日本版CCRC（Continuing Care Retirement Community）構想は，高齢者は健康な段階から入居し，できる限り健康長寿を目指す予防を行うことが基本となる．また，地域の仕事や社会活動，生涯学習などの活動に積極的に参加する「主体的な存在」として位置付けられる．高齢者が地域社会に溶け込み，地元住民や子ども・若者などの多世代と交流・共働する「オープン型」の居住が基本となる．このように，この構想は，多様なコミュニティの形成を必要とするため，対象とする地域の立地，広さ，居住環境も多様となる．ただし，移住した高齢者の地域社会と融合した生活という観点から，高齢者向けの施設単体ではなく，一定のエリアや地域全体を対象とし，居住者や地元住民と交流し，共働できる多様な空間を形成することが望まれる．加えて，東京圏等の高齢者が住みたくなるような魅力的なコミュニティ形成も問われてくる．その為には，地方が有している地域資源の活用とともに，高齢者がITを活用して都市部との時間的距離を縮める情報環境整備が重要となる（ひと・まち・しごと創生本部2015：3-5）．

　一方，医療・介護事業者の消費や投資が地域経済を直接押し上げる効果となる．介護サービスは，提供事業を民間に開放する政策であることから，参加する一連の企業が消費や投資を行っていく．これらは介護や医療保険制度等を通じて生じる経済波及効果となるだけでなく，二次三次的に地域経済を循環的に押し上げていく．人口規模や高齢化率など地域の特異性により効果は異なるが，労働集約型の医療・福祉事業はGDPを押し上げる効果がある．併せて，地域が再興される過程で高齢者住宅事業などが非営利事業として周辺で派生する可能性がある．髙橋（2012）が述べているように，日ごろから慣れ親しんだ地域に誰かが見守ってくれる自分の家や高齢者住宅があり，高齢者自身の判断で自由に住み替えられる環境であるなら老後を憂える必要がない．そこでは，「人

が動き,それに連動してお金も動く.そこに新たな経済循環が生まれる.近隣,地域で助けあう『地域福祉』と,友人,知人同士で助けあう『仲間福祉』の拡大こそが,21世紀前半の超高齢化のケアと居住の問題を解く鍵である」(高橋2012:141-148).これらは,ひとつひとつは小さな規模であるが,重なり合い連携し合うことで地域貢献となっていくであろう.

定年後は,仕事への依存も減り時間的な余裕がある生活となる.併せて,ボランティア活動への参加障壁も低くなり,地域社会の一員としての役割を求められる時期である.地域社会の一員として地域から認知されるには,仕事・ボランティア・地域活動などを通じて地域社会と一定の関係を保ち続けることが必要だといわれる(保坂2012:125-135).今までの経験を十分に生かして地域社会と一定の関係を保ち続けることは地域ケアに繋がる重要な活動となっていく.その点からみれば,地域の仕事や社会活動,生涯学習などに参加することは地域包括ケアシステムを担うことになり,これらに積極的に参加することは,地域社会の主体的な部分を引き継ぐことになる.

おわりに

わが国の平均寿命は世界でも最高水準にあり,高齢者となってからの人生は長い.その長い高齢期をどのように過ごすのかは,個人にとっても社会にとっても極めて大きな課題となっている.人生の最期まで,個人として尊重され,その人らしく暮らしていくことは誰もが望むものであり,このことは,介護が必要となった場合でも同じである.また仮に,介護が必要になったとしても,個人として尊重され,理解されたいという思いは同じである.そうした思いに応えるためには,自分の人生を自分で決め,また,周囲からも個人として尊重される社会,すなわち,尊厳を保持して生活を送ることができる社会の構築が必要である.また,高齢者介護においても,日常生活における身体的な自立の支援だけではなく,精神的な自立を維持し,高齢者自身が尊厳を保つことができるようなサービスが提供される必要がある(高齢者介護研究会報告書2015).2025年には首都圏などの都市部は介護難民となる後期高齢者が急増し,2040年には全国で半分の自治体が消滅の危機に瀕すると予想されている.

併せて，少子高齢化の急速な進展により社会保障費は膨張し日本の財政赤字は益々拡大する．つまり，日本は「都市部で急増する後期高齢者と介護難民」「社会保障費の膨張に伴う財政危機」「人口減少に伴う地方消滅」という3つの重大な問題に直面していく（小黒 2016：234-235）．これらを解消する方策のひとつに日本版CCRC構想がある．先行調査により，東京一極集中を望まない傾向は全国的であり，東京に居住する4割程の人に地方移住の意向が示されている．東京など都市部の生活では就労は確保され日常生活は便利であるものの，生活コストは高く，日々忙しく，特に働き盛りの50代男性では故郷（出身地）への移住意向が強く日本版CCRC構想の必要性を裏付けている．

　政府が地域包括ケアシステムの構築を推進する背景には，人口は横ばいでありながら75歳以上の高齢者が急増する都市部がある一方，75歳以上の高齢者は緩やかに増加するものの人口減少を伴う多くの地方があり，高齢化は地域間で大きな格差と歪みを生じさせながら進行していくことがある．これは全国一律で行う対応がもはや困難になったことを示し，それぞれの地域に応じた仕組みを保険者である市町村や都道府県に，地域特性を勘案した丁寧な政策として実施することが求められている．この点からすれば，地域包括ケアシステムの成否は保険者である市町村や都道府県の手腕に掛かっているともいえる．

　少子高齢化や人口減少のスピードは想像以上にはやく，地域包括ケアシステムの「地域」の範囲に，出身地いわゆる故郷などの要素が含まれ，何より日本版CCRC構想の推進と地域包括ケアシステムの構築は両輪の政策である．そのため，今後は地域間の生活や教育・医療介護の質が比較され高齢者の移住先として都市と地方を繋げていく必要がある．東京圏を含めた大都市圏のニーズの取り込みが地方創生に繋がり，日本版CCRC構想が単なる人口減少と高齢化の対応策というだけでなく，元気な高齢者や要介護状態の高齢者が，より良い支援を求めて地方に移住し暮らす選択肢に昇華されていくであろう．日本版CCRC構想と地域包括ケアシステムが融合することで，地域包括ケアシステムの「地域」が地理的に限定されたものとしてではなく，人的な支えあい・繋がりのある関係を含めた「地域」へと広がる可能性がある．今後においては，日本版CCRC構想が地域包括ケアシステムを補充・代替する可能性がないわけではないので，都市圏に住む人の地方移住意向に加えて，移住先での貢献意向

などの調査をさらに行い，慎重に検討することが必要になる．

付記

本稿は，2016年度「鹿児島国際大学大学院学術論集」に学術ノートとして執筆したものに加筆・修正したものである．

注

（1）高齢者が住み慣れた地域で暮らしを続けられず都市部の子ども等を頼って地域から出ていくことをいう．
（2）東京都・神奈川県・千葉県・埼玉県の1都3県を指す．
（3）東日本大震災からの復興を契機に，2011年5月に発足した有識者らによる政策発信組織．

文献

浅川澄一（2016）『都会からの移住者にも好評「サ高住」のいま』ダイヤモンドオンライン（http://diamond.jp/articles/-/85647，2016.5.15）．
井口克郎（2015）「介護保険制度改革が地域で暮らす人々の生活の自律にもたらす影響」『貧困研究』15, 45-56.
出井康博（2014）「人手不足と外国人（1）介護士・看護師受け入れはなぜ失敗したのか」新潮社フォーサイト（http://www.fsight.jp/29132，2016.5.15）．
岩崎房子（2016）「地域包括ケアシステム」田畑洋一・岩崎房子・大山朝子・山下利恵子編著『社会保障 生活を支えるしくみ』東京：学文社，186-202.
厚生労働省（2002）「2015年の高齢者介護」（http://www.mhlw.go.jp/topics/kaigo/kentou/15kourei/3.html，2016.5.16）．
高齢者介護研究会報告書（2015）「2015年の高齢者介護」（http://www.mhlw.go.jp/topics/kaigo/kentou/15kourei/index.html，2016.11.11）．
小黒一正（2016）「2025年，高齢者が難民になる日」東京：日本経済新聞出版社．
杉山章子（2004）「医療における実践モデル考（その3）―「生活」を捉える方法をめぐって―」『日本福祉大学社会福祉論集』110, 89-103.
髙橋紘士（編）（2012）『地域包括ケアシステム』東京：オーム社．
地域包括ケア研究会編（2010）『地域包括ケア研究会報告書』三菱UFJリサーチ＆コンサルティング（http://www.kantei.go.jp/jp/singi/kinkyukoyou/suisinteam/TF/kaigo_dai1/siryou8.pdf，2016.8.4）．

筒井孝子（2014）『地域包括ケアシステム構築のためのマネジメント戦略—integrated care の理論とその応用—』東京：中央法規.

内閣官房（2014）『「東京在住者の今後の移住に関する意向調査」結果概要』（http://www.kantei.go.jp/jp/singi/sousei/meeting/souseikaigi/h26-09-19-siryou2.pdf，2016.5.15）．

内閣府政府広報室（2014）『「人口，経済社会等の日本の将来像に関する世論調査」の概要』（http://survey.gov-online.go.jp/h26/h26-shourai/gairyaku.pdf，2016.10.23）．

内閣府（2015）『平成 27 年版高齢社会白書（全体版）』（http://www8.cao.go.jp/kourei/whitepaper/w-2015/zenbun/27pdf_index.html，2016.8.17）．

西日本新聞（2016）「人口減少社会を考える—移住の杜の 20 年」（2016.2.6 付）．

日本創成会議首都圏問題検討分科会（2015）『東京圏高齢化危機回避戦略』（http://www.policycouncil.jp/pdf/prop04/prop04.pdf，2016.8.4）．

日本版 CCRC 構想有識者会議（2015）『「生涯活躍のまち」構想（最終報告）』（https://www.kantei.go.jp/jp/singi/sousei/meeting/ccrc/h27-12-11-saisyu.pdf，2016.5.15）．

ひと・まち・しごと創生本部（2015）『日本版 CCRC 構想素案（概要）』（http://www.kantei.go.jp/jp/singi/sousei/meeting/ccrc/ccrc_soan.pdf，2016.5.15）．

保坂　隆・本郷陽二（2012）『定年後の幸福論』東京：経済界.

松井孝太（2016）「米国 CCRC と『日本版 CCRC』構想」『平成 27 年度杏林 CCRC 研究所紀要』杏林 CCRC 研究所，34-42（http://www.kyorin-u.ac.jp/univ/society/area2/labo/pdf/h27ccrc_34.pdf，2016.8.4）．

増田寛也（編）（2015）『東京消滅—介護破綻と地方移住』東京：中央公論新社.

増田寛也・河合雅司（2015）『地方消滅と東京老化』東京：ビジネス社.

宮本太郎（編）（2014）『地域包括ケアと生活保障の再編—新しい「支え合い」システムを創る』東京：明石書店.

武藤正樹（2015）『2025 年へのカウントダウン—地域医療構想・包括ケアはこうなる！—』東京：医学通信社.

第11章

福祉を拓く
リカバリーの思想

中條　大輔
Nakajo Daisuke

1 わが国の精神保健医療福祉の背景

　わが国の精神科病院への平均在院日数は，2011（平成23）年の厚生労働省統計によると298日であり，減少傾向にあるものの，先進国の中では未だ突出した面が見られている．また，OECD（Organisation for Economic Co-operation and Development：経済協力開発機構）による2012（平成24）年の調査によると，人口1000対精神病床数では，イギリスが0.5床，ドイツは1.3床，アメリカに至ってはデータがないという状況で，日本は2.7床であり，この数字も突出した数字となっている．これらの背景には，強制入院等の人権を侵害する形での治療を行う必要性に迫られる場合もある精神科医療において，2012（平成24）年時，日本における精神科病院の設置主体は80.7%が未だ法人であり，2.8%の個人と合わせると，実に84%近い病院がいわゆる『民間病院』である（精神保健福祉白書編集委員会 2014：207）という現状に，未だ変化が見られないことにあると考えられる．また，精神科特例に基づく精神科入院医療における人員配置の他科との差異も，急性期医療の充実や，心神喪失等の状態で重大な他害行為を行った者の医療及び観察等に関する法律（医療観察法）によるMDT（Multi Disciplinary Team：多職種チーム）での実践の一般化などの影響で，徐々に解消されつつあるものの，未だ制度としては残っていることが，その一因であろう．このような現状の背景には，わが国が持つ政策としての隔離収容主義があり，精神障害を持つ人々の回復の主体が本人になかったこ

とが挙げられる．本稿では，そうした観点から精神保健医療福祉ユーザー（以下ユーザー）の福祉を拓く指針としてのリカバリー思想を取り上げることとする．

2 わが国の精神保健医療福祉の歴史的経過

　我が国において，1900（明治33）年の精神病者監護法から始まる治安モデルは，呉秀三らの尽力による1919（大正6）年の精神病院法での医療モデル導入の試みとその挫折を挟んで，実に50年もの間展開された．その背景には1868（明治元）年前後から始まった明治維新による急速な近代化と欧米化，富国強兵政策と1894（明治27）年の日清戦争から1945（昭和20）年の敗戦まで続く，戦争の歴史があった．かつて産業革命下のイギリスがそうであったように，富国強兵という産業開発と軍備増強が優先される政策下において，日本国内の貧富の差は急激に広がった．その際，社会的弱者である障害者や病者は『管理』の対象となり，特に精神障害については，家長の責任で，世間から隔絶され，『私宅監置』された．この様子は，前述した呉秀三の「精神病者私宅監置ノ実況及ビ其統計的観察」（1918（大正5）年）の中の，「わが邦十何万の精神病者は実にこの病を受けたるの不幸のほかに，この邦に生まれたるの不幸を重ぬるものというべし（呉・樫田 2000：138）」という言葉が記された論考に詳しい．1950（昭和25）年の精神衛生法によって，我が国のユーザーは治療の対象となった．その後，1984（昭和59）年の宇都宮病院事件という悲劇を経験し，1987（昭和62）年に精神保健法が施行され，1993（平成5）年の障害者基本法の成立により，ようやく障害者として，支援の対象となった．そして，1995（平成7）年の精神保健及び精神障害者福祉に関する法律（以下，精神保健福祉法）が成立し，2004（平成16）年には「精神保健福祉医療の改革ビジョン」が打ち出され，障害者基本法の理念を具体化した障害者自立支援法が2005（平成17）年に施行される．2012（平成24）年には同法が，障害者の日常生活及び社会生活を総合的に支援するための法律（障害者総合支援法）となり，障害に加え，障害を持つ児童や難病患者もその支援の対象となった．1968（昭和43）年にD,H,クラーク（D,H,Clark）によって勧告された隔離収容主義からのパラ

ダイムシフトのビジョンが，40数年かけ，ようやく具体化したこととなる．

　これら歴史的背景から，差別と偏見，そしてユーザーの人生の主体を周りが本人と認めず，病者であり，障害者であるユーザーには回復の主体がなかったことが読み取れる．リカバリーは，回復することの主体を本人がもつという思想的背景を持つ．この視点で我が国の歴史的背景を見た時，我が国の歴史の文脈にリカバリーの思想は存在しなかったことがわかる．我が国の歴史的背景からみても，今新たに起こりつつあるパラダイムシフトの主たる思想はリカバリーであることがわかる．

3 リカバリーの概念

　リカバリーがわが国において初めて紹介されたのは，1998年の濱田によるW,A,アンソニー（William A. Anthony）著「精神疾患からの回復：1990年代の精神保健サービスを導く視点」の翻訳，紹介であった．その中で，リカバリーは「精神疾患の破局的影響を乗り越えて成長し，人生の新しい意味や目的を創り出すことでもある」（Anthony=濱田 1998：145-154）とされ，単なる回復という言葉のみを意味しない，新たな概念や指針を示唆していた．

　また，わが国の精神障害者リハビリテーションがリカバリーと最初に出会った年は，2003（平成15）年といわれ，その年の日本精神障害者リハビリテーション学会第11回大会長崎大会において，M,オヘイガン（O'Hagan,M.）によって「リカバリー」という概念が報告されたことがそのきっかけとされている（田中 2010：428）．以降，日本においては，ACT（Assertive Community Treatment：包括型地域生活支援プログラム）やIMR（Illness Management and Recovery：リカバリーに基づく疾病管理），WRAP（Wellness Recovery Action Plan：元気回復行動プラン），IPS（Intentional Peer Support：意図的なピアサポート，以下IPSと表記）など，リカバリー思想に基づく様々な活動が展開され始め，少しずつではあるがリカバリーの哲学と思想が根付き始めている兆候が伺える．

　木村はリカバリーの背景について「1990年代，精神病の経験を持つ本人，精神障害リハビリテーション専門家，研究者など，いくつかの立場を異にする

流れが合流して，精神障害リハビリテーション分野の政策およびプログラムを構成する要素として注目を集め，今日に至っている」と定義した（木村 2010：434）．

M. レーガン（M. Ragins 2002：28-30）は，リカバリーはその構成要素として，「希望」「エンパワメント」「自己責任」「生活のなかの有意義な役割」の4つを持つとし，それぞれの内容を以下のように表している（内容は筆者要約）．

「希望」
　可能性を信じ，事態はもっと良くなる，良くなれるという感覚を持つこと．それに伴う明確で分かりやすい将来のビジョン．

「エンパワメント」
　自分の能力と可能性を感じ，自分の今持っている力（ストレングス）に着目できること．情報へのアクセスを承認され，選択の機会を持ち，誰かに自身の可能性を信じてもらえること．

「自己責任」
　危険と思われることにチャレンジすること，新しく試してみること，過ちや失敗から学ぶことから，自分の責任を自ら引き受けるようになること．

「生活のなかの有意義な役割」
　被雇用者，息子，母親，近隣者などの「普通」の役割を本人が引き受けていく中で発揮されていくこと．「生きがいのある」感じが強くなっていくこと．

加えて，M. レーガン（M. Ragins 2002：30）は，リカバリーについて語る際に，「医学モデルでは客観的で測定的な徴候や症状に頼っており，科学的な定義された病名を尊重していますが，それに基づいて精神病歴を聞き取っても，多くの場合，現実感に乏しいものに終わりやすいのです．その一方，主観的で体験的な話を聞いていくと，いつも現実感にあふれているので，これまで私は，重い精神の病を持つ人たちから，彼らが歩いてきたリカバリーの道につ

いて，数多くの感動的な話を聞いてきました」と話し，リカバリーの主観性とその重要性を示唆している．これは，上田（2005：61）のICF（International Classification of Functioning, Disability and Health：国際生活機能分類，以下ICFと記す）における「生活機能の主観的次元」とも繋がり，リカバリーとは，主観的なものであり，医学モデルにおける診断主義的な発想とその思想を大きく違えるものであることが示唆されている．

また，P,E,ディーガン（P,E, Deegan 2001：29）は，リカバリーについて「リカバリーは私にとっては，癒しと変革の過程でした．（中略）私は『またいい感じ』の自分に戻りたかったのです」と語り，加えて「リカバリーとは，新しい自分になるための過程です．自分の限界を見つける過程なのです．しかし，限界が新たな可能性を広げていくのを発見する過程でもあります．復元ではなく，変化こそが私たちの道筋なのです」と記し，リカバリーは，先述した日本語の回復に内包される『復元』という概念で終了するのではなく，これまでのことを内包しつつ変化し続けることであるとしている．

C,A,ラップ・J,ゴスチャ（Charles A. Rapp, Richard J. Goscha 2006：36）は，その著書の中で，「リカバリーとは，もはや症状を体験していないということを意味するものではない．精神症状を持っているかいないかを越えて，リカバリーとは，症状を体験し，スティグマとかトラウマに直面し，そしてその他のつまづきのまっただ中にあって，いかに人生を生きているかということに関係するものである．（中略）人生そのものが悩みであるといえる」と記し，リカバリーの対象は精神障害を持つものだけに限らず，全ての人々にとってリカバリーが重要な視点であることを示唆し，同時に精神障害を持つというだけで当たり前の悩みを奪われる危険性とその非合理性を示唆している．これは，寺谷（2008：222）がJHC板橋における実践の中で見出した「誰にでもある生活のしづらさとして理解を求めることは，他者からの助力を得て解決してきた自らの生活や人生の道程をたどれば，誰もがもつ社会生活の基本的ニーズであることに気づくことができる」という発想とリンクする．これらのことから，リカバリーがもはや精神障害や特定の支援を求める人々だけの理論ではなく，この世界に生きる全ての人々に必要な概念であることを示している．

4 リカバリーの歴史的変遷

　田中は，今後わが国が直面する独自の課題への未来予想として，アメリカのリカバリーにおける思想的起源を，歴史から3つのシフトで例示した（田中2010：429）．第一は，アメリカにおけるリカバリーは，"肯定的に考える力(The Power of Positive Thinking)"という新しい哲学によるAA（Alcoholic Anonymous, 以下AAと表記）のセルフヘルプの実践から始まったことである．この流れは，セルフヘルプの広がりにより全米に伝わり，やがて1973年のピープルファースト運動などへも影響を与えていく．第二には，精神保健サービスにおけるユーザー運動の持つ『人としての当たり前の権利や自己決定というわかりやすい思想』があった．これは，1950年代のアメリカの脱施設化とケネディ教書から始まった回転ドア現象を背景に始まったアメリカの精神科リハビリテーションのシステム化と共に生きた1980年代の当事者の手記に求めることができる．第三に，地域統合に焦点を当てた精神障害リハビリテーションの機能限界を打破するための新たな目標概念が求められたことが挙げられる．脱施設化を公的サービスによって支える発想は，脱施設化どころか，地域の施設化を生み，最終的には新たな抑圧として，「ベルリンの壁」に例えられた（Rapp & Goscha 2006：41-43）．

　その後，1990年代に入り，W.A.アンソニー（William A. Anthony）により「リカバリーはその人の態度や価値観，感情，目標，技術，役割などを変えていく極めて個人的で独自のプロセスである．（中略）病気が原因となって生じる制限があるにしろないにしろ，充実し，希望に満ち，社会に貢献できる人生を送ることである」（Anthony 1993：11-23）という概念が紹介される．この思想は1980年代から始まったP.E.ディーガン（Patricia E. Deegan）に代表される精神障害当事者たちがリカバリーをもってリハビリテーションを再定義したものを背景にしている．2000年代に入り，病気の治療や障害の改善とリカバリーを明確に分けることに成功すると，同時に，リカバリーはアメリカにおける精神障害リハビリテーションの目標概念の中心となった．このアメリカのリカバリーの歴史的変遷は，日本におけるリカバリーの展開に必要な要素である

「当事者主体」を示唆している．

5 リカバリーをめぐる動詞的意味と名詞的意味

　リカバリーについて考える際，大きく二つの次元で語られることが多い．一つは「動詞としてのリカバリー」であり，これは，『リカバリーすること』を意味し，主に「当事者が行うもの」とされている．もう一つは，「一般名詞としてのリカバリー」であり，これは，主にリカバリーを概念化するものである．後藤は，「『リカバリー』は当事者が行うことであり，『リカバリー概念』は専門家，援助者も共有できる抽象化されたもの」(後藤2010：441)と論じ，リカバリーについて「障害を受け止め克服する，生きた人生経験であり，不断に行われ体験される環境との相互作用の主観的経験の中にある」とした（後藤2003：18-22)．

　この際，リカバリーについて，動詞的意味と名詞的意味が概念として異なると仮定し，これまでの先行研究の分布を以下の通り整理した．

1) 動詞的意味

・リカバリー指向の精神保健プログラムはリカバリーの「価値に基づく実践：VBP（Value Based Practice)」である．価値を実現させる方法が確立し，その要素をプログラムにおいて実施し，成果がエビデンスに基づく実践（EBP）として示されて初めて，リカバリー指向のプログラムと認められる．（木村2010：435）

・当事者からみたリカバリーの3つの定義．①「変身」としてのリカバリー，②「過程」としてのリカバリー，③「希望」としてのリカバリー．（香田2013：61-65）

・地域で生活する精神障害を持つ人の変化をもたらす第1歩は，このままでいいのかという「不安，焦り」と「信頼できる医療者の存在」と「後押しされること」であった．後押しされることで外に出る機会となり，「出会いが生

まれる」．出会いの中で「つながり」を体験することがリカバリーの原動力となっていた．（中略）「自信を持つこと」で「他者との交流」が生まれ，日常においても「生きにくさ」が軽減する効果があった．（中略）リカバリーには，理解と後押しができるパートナーの存在が必要である．（中略）セルフスティグマの軽減も重要な要因となる．（黒髪 2013：161-162）

・「自己効力感の高まり」「出会いと表現による変化」「共に成長する」「隣人としての願い」「情報の共有」というカテゴリーが生成され，サブカテゴリーとして「今後の活動への展望がある」が明らかになった．それは当事者が支援員として活動する中で他者と交流し，自己効力感を感じ，積極的に活動に参画していることを表しており，リカバリーの道を歩んでいることを示している．（小田 2010：71-89）

・考察に書かれた5つのカテゴリー．①リカバリー体験者としての共通要素，②リカバリーへのエネルギー，③2, 3歩先を行く人の影響する力，④循環する機会と場，⑤グループの効果．（小田 2010：71-89）

・抽出されたカテゴリー（K, クリッペンドルフ〈K, Kirippendorff〉の内容分析の手法を用いる）．①説明不足の治療，②知識不足の家族，③薬剤の副作用，④精神障害者への偏見，⑤病気への理解の乏しい職場，⑥低下する自尊心．（木村・大山 2014：67-75）

2) 名詞的意味
・リカバリー，リハビリテーションは他者との関係の中でのみ定義されるものであり，人がリカバリーする過程は単に個人の状態が変化することではなく，その人と他者との関係，あるいはその人と社会との関係が変化する過程である．（宮本 2013：1-13）

・リカバリーとは，極限を体験したものだけが発せられる生き方，人生という根源的な問いかけから出発した思想を表している．（田中 2010：428）

- リカヴァリーは，精神病を患ったことにより人生に破壊的な影響，たとえば失われた当事者の権利，役割，責任，自己決定権，可能性や人々の支援など，これらの影響や喪失から精神障害当事者自身が病気や障害を抱えながらも，社会的に再生，再構築していくプロセスであり，『人生の再建』という実存的価値や哲学的指針を表現した概念である．（田中 2004：101）

- 人として支えあう責任を分かち持つ「つながり」を築き，「リカバリー」のための真のパートナーシップを創り上げるものである．（寺谷 2010：494）

- エンパワーメントでは抑圧的な社会構造を変えることが目指され，リカバリーでは抑圧的な社会の意味を変えることが目指される点で異なる．つまり，リカバリーは個別的なプロセスであり，社会的，政治的なパワーを取り戻すことが，本人のリカバリープロセスにおいて重要なテーマになることはあり得ても，全てのリカバリーのプロセスにおいて不可欠な要素というわけではない．リカバリーにおいては，社会的に抑圧された状態を解決することよりもむしろ，抑圧された状態に置かれていることに新たな意味を見出し生きる力を取り戻すことに焦点があてられる．そして，権利の保障などが志向されるノーマライゼーションとは異なり，リカバリーでは当事者が自ら主体的に意味を捉えなおす個人的なプロセスであり，個人的な実生活に根差したプロセスである．（香田 2013：60）

- 希望学という発想．希望とは具体的な「何か（something）」を「行動（action）」によって「実現（come true）」しようとする「願望（wish）」である．（玄田 2010：40-43）

- われわれのアイデンティティ，そして人生や生活は，固有な人生物語としてとらえることができるが，他方，それらは社会文化の中に存在しているのであって，「希望」や「人生の目標」は極めて社会的なものであるということである．「希望」や「人生の目標」が極めて社会的なものであるならば，場合によっては「希望」や「人生」を水路づけている社会が保有するマスター

ナラティブがドミナントストーリーとなり，個人の人生や生活を生きづらいものとしてしまう可能性が指摘できるであろう．（南山 2011：17）

この時，動詞的意味の中で主に抽出される研究傾向は，「阻害要因，もしくは促進因子を抽出し，リカバリーを促進する」方向性である．各論文から抽出されたカテゴリー，もしくはそれに準ずるものを抽出すると，「不安，焦り」，「信頼できる医療者の存在」，「後押しされること」，「つながり」，「自信を持つこと」，「他者との交流」，「生きにくさ」，「自己効力感の高まり」，「出会いと表現による変化」，「共に成長する」，「隣人としての願い」，「情報の共有」，「今後の活動への展望がある」，「説明不足の治療」，「知識不足の家族」，「薬剤の副作用」，「精神障害者への偏見」，「病気への理解の乏しい職場」，「低下する自尊心」といったものがある．これらから見える傾向はリカバリーする当事者本人の「主観的要因（希望の有無など）」，「環境的要因（他者とのつながりなど）」，「医学的要因（医療的アプローチ）」，「社会的要因（偏見など）」となる．これは，江畑の「『Recovery』概念の中には，①医学的意味づけ，②心理的意味づけ，③社会的意味づけ，④実存的意味づけと4つの意味づけが混在していることが混乱の原因であると考えられる」（江畑 2010：4-6）との内容とほぼ合致する．

また，名詞的意味の中で主に抽出される研究傾向は，「概念としてのリカバリーの理解と定義づけ」であり，簡単に言えば「リカバリーの理解」を目的としている．その中で語られる傾向は「過程（プロセス）」や「人生や生き方」，「出会いとつながり」，「希望」など，動詞的意味の中で語られる4つの意味づけがやはりあてはまるものである．とくに，前述した田中の定義である「精神病を患ったことにより人生に破壊的な影響，たとえば失われた当事者の権利，役割，責任，自己決定権，可能性や人々の支援など，これらの影響や喪失から精神障害当事者自身が病気や障害を抱えながらも，社会的に再生，再構築していくプロセスであり，『人生の再建』という実存的価値や哲学的指針を表現した概念」は，リカバリーの理解において，その実存的な価値や哲学的な理解を深く求められることを示唆している．

6 当事者性とスピリチュアリティ

　これらの動詞的意味における先行研究，名詞的意味における先行研究のいずれについても，共通する概念は「他者」と「自身」という関係性の中でリカバリーは起こり，理解されているということである．では，この「他者」と「自身」という関係性における「自身」とはどのようなものであろうか．
　リカバリーについて，特に動詞的活用における一般的な理解は，未だ「リカバリーは当事者がするもの」というものであり，一般的にリカバリーの主体とされる「自身」は，この当事者という言葉で語られる機会が多い．ここで言う当事者とは，当然「何らかの障害や生きづらさを持つもの」であり，当事者以外の者は，リカバリーは概念でしか語れないといった雰囲気は未だ根強い．
　では，当事者とは何を指すのか．リカバリーは障害を持たない人々には起こりえないのか．この視点に大きな影響を及ぼすものが「ピア」という視点である．現在，日本における精神保健福祉分野で「ピアサポート」といえば，精神障害を持った者の中で，自身の経験を専門性とし，支援者として生業を為すものを指している．ピアとは，ウィズダム英和辞典第3版において「同等の人．同輩．友達．もしくはその集団」を指すとされる．
　ここで注目される点は，もともとの一般名詞の段階では，リカバリーもピアもいわゆる「当事者性」や「精神障害などの生きづらさを含むもの」とはどこにも規定されていないのである．言葉の成り立ち，背景により，私たち研究者や支援者，そしてこれまでの経過から多くの人々がそこに意味を生み出す，レッテルを貼ること，活用する際に定義づけることでそこに言霊が生まれ，上記したような議論が生まれることとなっている．では，その思い込みを外したとき，そこに何が生まれるのか．
　IPSでは，他者とのコミュニケーションにおける「学びを生むコミュニケーション」として，「透明なスペースに言葉を置く」ことを提唱している．これは，いわゆる思い込みを脇に置き，そこに起こる言葉や表情，すべての反応を反応のまま体験することで何らかの新たな学びが深まるという発想に基づく．ここでは，その方法論を基に言葉の持つ「思い込み」を脇に置くことを目指す．当

事者とは，ピアとは何か．まずはその部分に焦点化していく．

　リカバリーするということは，主語が何かでその意味が大きく変わることは自明の理であろう．すなわち，主体がどこにあるのかでその意味は大きく異なる．リカバリーの主体である『当事者』とは何を指すのであろうか．この時，この疑問に対する一つの答えが『当事者研究』である．

　当事者研究は，2001年，北海道浦河の「べてるの家」においてその実践が始まった．その主たる目的は，精神疾患や精神障害という「生きづらさ」を抱える人々が，自身の状態を「研究」することで自身を見つめ，他者と自身の状況をシェアしていくことでその生きづらさと共に生きていくことを支えることである．この中で，当初は精神障害をもつ「当事者」がその主体であったものが，徐々にそのすそ野を広げ，今では精神疾患や精神障害だけにその意味をとどめない．池田は，「当事者研究の研究」という共著の中で当事者の定義について「当事者とは，一人一人が，当事者研究に触れることを通じて『自分自身で，共に』なるべき何かなのである」（池田2013：147）とし，当事者という言葉について新たな定義を求めている．また，同じ文脈の中で「『自分自身で，共に』は，『自分自身で考える人』たちが，『共に哲学する』というフッサールの言葉にヒントを得たという．（中略）当事者研究は，研究者・専門家も含めた私たち一人一人が共に自分自身で考えるチャンスの場なのである」（池田2013：147）とも記し，当事者という言葉の全ての人々への解放を示唆している．そして，ここでも哲学の重要性が示唆されている．

　また，大澤は，熊谷との対談の中で「（東日本大震災をきっかけに）皆が慢性疼痛の状態と近い現象が起きているように思う．動かないでじっとしていようという判断や夢の中にいるような微睡みと覚醒の入り混じった状態の持続，妄想的な『破局的思考』などは両者に共通している特徴だと思われます．（中略）私たちは，皆一斉に『当事者』となったといえます」（熊谷・大澤2013：61-62）と話し，人間は，その予測不可能な状況においては皆が自身の存在と生命を侵害される恐怖から痛みを抱く様子を，慢性疾患や障害を持つことと重ね合わせ，当事者の定義を大きく広げている．また，熊谷は，同じ著作のあとがきとして「（他者との再会は）うっかりすれば回復どころか，より深い傷を与えられる可能性すらある．他者に傷つけられた私たちが，その痛みを癒すた

めに，どのようにしてもう一度他者と出会う必要があるのか，その方法論こそが，私が当事者研究を通して探究しようとしているものである」（熊谷2013：195）と記し，当事者性と『出会う』ことの意義と可能性から『自身』を知ることの可能性を示唆した．

　江畑は，前述のとおり，リカバリーを4つの次元に分け「医療・心理・社会・実存」と定義した．この実存の部分において，リカバリーは「霊性（Spiritual）」の充足を含むことが示唆されている．実存とは，現実に存在することであり，M．ハイデガー（Martin Heidegger）や，M．フーコー（Michel Foucault）など，多くの哲学者における解釈と考察がなされてきた．最終的には「死」の考察まで行き着くその概念を「生き様」とする考え方もある．そこには「価値」や「希望」といった，きわめて数値化しづらいが，人間が生きる上で相当数多くの思考的背景を為す部分が含まれている．特に，上田がICF研究で加えた主観的な障害体験や，VBP（Value Based Practice：価値に基づく実践）などで一般的に語られるValue（主観的価値）なども，いわゆる「感覚的」な部分である．WHO（World Health Organization：世界保健機構）では，一度このSpiritualについて，健康の定義内に盛り込もうという働きかけも起こった．これは，もはや人々の健康にSpiritualが欠かせないと考えることが自然となっていることを示唆してはいないだろうか．実存の肯定は，存在の肯定であり，Spiritualの充足である．リカバリーにとって，もはやSpiritualをその考慮に入れず語ることは難しいのではなかろうか．

　リカバリーにおけるSpiritualの先行研究数は未だ日本国内では乏しいが，海外では徐々に主流となりつつあり，一つの大きな流れとなっている．橋本は，自身の文献研究の中で，精神保健福祉におけるSpiritualについてリサーチを行っている．種々の文献から，特にL．R．スパニョール（Le Roy Spaniol）の『つながり（connectedness）』という概念やJ．レイブリッチ（Julie Leibrich）の論文内のサバイバーの語った「自分と他者の不完全さや弱さを受け入れるためのスペースを創ることがスピリチュアリティであり，そこで自分自身の弱さと他者の弱さを受け入れることができて，お互いをコントロールするのではなく，お互いにつながるときこそが最高に人としての存在である．そして，スピリチュアリティと精神の健康さは情報ではなく，自己洞察を通して理解される

ものである」という記載に着目し,「同じ病気や悩みをもつ仲間の語りを聞き,そして『特定の,その人ではない,誰か』に『私が』語り続ける,語り直せるという場は語りの無限の可能性に開かれながら,そのコミュニティの物語のゆるやかな共同性に支えられる.そこにスピリチュアルな語りとその物語が共有されていく…精神障害者のリカバリーにおけるスピリチュアリティへのアプローチの一つとして,筆者はセルフヘルプグループにその可能性をみる」(橋本2014:35-46)と結論付けている.

　また,深谷(2013:127-148)や谷山(2005:552-548),村田(2003:120)は,そのスピリチュアリティの回復について,各々の立場(高齢者分野,終末期分野,仏教的アプローチなど)から「スピリチュアル・ペイン」からの回復の必要性を示唆している.スピリチュアル・ペインとは,橋本によれば「人生を支えて生きる意味や目的が,死や病の接近によって脅かされて経験する,全存在的苦痛」(橋本2014:41-42)であるとし,村田は「自己の存在と意味の消滅から生じる苦痛」(村田2011:1-8)であるとしている.苦痛そのものを指すという点で,PTSD(Post Traumatic Stress Disorder:心的外傷後ストレス障害)とは概念を異にし,その苦痛そのもののケアが回復にとって重要な鍵概念となることを示唆している.この時,これらの経験に多くの人々が直面した災害が,直近では「東日本大震災」であった.東日本大震災における我々の受けた衝撃について,大澤は「私たちの現在の衝撃は信と知のギャップに由来する」(熊谷・大澤2013:42)とし,その主観的な理解だけにとどまらず,主観的な「信」にも言及した.

　この時,リカバリーにおける各方面における類似性と共通性における主たる概念は『主観的』という部分となる.その「主観」を定義することの困難さを,後藤は「リカバリーを『人生の回復』であるとするならば,概念として『人生』が定義されなくてはならない.それは難しい」(後藤2010:441)とした.

　しかし,前述した当事者研究やスピリチュアリティなどの概念からは,もはやその定義しづらい人間の主観的な部分こそがリカバリーに大きく寄与していることを示し,先行研究におけるリカバリーの動詞的意味,名詞的意味いずれもその「主観性」と「個別性」を重要視している.つまり,ごく個人的で,個別的な道程こそがリカバリーの本質であり,その回復における大きなウェイト

は「本人の主観的なリカバリーという経験」が寄与していることがわかる．

7 リカバリーにおけるつながり

　では，リカバリーは主観的な達成のみが為されれば全ての人々が可能となるのであろうか．セルフヘルプグループにおける AA の意味，リカバリー概念の中に多数現れている他者とのつながりを求める先行研究から，リカバリーの要因について他者，もしくは社会の存在は不可欠である．前述した，M,レーガン（Mark Ragins）の「社会の中の有意義な役割」や江畑の「社会的」なリカバリー概念がそれに当たる．L,R,スパニョール（Le Roy Spaniol2002：322）は，「つながりは存在における普遍的な方法であり，世界の中で人がどのように在り続け，私達の人生を始めることができるのか」を示すものであるとし，そのつながりの重要性を示唆している．では，つながりとは何か．永井（玄田編：2006：97-103）は，玄田有史編の「希望学」という本の中で，希望と，その基となる要因について「友人が多ければいいというものでもないけれども，やはり家族の愛情により協調性が育ったことや，楽天的であったことが友人関係の形成に結びつきやすいのだろう」とし，そのような関係性を増やし，周りに「コンボイ（護衛艦）」が増えることが，希望とのつながりを育むとしている．リカバリーの主観的ディメンションである希望とのつながりは，池淵（2014：542）の玄田が示した希望の要因の一つである「豊かさに応じた選択可能性の度合い」への考察として「文化や制度などの社会的視点が欠かせないし，支援者の権利擁護の姿勢や社会資源開拓の力が問われることになる．（中略）仲間，特にリカバリーを体験している人たちとの交流は，希望への大きな支えになるだろう．仲間をはぐくんでいく技術を私達は考えていく必要がある」と述べ，リカバリーにおける希望の役割，そしてその希望におけるつながりの重要性を示唆することで，リカバリーにおけるつながりの重要性を示唆している．L,アッシュクラフト・W,A,アンソニー（Lori Ashcraft & William A Anthony 2009：12-13）は，リカバリーにおける Relationships（結びつき・つながり）の重要性を，既存のスケールを通して紹介し，とくに「ピアは，伝統的な行動様式を持つこれまでのスタッフから予想される以上のリカバリーを促

進する能力を持っている」として，ピアスタッフとのつながりがリカバリーに寄与することを示した．これも重要なつながりである．さらに菅原の調査（2013：113）によると当事者のリカバリーにおける要因としてS.J.オンケン（Steven J. Onken）らが得たリカバリー要素のうち，成長，気付きと可能性，希望，自己主体感，社会的な機能と役割，社会とのつながりの7要素であることが検証されている．ここでも社会とのつながりが見られている．これらのことから，リカバリーは極めて主観的な経験であると同時に，その経験を社会とのつながりの中で実感することが重要であることが理解できる．

結びに代えて

　本稿では，わが国の歴史的背景から，今後のわが国の福祉を拓くキーワードとしてのリカバリーを取り上げ，その概念や背景からわが国におけるリカバリーの必要性を読み解いた．リカバリーの思想的背景にはAAなどのセルフヘルプグループ活動があり，当事者の声がその背景にある思想であることが理解できる．また，希望がその根源にあり，個別化された回復の過程そのものを指すこともわかる．リカバリーとは，病気，障害からの回復だけを意味しない，主体性，自己実現を求め続けることである．そこには，人とのつながり（社会）の中で回復していくことが前提にある．今後は，このリカバリーの思想が社会全体に浸透し，障害や貧困などの生きづらさをもつ方々と共に，全ての人々が人生において常にリカバリーし続けられることが，わが国の福祉を拓き続けることにつながると考える．

付記　本稿は博士学位請求論文の一部を修正加筆したものである．

文献

Anthony WA（1993）「Recovery from mental illness：The guiding vision of mental health service system in the 1990s.」Psychosocial Rehabilitation J. 16（4）；11-23（濱田龍之介訳（1998）「精神疾患からの回復：1990年代の精神保健サービスシステムを導く視点」精神障害とリハビリテーション2（2）；145-154）

Ashcraft, Lori Anthony William A（2009）「RELATIONSHIPS-BASED RECOVERY REVISITED」Behavioral Healthcare 29（9）12-13
Catana Brown（2001）「RECOVERY AND WELLNESS」（＝坂本明子監訳（2012）「リカバリー　希望をもたらすエンパワーメントモデル」金剛出版 内 Deegan, P「自分で決める回復と変化の過程としてのリカバリー」13-33
Charles A .Rapp,Richard J.Goscha（2006）『The Strength Model Case Management with People with Psychiatric Disabilities Second Edition』（＝田中英樹監訳（2008）『ストレングスモデル　精神障害者のためのケースマネジメント［第2版］』金剛出版
江畑敬介（2010）「統合失調症のRecoveryを巡って」日本社会精神医学会雑誌 第19巻第1号 4-6
深谷美枝（2013）「「スピリチュアリティを志向する援助」の鍵概念を巡る一試論—スピリチュアリティかスピリチュアルペインか—」明治学院大学社会学・社会福祉学研究 140　127-148
玄田有史（2010）『希望のつくりかた』岩波新書
後藤雅博（2003）「リカバリー，ノーマライゼーション，エンパワメント：心理社会的介入の鍵概念」精神科臨床サービス 3 18-22
後藤雅博（2010）「〈リカバリー〉と〈リカバリー概念〉」精神科臨床サービス 10 440-445
橋本直子（2014）「精神保健福祉におけるスピリチュアリティへのアプローチ—欧米の文献からの一考察—」Human Welfare 第6巻第1号 35-46
池淵恵美（2014）「リカバリーにはたす希望の役割」臨床精神医学 43（4）535-543
石原孝二編（2013）『当事者研究の研究』医学書院 内 池田喬「研究とは何か．当事者とは誰か—当事者研究と現象学」113-149
木村真理子（2010）「リカバリーとリカバリー指向のケアシステム」精神科臨床サービス　10434-439
木村　緑・大山一志（2014）「統合失調症と診断された当事者のリカバリーを阻害する要因」八戸学院短期大学研究紀要第39巻 67-75
香田真希子（2013）「リカバリーを促進する人材育成のあり方に関する研究」博士学位論文
熊谷晋一郎・大澤真幸他（2013）『ひとりで苦しまないための「痛みの哲学」』青土社
呉　秀三・樫田五郎（2000）『精神病者私宅監置ノ実況及ビ其統計的観察』創造出版
黒髪　恵（2013）「精神疾患を持つ人の「リカバリー」に関する研究　地域で生活する人のためのプログラムの作成」博士学位論文

Mark Ragins（2002）「A Road to Recovery」（前田ケイ監訳（2005）「ビレッジから学ぶ　リカバリーへの道　精神の病から立ち直ることを支援する」金剛出版
南山浩二（2011）「メンタルヘルス領域におけるリカバリー概念の登場とその含意：ロサンゼルス郡精神保健協会ビレッジ ISA に焦点をあてて」人文論集　62（1）1-20
宮本有紀（2013）「人と人との関係性とリカバリーを考える：インテンショナル・ピア・サポート（IPS）から学んだもの」ブリーフサイコセラピー研究 22（1）：1-13
村田久行（2003）『改訂増補　ケアの思想と対人援助　終末期医療と福祉の現場から』川島書店
村田久行（2011）「終末期がん患者のスピリチュアルペインとそのケア」日本ペインクリニック学会誌 Vol.18 No.1 1-8
永井暁子（2006）「友達の存在と家族の期待」（＝玄田有史編（2006）『希望学』内）中公新書ラクレ 85-110
小田敏雄（2010）「精神障害者のリカバリー促進要因の検証—退院促進支援事業の当事者支援員と専門職へのインタビュー調査から　第2報—」田園調布学園大学紀要　第5号 71-89
精神保健福祉白書編集委員会（2014）『精神保健福祉白書 2015 年版 改革ビジョンから 10 年—これまでの歩みとこれから』中央法規出版
Spaniol LeRoy（2002）「Spirituality and connectedness」Psychiatric Rehabilitation Journal 25（4）321-322
菅原里江（2013）「精神障害当事者のリカバリ過程に関する研究—講演活動を行う当事者へのインタビューを通して—」東北福祉大学研究紀要 37 103-115
田中英樹（2004）「思想史としての精神科リハビリテーション」精神とリハビリテーション　第8巻第2号 96-102
田中英樹（2010）「リカバリー概念の歴史」精神科臨床サービス 10 428-433
寺谷隆子（2008）「精神障害者の相互支援システムの展開—あたたかいまちづくり・心の樹「JHC 板橋」」中央法規出版
寺谷隆子（2010）「地域生活支援—リカバリー指向のエンパワメント支援活動—」精神科臨床サービス 10 492-495
谷山洋三（2005）「スピリチュアルケアの仏教的理解への一考察—〈如来蔵への信解〉をめぐって—」印度學仏教學研究　第 54 巻第 1 号 552-548
上田　敏（2006）「KS ブックレット No.5 ICF（国際生活機能分類）の理解と活用—人が「生きること」「生きることの困難（障害）をどうとらえるか」」萌文社

第12章

市民とつくる協働のまち事業
―音楽療法で脳活性と仲間づくり―

園田　和江
Sonoda Kazue

はじめに

　NPO法人かごしま福祉開発研究所は2015(平成27年末)に設立され,2016(平成28)年4月より本格的に活動を開始した.当法人は,理事長を筆頭に,会員は大学で長年にわたり教鞭をとり,社会福祉に関する調査・研究に従事し,社会福祉現場で実践活動を行ってきた.そうした活動を引き続き発展させ,これまで培ってきた知見と経験を地域社会の福祉の増進に寄与することが目的である.本年度の活動状況は,まず始めに,2016(平成28)年7月29日(土)30日(日)に奄美市aiaiプラザにて「平成28年度介護支援専門員実務研修受講試験のための受験対策講座」,平成28年7月29日(土)に「奄美フルートふれあいコンサート」を同プラザ1階にて(17時～18時),平成28年9月4日(日)に鹿児島国際大学にて「音楽療法で脳活性と仲間づくりを！　慣れ親しんだ地域で認知症,閉じこもり予防をしましょう」(鹿児島市協働のまちづくり事業),平成28年9月17日(土)～18日(日)に鹿児島国際大学にて「平成28年度介護支援専門員実務研修受講試験のための受験対策講座」,2017(平成29)年2月4日(土)に鹿児島国際大学にて「子育ての悩みに寄り添う―支援のあり方―」を行った.

　ところで,特定非営利活動法人(以下NPO法人)は,平成28年9月末現在で,鹿児島県全体で871団体(そのうち鹿児島市で395団体),全国では5万1260団体がある.鹿児島県全体では,平成23年度から,団体数はほぼ横ばい状態

である．全国の郵便局数が 2 万 0080（平成 28 年 10 月末），コンビニ数が 5 万 6724（チェーン店で展開している上位 14 店合計・平成 28 年 3 月末）である．この多くの団体の中から差別化を図り，市民に有益な活動をどのように企画し，その広報活動を行い周知徹底していくのかは，どの NPO 法人においても課題になるであろう．鹿児島市は，「市民とつくる協働のまち事業」として，市民活動団体の活動を促進し，市民と行政との協働によるまちづくりを進めるため，設立 5 年未満の公益的なサービスを提供する NPO 等の市民活動に対し，経費の一部（事業費の 3 分の 2 以内で上限が 20 万円）を助成している．平成 28 年度は 23 の応募事業数から，18 の事業が採択され，当法人も初採択された．

本稿では，「音楽療法で脳活性と仲間づくりを！ 慣れ親しんだ地域で認知症，閉じこもり予防をしましょう」の市民とつくる協働のまち事業について紹介する．

1 企画書作成までの流れ

まず，音楽療法に関する事業を行うことを決め，それをどのような方々に向けて提供するのかを考えた．当法人の職員である日本音楽療法学会認定音楽療法士の園田（以下，筆者）が 4 つの企画を提案した．
①「認知症の人とコミュニケーションを取りましょう―音楽と回想法の活用―」
　　対象：どなたでも
　　目的：音楽活動を通して，認知症の人とコミュニケーションを図る．
　　内容：認知症と音楽療法について理解し，音楽と回想法でコミュニケーションを図るための具体的な活動を知り，体験することによって日常生活に活用する．
②「音楽療法基礎講座―高齢者施設の介護職向け―」
　　対象：高齢者施設の介護職員
　　目的：音楽活動を通して認知症の人とコミュニケーションを図る．
　　内容：音楽療法と回想法でコミュニケーションを図るための具体的な活動を知り，体験することによって介護の現場で活用する．

③「認知症予防のために音楽でコミュニケーション」
　　対象：地域で元気に暮らしている高齢者
　　目的：多感覚な音楽活動を通して脳の活性化を図る．
　　内容：自己表現とコミュニケーションを図る音楽活動によって，楽しみながら心身と脳を活性化させる．
④「子どもの発達を支える音楽療法」
　　対象：幼稚園教諭・保育士
　　目的：音楽活動を通して子どもの発達を支える．
　　内容：子どもの自由な音楽の表現について，既製曲と即興演奏について講演を行う．子どもたちの発達を支える音楽活動を体験し，現場で活用する．

　会議の結果，③の企画を軸に行うこと，対象者を高齢者のみでなく多くの人々が参加できるように変更を行った．認知症の漠然とした不安を持っている方，認知症予防に関心があり自分自身のことと捉えている方，認知症の家族の介護を行っている方，高齢者施設の職員の方々などを想定した．

2 採択されるまでの流れ

1) 事業に関する書類作成

　鹿児島市市民協働課のホームページにアップされている書式に則り事業計画書を作成した．（鹿児島市に提出した書類より一部抜粋）
・事業名
「音楽療法で脳活性と仲間づくりを！　慣れ親しんだ地域で認知症，閉じこもり予防をしましょう」
・解決したい地域課題・社会課題とその背景
　認知症患者は2012年時点で全国に約462万人と推計され，その予備軍は862万人にのぼり，中・高齢者のだれもが認知症への不安を抱いている．そうした不安をできるだけ解消し，孤立・閉じこもりを予防し，地域での仲間づくりと生活の活性化を図ることが重要である．ここでは，谷山地区の市民を対象に，ドイツでの認知症予防における音楽療法の効用を踏まえ，認知症予防への

理解と予防に向けた取り組みを行う．
・地域課題・社会課題を解決する方法（事業概要）
　音楽療法は，音や音楽を通してあらゆる感覚を使って行うものである．集団で楽しみながら行うことで，身体や脳の活性化にも繋がる．認知症予防には，ポジティブな感情や笑いにも効果があるとされており，楽しい音楽や簡単な楽器演奏により，気持ちの安定やストレス発散にもなる．
　全体で認知症の理解を深めた上で，曲に合わせたダンス，歌唱，トーンチャイムの演奏，打楽器によるドラムサークルなどを地域の皆さんと協力して行う．講師によるフルート演奏を聴くことにより，音楽の美しさを味わう．これらによって，視覚，聴覚，触覚，身体感覚などが刺激され脳への血流が盛んになり，脳の活性化が図られる．
・達成目標，想定する事業効果
　参加者（定員）30名を目標とする．

　①この事業実施により，認知症に対する不安が解消され，心身と脳の活性化が図られる．②コミュニケーションを深め，人と人の繋がり，地域の絆も感じて頂ける．一人では味わえない地域の絆や繋がりの大切さを学ぶことが出来る．③地域での仲間づくりになる．

2）鹿児島市へのプレゼンテーション

　平成28年6月2日（木）に，鹿児島市役所にて本事業への選考審査会が行われた．15分のプレゼンテーション後に質疑応答が20分ほど行われた．
　"音楽療法" という言葉をもっと具体的に伝えたほうが良いのではないか，一人当たりの保険料が高いのではないか，対象者を認知症に直接関わる保健師さんを対象にしたらどうか，どうしてこのように多くの種類の楽器を使用するのか，などについて質問が出た．
　筆者は，音楽療法において対象者の身体・精神状態を把握して施設での仕事を行っているため，当日初めてお会いする方々の状況が分からないまま，身体活動を行うために保険を用意した．しかし，参加者の定員数が少ないためにレクリエレーション保険が適用できず，一人当たりの保険料が高くなっていた．

また，多種類の楽器（ジャンベ，トゥバーノ，ツリーチャイム，フロアタム，などの打楽器類）を使用するのは，楽器に興味を持ってもらうために選択肢を増やし，活動の幅を広げるために必要なことであった．

3）採択の通知

その後，鹿児島市市民協働課より，採択と決定した旨の書類が届いた．選考審査会の意見として「認知症予防の観点から，音楽療法の有効性が見込まれる先駆的事業である点で評価できる．関係機関との連携や，対象者や開催場所など，実行方法については，今後検討が必要と思われ，さらに効果的な事業として確立できるよう期待する．」とあった．

3 講座当日のプログラム

1）認知症の基礎知識
①認知症のタイプは大きく3つである．
＜アルツハイマー型認知症＞
　脳内にアミロイドβたんぱく，タウたんぱくが溜まり，神経細胞を破壊する．記憶をつかさどる海馬を中心に脳が委縮し，身体の機能も徐々に失われる．
　記憶障害　物事全体を忘れる．
　見当識障害　今日は何月何日か，自分の居る場所はどこか．
　判断力の低下　妄想　徘徊　介護拒否　怒りっぽくなる　不安・幻覚
＜脳血管型認知症＞
　アルツハイマー型に次いで多く，認知症の20%を占める．脳梗塞や脳出血などがきっかけで突然発症し，発作が起きるたびに段階的に進行する．
　まだら認知　障害の出た脳の部位や程度などによって，記憶障害はないのに会話ができないなど低下する機能と，保持される機能が混在する．
　実行機能障害　服をきちんと着られなくなる，箸やリモコンが使えなくなるなど．
　感情がコントロールできない　痛みやしびれ　集中できない

＜レビー小体型認知症＞
　レビー小体という特殊なたんぱく質が脳にたまり，脳の神経細胞が死滅していく．頭がはっきりしているとき，ぼんやりしているときを繰り返しながら進行する．まず始めにパーキンソン病の症状が表れ，記憶障害は見られないことが多い．
　　幻視　実際にはないものや人が見える．
　　レム睡眠行動障害　睡眠中に叫んだり暴れたりする．
　　手が震える　動作が緩慢になる　うつ症状など
②認知症には二つの症状がある．
　　◇中核症状―記憶や見当識，判断力や適切な行為や遂行能力の低下がある．
　　◇周辺症状―行動・心理症状（BPSD：Behavior and Psychological Symptoms of Dementia）と呼ばれ，感情的な変化や精神症状的な言動が病気の進行につれて様々に変化するが，その出現は，その人の生活環境・対人関係などの環境因子や，性格・能力・過去の経験などの個人因子も関係する．
③認知症高齢者の現状
　厚生労働省は，全国の65歳以上の高齢者（人口3079万人）について，認知症有病率測定値15％，認知症有病者数約462万人と推計（平成24年）．また，全国のMCI（正常と認知症の中間の状態の者）の有病率測定値13％，MCI有病者数400万人推計（平成24年）．これらのMCIの全ての者が認知症になるわけではない．
④認知症予防は認知症の発症の危険因子を減らすこと．
　認知症の8割前後は，アルツハイマー病と脳血管障害が原因であり，この二つの疾患を予防することである．
　　◇脳血管性認知症の危険因子は，運動不足肥満，高血圧，高脂血症，心疾患，喫煙，飲酒，が挙げられる（本間2009）．
　　◇アルツハイマー型認知症の危険因子および影響因子
・食習慣－魚の摂取，野菜果物の摂取，ワインの摂取などが関係していることが分かっている．
・魚の摂取―1日に1回以上食べている人に比べて，ほとんど食べない人は

アルツハイマー型認知症の危険がおよそ5倍であった．こうした効果は，魚に含まれる不飽和脂肪酸であるEPAやDHAによるものと考えられている（Kalmijn S etc. 2004；Barberger-Gateau P etc. 2002；Barberger-Gateau P etc. 2007）．

2）認知症の予防について

表1　魚の摂取量とアルツハイマー型認知症の危険度

研究	行動習慣		危険度
Kaimin jn Sら（1997）	魚の摂取量	1日あたり18.5g以上	0.3
		1日あたり3g以下	1
Barbergar-Gateau Pら（2002）	魚・シーフードの摂取頻度	1日に1回	1
		週に1日	1.64
		週に1日未満	2.24
		食べない	5.29
Barbergar-Gateau Pら（2007）	魚の摂取頻度	週に1回未満	1
		週に1回以上	0.65

出所：本間 昭（2009）「認知症予防・支援マニュアル(改訂版)」厚生労働省 p35

表2　野菜や果物中のビタミンEの摂取量とアルツハイマー型認知症の危険度

研究	行動習慣		危険度
Morris MCら（2002）	野菜や果物中のビタミンEの摂取量	1日あたり10.4国際単位※以上	0.3
		1日あたり7.01国際単位以下	1
Engelhart MJら（2002）	野菜や果物中のビタミンEの摂取量	1日あたり15.5mg以上	0.67
		1日あたり10.5mg以下	1
Engelhart MJら（2005）	野菜や果物中のビタミンEの摂取量	1日あたり5mg増えるごとに（5.7mg～71.1mg）	0.74

出所：本間 昭（2009）「認知症予防・支援マニュアル（改訂版）」厚生労働省 p35
※国際単位―WHO（世界保健機関）によって制定された国際標準品との効力の比較から単位数が求められる．

表3 ワインの摂取量とアルツハイマー型認知症の危険度

研究	行動習慣		危険度
Orgogozo JM ら (1997)	ワインの摂取頻度	1日標準的なグラスで3, 4杯	0.28
		飲まない	1
Lindsay J ら (2002)	ワインの摂取頻度	週に1回以上飲む	0.49
		毎週は飲まない	1
	酒(種類問わない)の摂取頻度	週に1回以上飲む	0.68
		毎週は飲まない	1

出所:本間 昭(2009)「認知症予防・支援マニュアル(改訂版)」厚生労働省 p35

ワインについては,アルコール成分ではなく,赤ワインに含まれるポリフェノールが有効に作用していると考えられている.他のアルコール飲料については,認知症のリスク低下は認められない(佐藤 2012).

表4 運動習慣とアルツハイマー型認知症の危険度

研究	行動習慣		危険度
Yoshitake T ら (1995)	運動習慣	あり	0.18
		なし	1
Laurin D ら (2001)	運動強度と頻度の組み合わせ	ウォーキング以上の強度の運動を週3回以上	0.5
		ウォーキング程度の強度の運動を週3回以上	0.67
		上記以外の運動と運動頻度の組み合わせ	0.67
		まったく運動しない	1
Larson EB ら(2006)	運動頻度	週3回以上	0.64
		週3回未満	1

出所:本間 昭(2009)「認知症予防・支援マニュアル(改訂版)」厚生労働省 p36

70歳以上の高齢者に対するウォーキングを含んだ身体活動は,認知症のリスクを減少させ認知機能の低下を抑制することが報告されている(加藤ら 2006).

運動習慣では,有酸素運動の強度と頻度が関係している.有酸素運動は,脳の血流を増やし,高血圧やコレステロールのレベルを低下させる効果があり,このことが認知症の発症率に関係していると考えられる(本間 2009).

第12章 市民とつくる協働のまち事業

表5 知的活動とアルツハイマー型認知症の危険度

研究	行動習慣		危険度
Verghese Jら（2003）	チェスなどのゲーム	ほとんどしない	1
		よくする	0.26
	文章を読む	ほとんどしない	1
		よくする	0.65
	楽器の演奏	ほとんどしない	1
		よくする	0.31
	ダンス	ほとんどしない	1
		よくする	0.24
Wilson RSら（2007）	新聞を読む，チェスやチェッカーズのようなゲームをする，博物館や観劇に行くなどの知的な行動	少ない	1
		多い	0.58

出所：本間 昭（2009）「認知症予防・支援マニュアル（改訂版）」厚生労働省 p37

　チェスなどのゲーム，文章を読む，楽器の演奏，ダンスについてよくする人は，ほとんどしない人に比べて，アルツハイマー型の危険度が0.24～0.65と低いことが報告されている（本間　2009）．

　その他に，アルツハイマー型認知症の発症に，対人的な接触頻度が大きく関わることが明らかになっている（図1）．夫婦同居で，子供と週1回以上会う，友人または親族と週1回以上会う人に比べて，独り暮らしで子供と週1回未満しか会わない，友人または親族と週1回未満しか会わないという閉じこもりの人は，発症の危険度が8倍も高いことも示されている（本間　2009）．

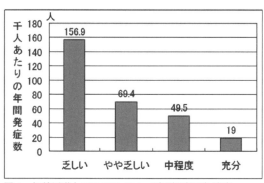

図1　知的活動とアルツハイマー型認知症の危険度
　　出所：本間 昭（2009）「認知症予防・支援マニュアル（改訂版）」厚生労働省 p38

更に，刺激の多い環境で飼ったラットと単調な刺激の少ない環境で飼ったラットを比較すると，刺激の多い環境で飼ったラットでは脳の神経にアミロイド蛋白の沈着が少ない（Lazarov O etc. 2005）．

　また，刺激の多い環境で飼ったラットでは神経の情報伝達を果たしているシナプスに，神経伝達物質をためる小胞体の数が増加しており，シナプスの部位での次の神経との接触面積が広くなっていることが分かっている（Nakamura H etc. 1999）．

　これらのことから，認知的活動を行うことは，アルツハイマー病の病理的変化が少なくて済み，神経の情報伝達効率が高まる生理的な効果が期待できる．

3）認知症予防と音楽療法

　認知症に関する基礎知識と予防について，筆者が用意した要旨集とパワーポイントを用意し，参加者に講習を行った．

　認知的活動は認知症を予防する効果・進行を抑制する効果があることを踏まえた上で，音楽療法を行う意味について認識を共有した．音楽療法では，音や音楽の刺激を受けて，楽しみながら身体感覚を使い，ダンスや楽器演奏，認知的活動をノンバーバル（非言語）コミュニケーションを行うもの，ということである．

　つまり，以下の3点が挙げられる．

①視覚・聴覚・触覚などのあらゆる感覚機能を同時に使うことにより，活発に血流が促進されることで，身体機能や認知機能が活性化される．

②集団で行うことにより地域での仲間づくりになり，生活不活性化になりがちな高齢期の生活において心理的安定，生活の質の向上も図られる．

③講師（筆者）が臨床発達心理士として，各個人のその場における心理状態，また集団行動を見極めながら柔軟にプログラムを指導するので，参加者は無理なく活動に参加することができる．

　◇音楽療法とは

　日本音楽療法学会の定義では，「音楽のもつ生理的，心理的，社会的働きを用いて心身の障害の回復，機能の維持改善，生活の質の向上，行動の変容などに向けて，音楽を意図的，計画的に使用すること」となっている．以下に，そ

れぞれの機能について代表的なものを挙げる（園田　2014）．

＜生理的機能＞
　・自律神経を刺激する
　・反射神経の反応を刺激する
　・神経的，感覚的に興奮した状態，リラックスした状態をもたらす
　・呼吸，心拍数などの周期的な身体機能を加速・減速する
　・呼吸器系，消化器系の機能に影響を及ぼす
　・身体的エネルギーや体力を生成する
　・身体的な運動をもたらす
　・リズム運動を促す
　・それぞれの身体部位を様々な周波数で共鳴させる

＜心理的機能—集団療法の場面—＞
　・個人の自由と集団への従属との間のバランスを見出す機会を与える
　・集団の中で個々人の違いを統合する
　・集団としての経験に連続性を与える
　・集団の感情を言葉で述べ，表現させる
　・集団のアイデンティティを象徴化する
　・秩序を促す，または乱すことを経験する
　・背景の違う他者とのコミュニケーションの共通の地盤となる
　・集団のメンバー全員，および彼らの役割との，多様な関係を創り出す

＜社会的機能＞
　・音による表現で，楽しみながら自己表現に対する恐怖を取り除く
　・人間は社会的動物であり，他者があって初めて自分の心が見える
　・集団での音楽の喜びは社会性獲得のために重要である
　・音楽が集団に一体感をもたらし統合する
　・観察学習（モデリング）をすることで社会的行動を学ぶ
　・音楽の響き，美しさ，迫力の変化の実感が社会性や協調性を育む

これらの各種機能を，対象者の状況・目的に合わせてセラピストが意図的・計画的に音楽を使用する．筆者が行っている音楽療法は，ドイツの作曲家カール・オルフの提唱したオルフ・シュールベルク（オルフ教育法）の理念を基にした，多くの感覚を使用する音楽療法である．

＜オルフ・シュールベルクの理念に基づいた音楽療法＞
　ドイツにおいて音楽療法は，古くから心理療法の一つとして社会的に認知され，医療保険にも適用されている．普及しているのがオルフ・シュールベルクの提唱する音楽療法である．聴覚的・視覚的・触覚的・運動的・嗅覚的・味覚的感覚を刺激したり，訓練したりする可能性がある，ということで多感覚的である．筆者は，ドイツでオルフによる音楽療法を学び，この理念を基に実践を重ね，15年になる．1カ月に約350人の対象者（子どもから高齢者まで）に音楽療法を行っている．
　音楽療法による活動の選択と素材は，表6のようになる．

表6　音楽療法による活動の選択と素材

	活動	素材
楽器	叩く・振る・吹く・かき鳴らす・弓で弾くなど	ハンドドラム，フロアタム，ツリーチャイムスレイベル，シロフォン，ギターなど
美術	絵画・描画・彫刻など	水彩絵具，クレヨン，紙粘土など
声	口で出す音・詩・歌唱など	絵本，写真，操り人形など
言葉	詩・物語・ドラマなど	絵本・写真など
運動	微細・粗大な動き・ジェスチャーによるサイン・機能的な運動動作・表現的な動き・ダンスなど	様々な材質や形のボール・布，シャボン玉など

4）音楽療法のプログラム
①CDの演奏に合わせた身体活動，ダンス，リラクセーション
　目的：自分自身の身体感覚を感じながら，空間の認知を行う．
　内容：・聞こえてくるCDの演奏を感じ，そのイメージに合わせて，教室の中を歩く．
　　　　・音楽のフレーズに合わせた簡単な動作を筆者が示し，それに合わせて全員がダンスを行う．音楽があることで，すぐに参加者同士の輪

が出来る．

②タイコによるノンバーバル（非言語）コミュニケーション
　目的：音を出すこと，楽器を鳴らす意味を考える．
　内容：言葉によるコミュニケーションではなく，自分の言葉をタイコの音，リズムにして4人でノンバーバル（非言語）の会話を行う．

　参加者が座っている円の中心に，トゥバーノ（アメリカのレモ社が，アフリカの楽器を現代的にデザインし製作したもの．音抜けを考えた内部のデザインで，コンガサウンドをより簡単に表現することが出来る．足の部分にゴムがありスタンドなしでも低音が響くという特徴を持つ）を円状に4つ配置する．
　音の出す時の姿勢や強弱，順番，タイコのリズムや音を聞いて，この4人がどのような思いで演奏したのかを，演奏者や他の参加者と共に考え，筆者がひもといて説明する．

③ジェスチャーによるコミュニケーション（グループ発表）
　目的：身体によるコミュニケーションを図る．
　内容：参加者一人ずつ，またグループ全員で行う．スポーツの個人・団体競技をグループ内，グループごとに発表する．

④日常生活の動きによるダンス
　目的：何気なく行っている日常生活の中での多くの動作に気づき，自由な自己表現に繋げる．
　内容：用意された様々な色の布の中から好きな色を選び，それを使うことでダンスが容易になる．日常生活の動きで，CDを聞きながら，そのリズムに合わせて自由に踊る．

⑤フルート演奏（筆者）によるリラクセーション
　目的：活動のクールダウン．
　内容：筆者によるフルート演奏の鑑賞．CDによる演奏の鑑賞と生演奏を比較した結果，心理的・身体的リラクセーションを生じさせる（志和ら2007）．

⑥楽器でリズムによるコミュニケーション
　目的：楽器を使ってノンバーバル（非言語）コミュニケーション
　内容：参加者が好きな楽器を選び，自分の楽器の音を隣の人に回していく，

遠くの誰かに音を渡す，などの音のやり取りを自由に楽しむ．
⑦楽器演奏と歌による合奏
  目的：ストレス発散と自由な自己表現
  内容：合奏では，繰り返し出てくるフレーズを歌い，リズムを打つところは言葉のリズム（例：ソフトクリーム→八分音符4つ＋四部音符一つ＋八分音符一つ＋八分休符一つ）で伝え，簡単に楽器演奏を行う．4つのグループに分けて，役割分担も途中に入れる．
⑧歌唱
  目的：認知症に関する歌を歌って，今回の活動のまとめを行う．
  内容：「お座敷小唄」の替え歌を，全員で合唱する．

5) 講座のアンケートの結果

参加者は29名，アンケートの回収は23名分であった．

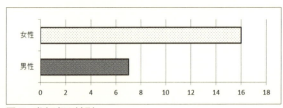

図2　参加者の性別

男性7名，女性16名であった．

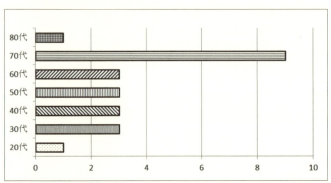

図3　参加者の年代

20代1名，30代～60代がそれぞれ3名ずつ，70代9名，80代1名．70代の方々は，ご近所の友達を誘い，夫婦での参加が3組あった．

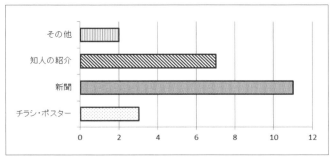

図4　講座はどのようにして知りましたか

南日本新聞への広告で知った方が11名，知人の紹介が7名，チラシ・ポスターで知った方が3名だった．

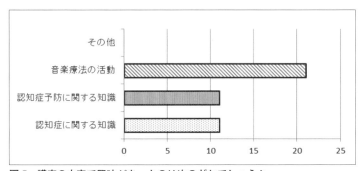

図5　講座の内容で興味があったのは次のどれでしょうか

音楽療法の活動に興味があった方が21名，認知症予防に関する知識・認知症に関する知識に興味があった方がそれぞれ11名だった．

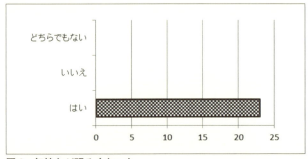

図6 気持ちが明るくなった

はい，が23名だった．

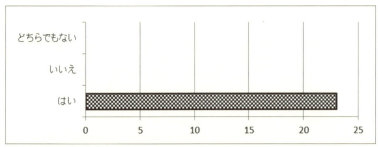

図7 気持ちが楽しくなった

はい，が23名だった．

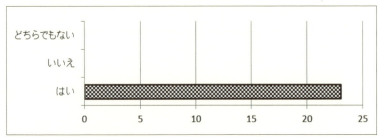

図8 気持ちがスッキリした

はい，が23名だった．

第 12 章 市民とつくる協働のまち事業

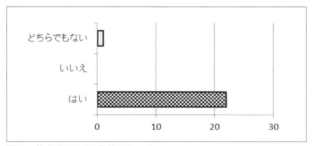

図 9　体を動かして運動になった

どちらでもない，が 1 名，はい，が 22 名だった．

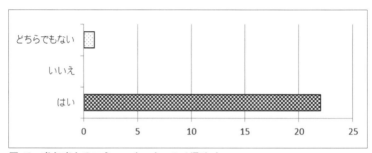

図 10　参加者とのコミュニケーションが取れた

はい，が 22 名，どちらでもない，が 1 名だった．

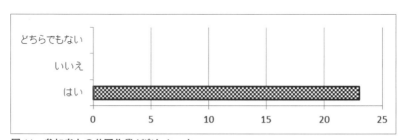

図 11　参加者との共同作業が楽しかった

はい，が 23 名だった．

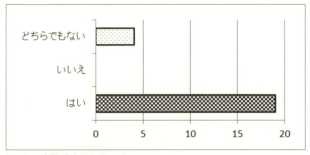

図12 仲間づくりになった

　はい，が18名，どちらでもない，が4名だった．

＜自由回答＞

お達者クラブのお世話に活かしたい．
自分自身も何か活動できればと感じることでした．
全部勉強になりました．
リフレッシュして気分が若くなりました．
説明と実技を体験出来て，良かった．わかりやすく楽しい時間を過ごすことができました．
楽しかった．
ボランティアで音楽療法を取り入れて10年頑張っています．
その行動がどのように頭や体や心に作用するのかがわかれば，上手に生活に取り入れられるのに，とこの分野に興味を持った．
記入なし
理屈ではなく音楽で気持ちが明るくなるのは素晴らしいと思います．
頭も体も使い，とても楽しく活動できた．このような活動がもっと広まるとよい．
認知症予防の音楽はどんな曲（ジャンル）か知りたくて参加しました．
お陰様でとても楽しく過ごすことができました．
出かける時間を作って下さいまして有難うございました．楽しかったです．
次回も参加したいと思いました．
音楽療法の活動や高齢者の方々との関わりがあまりないのでいい機会になった．
とても楽しかったです．
近いところでこのような楽しい時間を有難うございました．
とても楽しかったです．勉強になりました．
楽しい時間を有難うございました．是非またこうした講座に参加したいです．次回も楽しみにしています．定期的に開催されると嬉しいです．
始めは緊張して体も硬かったですが，徐々にほぐれてきて楽しかったです．

6）事業実施により達成された成果

この事業の実施により漠然と理解していた認知症の症状とその予防についての知識，また仲間づくりという閉じこもり予防についての課題が解決される一助となった．アンケート結果によると，次回への開催希望，この活動がもっと広まってほしい，久しぶりに笑った，出かける機会を作ってくれた，などの意見が多くあった．将来的には鹿児島市全域で複数回の回数が期待できる．

4 平成28年度「市民とつくる協働のまち事業フォローアップ会議」への報告

◇うまくいっている点（運営面，資金面，その他）

参加者の方々が，認知症の知識と予防，音楽療法についてそれぞれ関心があり，興味を持って参加されていたことが分かった．活動中は笑い声が溢れ，参加者同士のコミュニケーションも円滑に行われ，次回への参加を希望する方が多いことから，この講座に満足されたことが分かる．

◇課題点（運営面，資金面，その他）

チラシやポスターより，新聞によって開催を知る方が多く参加されていたことが分かった．どのような広報活動を行うかが今後の課題である．

◇今後の方針，課題点に関する対応など

天候不良により万が一参加できなかった場合も，複数回の開催であれば他の実施月でも参加が可能になる．興味・関心を持たれている方が多いので，来年度から複数回の実施を検討する．

◇事業実施により達成された成果

この事業の実施により漠然と理解していた認知症の症状とその予防についての知識，また仲間づくりという閉じこもり予防についての課題が解決される一助となった．アンケート結果によると，次回への開催希望，この活動がもっと広まってほしい，久しぶりに笑った，出かける機会を作ってくれた，などの意見が多くあった．将来的には鹿児島市全域で複数回の回数が期待できる．

5 平成28年度「市民とつくる協働のまち事業フォローアップ会議」の結果通知

　鹿児島市市民協働課より，今後の団体運営や事業を実施する上での助言を頂いた（通知の書類より抜粋）．

①開催場所の検討
・開催場所については，大学で開催する安心感・信頼感などの利点もあるが，例えば，地域公民館や福祉プラザなどの公共の施設でも開催し，より広い地域から集客できるようにしてはどうか．

②広報活動の充実
・広報方法としては，ポスターより手元に残せるチラシのほうが良いのではないか．
・チラシは，福祉関係施設等への配布が効果的と思う．
・音楽療法がどのようなものか，一般の方には伝わりにくいと思うので，その趣旨や内容，効果についてチラシ等に詳しく掲載してPRしてはどうか．

③対象者の検討
・対象者は一般市民としているが，この取り組みを拡げるためには，例えば保健師など認知症予防の啓発などの業務に携わっている人を対象にしてはどうか．

④事業の継続的な実施
・このような取り組みは，1回で効果が表れることは少ないので，継続していくことが重要である．より多くの方に継続して参加して頂けるように，開催回数を増やすなど検討して頂きたい．
・また，市の補助終了後も事業を継続していくために，参加料の設定や協賛金の募集，他の助成制度の活用なども検討する必要がある．

おわりに―今後の活動についての考察

①企画内容について
・認知症の基礎知識とその予防についての知識，また仲間づくりという閉じこもり予防についての課題が解決される一助となった．

②開催時期や回数について
・今回は台風の通過と重なり，当日の開催が危ぶまれた．天候に左右されない時期を選ぶことも大切である．
・1回限りの開催だったので，その日の天候や都合により参加できない状況もあるので，複数回の開催にすると振り替えができるのではないだろうか．また，継続的な回数を設定することで，より一層認知症予防についての普及が図れ，仲間づくりや外出の回数が増やせる．

③企画を行う上での対象者
・今回は初の助成事業であり，どなたでも参加して頂き，当法人を広く知ってもらうという側面もあった．今後は，実際に認知症の方々に向き合っている介護施設の職員，保健師などの職種の方々，家族の方にも拡げたい．
・コミュニケーションを苦手としているハンディキャップを持っている子どもや児童との音楽活動に苦慮している保育士・幼稚園教諭，小学校の音楽の先生などにも，コミュニケーションを図る活動として拡げられる．

やはり，社会福祉に関することについて市民の方々が抱えている困ったことや心配なこと，もしくは福祉現場で働いている方々が日々接している様々な事例についてお役に立てる，身近なNPO法人として地道に活動を続けたい．

参考文献

加藤雄一郎・川上　治・太田壽城（2006）「高齢期における身体活動と健康長寿」体力科学 55, 191-206

佐藤充克（2012）「レベストロールの健康長寿効果について」日本醸造協会誌, 107(10), 740-749

志和資朗・小川栄一・青山慎史・ルディムナ優子（2007）「音楽療法に関する臨床心理学的研究―生演奏による音楽鑑賞の治療的効果について―」広島修大論集 48（2），323-337

園田和江（2014）「認知症高齢者ケアにおける音楽療法の有用性に関する研究―日独の音楽療法の取り組みを踏まえて―」鹿児島国際大学大学院福祉社会学研究科，博士論文

本間　昭（2009）「認知症予防・支援マニュアル（改訂版）」厚生労働省，1-52 http://www.mhlw.go.jp/topics/2009/05/dl/tp0501-1h_0001.pdf

鹿児島市ホームページ「特定非営利活動法人（NPO houjinn）数の推移 http://www.city.kagoshima.lg.jp/shimin/shiminbunka/shiminkyodo/machizukuri/kocho/npo/renke/documents/nposuii280930.pdf

日本郵便ホームページ「郵便局局数情報」
http://www.post.japanpost.jp/notification/storeinformation/index02.html

Orgogozo JM, Dartigues JF, Lafont S, Letenneur L, Commenges D, Salamon R, Renaud S, Breteler MB.（1997）「Wine consumption and dementia in the elderly: a prospective community study in the Bordeaux area.」Rev Neurol, 153（3），85-192

Joe Verghese, M.D., Richard B. Lipton, M.D., Mindy J. Katz, M.P.H., Charles B. Hall, Ph.D., Carol A. Derby, Ph.D., Gail Kuslansky, Ph.D., Anne F. Ambrose, M.D., Martin Sliwinski, Ph.D., and Herman Buschke, M.D.（2003）「Leisure Activities and the Risk of Dementia in the Elderly」Engl J Med, 348: 2508-2516

NPO法人　かごしま福祉開発研究所

役員（2016年4月1日現在）

理事長	田畑　洋一	鹿児島国際大学大学院特任教授
副理事長	佐藤　直明	鹿児島国際大学名誉教授
理事	田中　安平	鹿児島国際大学教授
理事	小窪　輝吉	鹿児島国際大学教授
理事	前原　寛	社会福祉法人至宝福祉会理事長
理事	岩井　浩英	鹿児島国際大学教授
理事	松久保和俊	社会福祉法人敬和会専務理事
監事	勝　智樹	就労移行支援事業所ひまわり管理者
相談役	髙山　忠雄	学校法人津曲学園理事
	鬼崎　信好	久留米大学教授

平成2016年度活動計画

① 調査研究・出版事業
　地域の保健福祉調査・分析、地域づくりの調査・提言、福祉の本の出版
② 人材育成・研修事業
　対人援助のスキルアップ研修、講演会、介護福祉士受験対策講座
　ケアマネ受験対策講座、ボランティア養成講座、講師派遣
③ 相談事業、学習・研究・交流支援事業
　子どもSOS電話相談、ひとり親の子ども学習支援
　社会福祉研究会の開催、高齢者の生きがいと交流の場づくりの支援

図書（最近出版した本）

① 『琉球弧の島嶼集落における保健福祉と地域再生』南方新社　2017年
② 『保育学講座　第3巻　保育のいとなみ』東京大学出版会　2016年
③ 『少子高齢社会の家族・生活・福祉』時潮社　2016年
④ 『社会保障―生活を支えるしくみ―』学文社　2016年
⑤ 『よくわかる社会福祉の歴史』ミネルヴァ書房　2015年
⑥ 『新社会福祉論―基本と事例―』学文社　2012年
⑦ 『新社会福祉・社会保障』学文社　2012年
⑧ 『保育者論』萌文書林　2012年
⑨ 『現代社会福祉用語辞典』学文社　2013年

■ 著者紹介（五十音順）

石踊 紳一郎（いしおどり しんいちろう）
鹿児島国際大学福祉社会学部非常勤講師，社会福祉法人幸伸会理事長，特別養護老人ホーム青山荘施設長，博士（社会福祉学，鹿児島国際大学）
専門領域：高齢者福祉，社会福祉施設運営管理
主要著書：①「福祉サービス多元化時代に社会福祉法人に求められる意義と役割」（単著）『九州社会福祉学年報』(7) 2015年11月，②「準市場原理の理論的枠組みと公的介護保険制度」（単著）『鹿児島国際大学大学院学術論集』(7) 2015年11月，③『少子高齢社会の家族・生活・福祉』（共著）時潮社，2016年

岩井 浩英（いわい ひろひで）
鹿児島国際大学福祉社会学部教授，修士（教育学，神戸大学）
専門領域：教育福祉，子ども家庭福祉，学校（スクール）ソーシャルワーク
主要著書：①『知識を生かし実力をつける 子ども家庭福祉』（共著）保育出版社，2016年，②『少子高齢社会の家族・生活・福祉』（共著）時潮社，2016年，③「鹿児島県における学校ソーシャルワーク推進に向けての事業支援に関する検討」（単著）『九州社会福祉学』第11号，日本社会福祉学会九州部会，2015年

岩崎 房子（いわさき ふさこ）
鹿児島国際大学福祉社会学部准教授，博士（社会福祉学，鹿児島国際大学）
専門領域：高齢者看護・介護，地域包括ケア
主要著書：①「独居高齢者等の見守りと安心・安全のためのネットワークシステムに関する研究―Ｓ市に居住する高齢者の社会関連性指標を中心に―」（単著）『鹿児島国際大学福祉社会学部論集』第32巻第4号，2014年2月，②「島嶼地域中高年者の生きがい感に関連する要因―社会関連性指標との関連について―」（単著）『鹿児島国際大学大学院学術論集』第6集，2014年11月，③「島嶼地域における高齢者の生活と福祉ニーズ―奄美諸島と八重山諸島における高齢者の主観的健康観と健康への意識行動および社会関連性指標との関連―」（単著）『九州社会福祉学』第10号，2014年3月

大山 朝子（おおやま あさこ）
鹿児島国際大学福祉社会学部准教授，博士（社会福祉学，鹿児島国際大学）
専門領域：社会福祉史，地域福祉，社会保障
主要著書：①『改訂現代公的扶助論』（共著）学文社，2009年，②『よくわかる社会福祉の歴史』（共著）ミネルヴァ書房，2011年，③『社会保障―生活を支えるしくみ―』（編著）学文社，2016年

笠野 恵子（かさの けいこ）
中九州短期大学幼児保育学科教授，修士（社会福祉学，鹿児島国際大学），修士（教育学，鹿児島大学）
専門領域：家族支援，ソーシャルワーク，教育（保育）方法，教育（保育）課程
主要著書：①「保育の質を高めるためのこどもソーシャルワークに関する一考察」（単著）『鹿

児島国際大学大学院学術論集』(8), 2016年11月, ②「保育の外部化に関する一考察」(単著)『九州社会福祉学』(12), 2016年3月, ③『少子高齢社会の家族・生活・福祉』(共著) 時潮社, 2016年

小窪 輝吉（こくぼ てるよし）
鹿児島国際大学福祉社会学部教授, 修士（教育学, 九州大学）
専門領域：社会心理学・社会調査
主要著書：①「集団の動機づけ上昇に関する一考察―ケーラー効果とその再現研究―」(単著)『鹿児島国際大学福祉社会学部論集』第29巻第3号, 2011年1月, ②「島嶼高齢者の生きがい感に及ぼす社会関連性の影響」(共著)『社会福祉学』第55巻第1号, 2014年5月, ③「奄美大島と八重山諸島における集落等の現状と課題―集落・町内会・自治会代表者へのアンケート調査から―」(共著)『鹿児島国際大学福祉社会学部論集』第34巻第4号, 2016年2月

佐藤 直明（さとう なおあき）
鹿児島国際大学名誉教授, NPO法人かごしま福祉開発研究所副理事長, 修士（文学, 同志社大学）
専門領域：相談援助（社会福祉援助技術）, 対人援助, 子ども家庭福祉及び社会的養護
主要著書：①『ケースワークにおけるワーカーの役割・機能についての一考察』(単著) 同志社大学大学院文学研究科修士論文, 1981年, ②『児童福祉論』―新しい動向と基本的視点―』(共著) ミネルヴァ書房, 2008年, ③『福祉実践と地域社会―鹿児島の人と地域のあり方―』(共著) ナカニシヤ出版, 2010年

新田 博之（しんでん ひろゆき）
鹿児島国際大学大学院福祉社会学研究科博士前期課程, 医療法人参天会 副理事長, 社会福祉法人喜入会 介護老人福祉施設喜入の里副施設長
専門領域：高齢者福祉, 地域福祉, 社会保障
主要著書：①「地域包括ケアシステムと日本版CCRC構想」(単著)『鹿児島国際大学大学院学術論集』(8), 2016年11月

園田 和江（そのだ かずえ）
近畿大学九州短期大学通信教育部非常勤講師, NPO法人かごしま福祉開発研究所研究員, 博士（社会福祉学, 鹿児島国際大学）
専門領域：社会福祉学, 音楽療法, 教育心理
主要著書：①『21世紀の現代社会福祉用語辞典』(共著) 学文社, 2013年, ②『社会保障―生活を支える仕組み―』(共著) 学文社, 2016年, ③『少子高齢社会の家族・生活・福祉』(共著) 時潮社, 2016年

田中 安平（たなか やすひら）
鹿児島国際大学福祉社会学部教授, 博士（社会福祉学, 鹿児島国際大学）
専門領域：介護福祉, 高齢者福祉
主要著書：①『新・介護の本質』(単著) インデックス出版, 2009年, ②『プロの介護福祉士を目指すあなたに』(単著) ラグーナ出版, 2016年, ③『生活支援の理念と介護における

尊厳の理解』(共著) 全国社会福祉協議会出版, 2006 年

田畑 洋一（たばた よういち）
鹿児島国際大学大学院福祉社会学研究科特任教授, NPO 法人かごしま福祉開発研究所理事長, 博士（文学, 東北大学）
専門領域：社会保障, 社会福祉学, 公的扶助論
主要著書：①『社会保障—生活を支えるしくみ』（編著）学文社, 2016 年, ②『少子高齢社会の家族・生活・福祉』（編著）時潮社, 2016 年, ③『現代ドイツ公的扶助序論』（単著）学文社, 2014 年

中條 大輔（なかじょう だいすけ）
鹿児島国際大学教務部実習支援課実習助手, 修士（社会福祉学, 鹿児島国際大学）
専門領域：精神保健福祉, 精神障害者リハビリテーション, リカバリー
主要著書：①「日本の精神保健福祉施策の展開とリカバリーに関する一考察」（単著）『鹿児島国際大学大学院学術論集』(8), 2016 年 11 月, ②「精神保健福祉ユーザーのリカバリーに関する研究—ユーザーへのインタビュー調査を中心として—」『九州社会福祉学年報』(8), 2017 年 3 月, ③「精神保健福祉ユーザーが持つニーズとデイケアの関係に関する一考察—デイケアに通所する統合失調症当事者のニーズ調査を中心として—」（単著：修士論文）『鹿児島国際大学大学院福祉社会学研究科 2006 年度修士（社会福祉学）論文集』2007 年 3 月

前原 寛（まえはら ひろし）
社会福祉法人至宝福祉会理事長, 前鹿児島国際大学福祉社会学部教授, 修士（文学, 筑波大学）
専門領域：保育学
主要著書：①『いい子に育ててごめんなさい』（単著）南方新社, 1997 年, ②『子育て支援の危機』（単著）創成社, 2008 年, ③『保育者論』（共著）萌文書林, 2012 年

福祉を拓く
―自立性と関係性の形成―

2017年3月31日　初版第一刷発行

編　者　NPO法人かごしま福祉開発研究所
発行者　向原祥隆
発行所　株式会社 南方新社
　　　　〒892-0873　鹿児島市下田町292-1
　　　　電話　099-248-5455
　　　　振替口座　02070-3-27929
　　　　e-mail info@nanpou.com
　　　　URL http://www.nanpou.com/

印刷・製本　株式会社 イースト朝日
定価はカバーに表示しています　乱丁・落丁はお取り替えします
ISBN978-4-86124-362-2 C0036
© NPO法人かごしま福祉開発研究所 2017 Printed in Japan